O QUE FIZERAM DA LIBERDADE?
UMA ANÁLISE SOBRE ALGUNS PARADOXOS DA LIBERDADE E
DO CONSENTIMENTO NO NEOLIBERALISMO

Editora Appris Ltda.
1.ª Edição - Copyright© 2023 do autor
Direitos de Edição Reservados à Editora Appris Ltda.

Nenhuma parte desta obra poderá ser utilizada indevidamente, sem estar de acordo com a Lei nº 9.610/98. Se incorreções forem encontradas, serão de exclusiva responsabilidade de seus organizadores. Foi realizado o Depósito Legal na Fundação Biblioteca Nacional, de acordo com as Leis nos 10.994, de 14/12/2004, e 12.192, de 14/01/2010.

Catalogação na Fonte
Elaborado por: Josefina A. S. Guedes
Bibliotecária CRB 9/870

C143q 2023	Calazans, Roberto O que fizeram da liberdade? uma análise sobre alguns paradoxos da liberdade e do consentimento no neoliberalismo / Roberto Calazans. – 1 ed. – Curitiba : Appris, 2023. 223 p. ; 23 cm. – (PSI) Inclui referências. ISBN 978-65-250-5385-1 1. Psicanálise. 2. Neoliberalismo. 3. Liberdade. I. Título. II. Série. CDD – 150.195

Livro de acordo com a normalização técnica da ABNT

São João del-Rei (MG)/Anchieta (ES), janeiro de 2022.

Livro financiado pelo Edital n. 003/2023/Reitoria/PROPE - Bolsa auxílio à publicação de textos científicos da UFSJ.

Appris editora

Editora e Livraria Appris Ltda.
Av. Manoel Ribas, 2265 – Mercês
Curitiba/PR – CEP: 80810-002
Tel. (41) 3156 - 4731
www.editoraappris.com.br

Printed in Brazil
Impresso no Brasil

Roberto Calazans

O QUE FIZERAM DA LIBERDADE?
UMA ANÁLISE SOBRE ALGUNS PARADOXOS DA LIBERDADE E DO CONSENTIMENTO NO NEOLIBERALISMO

FICHA TÉCNICA

EDITORIAL Augusto Coelho
Sara C. de Andrade Coelho

COMITÊ EDITORIAL Marli Caetano
Andréa Barbosa Gouveia - UFPR
Edmeire C. Pereira - UFPR
Iraneide da Silva - UFC
Jacques de Lima Ferreira - UP

SUPERVISOR DA PRODUÇÃO Renata Cristina Lopes Miccelli
PRODUÇÃO EDITORIAL Daniela Nazario
REVISÃO Marcela Vidal Machado
DIAGRAMAÇÃO Luciano Popadiuk
CAPA Eneo Lage

COMITÊ CIENTÍFICO DA COLEÇÃO PSI

DIREÇÃO CIENTÍFICA Junia de Vilhena

CONSULTORES Ana Cleide Guedes Moreira (UFPA)
Betty Fuks (Univ. Veiga de Almeida)
Edson Luiz Andre de Souza (UFRGS)
Henrique Figueiredo Carneiro (UFPE)
Joana de Vilhena Novaes (UVA |LIPIS/PUC)
Maria Helena Zamora (PUC-Rio)
Nadja Pinheiro (UFPR)
Paulo Endo (USP)
Sergio Gouvea Franco (FAAP)

INTERNACIONAIS Catherine Desprats - Péquignot (Université Denis-Diderot Paris 7)
Eduardo Santos (Univ. Coimbra)
Marta Gerez Ambertín (Universidad Católica de Santiago del Estero)
Celine Masson (Université Denis Diderot-Paris 7)

Aos meus quatro que não se vão nunca!

Ao meu pai, que me ensinou que ser cabeça-dura valia a pena; ao meu amigo Marcelinho, que me ensinou a gentileza em toda e qualquer situação, mesmo na maior adversidade; ao meu mestre Clauze, que me ensinou que a busca pela verdade não tem senão; ao meu amigo Oriane, que me levou para a luta pública, meu muito obrigado. Sem vocês, eu não saberia chegar aqui!

AGRADECIMENTOS

Agradeço aos meus pais, seu Hermes (*in memoriam*) e dona Alice, e aos meus irmãos, Rogério, Ricardo e Rejane, por tudo o que passamos, vivemos, lutamos e conseguimos fazendo sempre juntos, mesmo que a distância.

Agradeço aos meus professores, que me abriram portas em uma aposta que é pelo fortalecimento da educação pública, de que podemos transformar esse país em um lugar mais includente.

Agradeço aos meus três analistas, principalmente a Stella Jimenez (*in memoriam*), que foi crucial para que sustentasse meu desejo.

Agradeço também a todos os alunos que orientei em pesquisas e extensão e que supervisionei em estágios. Um professor só é professor por conta dos alunos e cada um, à sua maneira, tornou-me um professor melhor.

Agradeço aos professores de minha banca para professor titular, que foram a base para este livro: Dr. Júlio Eduardo de Castro; Dr. Wanderley Cardoso; Drª Maria Lívia Tourinho Moretto e Drª Lêonia Teixeira Cavalcante.

Agradeço aos meus amigos do Cachambi, por terem tornado minha infância mais suportável e, até mesmo, feliz.

Agradeço aos meus amigos de universidade, que permitiram que minha formação não fosse apenas estudar, mas, principalmente, conviver para que a vida seja sempre acolhimento.

Agradeço aos meus amigos de São João del-Rei.

Agradeço aos colegas do Departamento de Psicologia, em especial aos do Núcleo de Pesquisa e Extensão Psicanálise, da Universidade Federal de São João del-Rei (UFSJ).

Agradeço a minhas cunhadas, meus cunhados, minhas sobrinhas e meu sobrinho.

Agradeço ao Chico, à Rita e à Lalá, companheiros de todas as horas.

E, por fim, agradeço ao amor da minha vida, Andrea. Tudo que consegui nos últimos 11 anos foi por ter você a meu lado.

PREFÁCIO

Desde a primeira vez que tive contato com o livro que agora o(a) leitor(a) tem em mãos, percebi, rapidamente, que estava diante de um trabalho robusto, marcado pela erudição e pela originalidade, que toca o(a) leitor(a) pelo seu tom crítico – provocando a reflexão – e elegante, convidando à produção de novos saberes.

O livro é o resultado do extenso e profundo trabalho clínico e de pesquisa realizado por Roberto Calazans ao longo de seu percurso profissional, e deriva da tese que sustentou brilhantemente como requisito ao processo de avaliação para promoção ao cargo de professor titular da carreira do Magistério Superior da Universidade Federal São João del-Rei, em 2022, diante da Comissão de Avaliação, da qual eu tive, mais do que a honra, o privilégio de fazer parte.

O tema da tese é a liberdade, tratado por um psicanalista atento às dimensões clínica e sociopolítica do sofrimento contemporâneo. A noção de liberdade é destacada como meio privilegiado para que se possa analisar tanto as contradições do neoliberalismo quanto as possibilidades de criação de alternativas a esse modo de laço social no capitalismo.

De modo cuidadoso, com o rigor teórico e a clareza didática que caracterizam seu estilo como psicanalista e pesquisador, Roberto Calazans apresenta-nos um texto bem arquitetado, que permite ao(à) leitor(a) a compreensão do contexto no qual emergem os problemas pesquisados, deixando evidente a relevância e a urgência da análise psicanalítica destes, numa perspectiva original e propositiva.

Orientado pela psicanálise lacaniana – tomando como base a noção de discurso do capitalista como modalidade contemporânea do discurso do mestre – e considerando a dimensão reconhecidamente complexa do problema em questão, o desafio é fazer a articulação entre o problema, as políticas públicas e a Psicanálise.

Eis a questão: a liberdade, no neoliberalismo, é contraditória. O neoliberalismo exige do sujeito um consentimento que o leva a concordar em abrir mão de uma série de direitos e condições que a liberdade liberal pretendia oferecer. Que liberdade é essa que não emancipa? Trata-se, então, de uma liberdade individualista e coercitiva para o sujeito?

O autor, por meio de um percurso clínico e teórico minucioso, demonstra as contradições do neoliberalismo, dedicando especial atenção ao sofrimento delas decorrente, seus efeitos na subjetividade contemporânea, as dificuldades no que tange às possibilidades de mudança e à grande importância dessas questões para os psicanalistas hoje.

Ora, todo tratamento psicanalítico, sustentado pela ética do desejo, visa sempre, em qualquer caso, em qualquer situação, à emancipação. Então, como a Psicanálise, ao analisar o sofrimento do sujeito no laço social, posiciona-se frente a essas marcas escondidas de uma liberdade que não emancipa?

Roberto Calazans extrai de sua pesquisa e de sua experiência clínica rigorosa, ambas ampliadas pela lente de sua sofisticada criticidade social, argumentos fortes e conclusões que devem ser compartilhados: 1) o discurso psicanalítico precisa estar atento às contradições do discurso capitalista em relação à liberdade para conseguir estabelecer em que condições alcançar uma liberdade emancipatória; 2) os analistas que não conhecem essas contradições correm o risco de perpetuar na clínica o discurso neoliberal; 3) o tema da liberdade dos mercados não deve ser dissociado do tema das liberdades individuais no discurso do capitalista em sua vertente neoliberal.

O trabalho tem a ambição, bem-sucedida, de apresentar uma articulação teórico-clínica que transmite a importância, a amplitude e a complexidade das relações entre as noções de liberdade e emancipação. E propõe, com originalidade, caminhos a serem construídos, especialmente aqueles sustentados pela escuta do sofrimento do sujeito, que reconheçam a relevância da necessidade de emanciparmo-nos da liberdade neoliberal e de seus fundamentos autoritários.

De fato, como se propõe, o livro nos transmite as possibilidades de transformação. Mas não deixa dúvida de que o potencial transformador da presença do psicanalista nesse contexto depende muito mais de sua implicação na luta do que da Psicanálise em si.

É notável sua implicação no problema e seu desejo de ampliar, com ciência, cuidado e responsabilidade, as chances de resolvê-lo.

Boa leitura!

Prof.ª Dr.ª Maria Lívia Tourinho Moretto

Psicanalista, professora titular do Departamento de Psicologia Clínica do Instituto de Psicologia da Universidade de São Paulo

SUMÁRIO

INTRODUÇÃO 13

1
PONTO DE PARTIDA: A DÉCADA DE 1970 15

2
UMA LIBERDADE LIBERAL 29
    2.1 Segunda parada: como a liberdade liberal insidiosamente se espalha por todas as esferas da vida. 41
    2.2 Como participar dos negócios públicos se eles são privatizados pela democracia liberal? 53

3
COMO FAZER UM CONTRATO OU DA NECESSIDADE DO CONSENTIMENTO NA EXPLORAÇÃO E OPRESSÃO 63
    3.1 A construção da mitologia do Contrato Social e a segregação dos não indivíduos 67

4
HÁ POSSIBILIDADE DE DIZER NÃO AO CONSENTIMENTO? OU DE COMO O NEOLIBERALISMO EXPANDE DISPOSITIVOS DE DOMINAÇÃO 99

5
BOEMIA E LOUCURA: LIMITES DENTRO DA PRÓPRIA EUROPA AO CONSENTIMENTO 115
    5.1 Da memória à história. 123

6
NEOLIBERALISMO E A LIBERDADE DE IR E VIR... DO CAPITAL! 135

7
UMA LIBERDADE LIBERAL É ILIMITADA 161

8 COMO PÔR TRAVAS NA SUBJETIVIDADE NEOLIBERAL 177
    8.1 Discursos e sintomas 187

CONCLUSÃO 213

REFERÊNCIAS..215

INTRODUÇÃO

O tema deste livro é a liberdade. É baseado na tese defendida para me tornar professor titular na UFSJ. Inicialmente seria um livro sobre o discurso do capitalista em sua vertente neoliberal a partir do conceito lacaniano de discurso. Toda a preparação foi feita para isso, fundamentada em algumas pesquisas. Todavia, diante de toda a ameaça que a existência de uma sociedade democrática vem sofrendo desde 2016 – o que muitas vezes inviabiliza em muito a prática da Psicanálise –, e com os ataques ainda mais sistemáticos que as universidades públicas, a educação e a ciência vêm sofrendo desde 2018, o que coloca em questão o projeto de uma autonomia nacional e de processos de inclusão e de diminuição de desigualdades sociais, vimos uma temática se delineando cada vez mais, uma vez que se tornou o mote para os avanços de práticas nem um pouco democráticas: o tema da liberdade como um tema central para se pensar o neoliberalismo. Isso porque o tema da liberdade dos mercados não vai desacompanhado do tema das liberdades individuais no discurso do capitalista em sua vertente neoliberal.

O que é a liberdade neoliberal? Como ela é colocada em cena para a defesa de uma série de destruições do ordenamento do laço social? Com quais outros significantes a liberdade neoliberal se articula para capturar os sujeitos e conseguir deles o consentimento? Qual a relação da liberdade neoliberal com a verdade liberal ou, de outro modo, como os liberais refazem sua investida contra a possibilidade de pensar outros mundos a partir das revoltas e revoluções para incutir a ideia de liberdade que redundou no processo de precarização do laço social? Acredito que se não refletirmos sobre essa questão para abordar como Jacques Lacan pode pensar – ou se viu forçado a – o discurso do capitalista, podemos dar apenas respostas parciais sobre a estrutura do discurso do capitalista como quinto discurso na lógica lacaniana dos discursos. A destruição em nome da liberdade do neoliberalismo é um problema que precisamos nomear antes. Além disso, demonstrar suas inconsistências e contradições e demonstrar a vontade de destruição da alteridade é necessário para podermos, num segundo momento, que ficará para depois, indicar como o discurso do capitalista vai sempre dispor desse tema como algo inquestionável para fazer funcionar os diversos dispositivos que utiliza para dar corpo ao processo de concentração de renda.

A questão é saber se a Psicanálise pode apresentar outros modos de se pensar a liberdade. Pois se a resposta for não, acredito que não haverá muitas saídas nem para o discurso analítico e, muito menos, para os sujeitos nomeados a partir da razão neoliberal. Por isso, a pergunta: o que fizeram dessa tal liberdade? Vejamos.

PONTO DE PARTIDA: A DÉCADA DE 1970

Nasci em 1974, em plena ditadura civil-militar (1964-1989), no período em que ela foi mais violenta. Milhares de indivíduos foram torturados, violentados, mortos e exilados do país por serem considerados comunistas, subversivos, degenerados, entre outros epítetos que foram legados àqueles que ousaram pensar de um modo diferente, inclusivo e contra-hegemônico. Ou apenas por serem de um modo diferente. Lembro-me de que na década de 1980, assistindo com meu pai a um programa de TV de exaltação à ditadura intitulado "A semana do presidente", perguntei a ele o que era um presidente. Ele ficou embaraçado em responder até que eu me adiantei e perguntei: ele é dono do país? E meu pai respondeu: é, ele é dono de todos nós.

A ditadura não era apenas uma jabuticaba, produto exclusivo do Brasil: nesse momento boa parte da América do Sul estava sob ou em caminhos de estar sob governos ditatoriais cívico-militares, como Paraguai[1]; Chile[2]; Argentina[3]; Uruguai[4]; Bolívia[5]; Peru[6]. Se na América Latina tínhamos esse movimento de restrição das liberdades, nessa mesma época vivíamos também os primeiros tempos da soberania de países africanos e asiáticos, resultado de sua luta anticolonial. Países estes que tiveram que conquistar sua liberdade por meio de guerras contra os países colonizadores, os quais, curiosamente, tratam-se dos mesmos que foram à guerra contra a servidão e a barbárie do nazifascismo. É notável, ou, mais ainda, impactante, que o debate que julgava ser necessário para conter a expansão do nazifascismo em nome de uma ideologia liberal tenha sido o mesmo que justificava, em nome da liberdade, a restrição das liberdades via ditaduras civil-militares na América Latina. Estas deram-se por golpes de Estado, de modo que o desejo da população expressa pelo voto era desrespeitado; ou por meio de lutas e revoltas cruéis,

---
[1] 1954-1989.
[2] 1973-1990.
[3] 1966-1973 e 1976-1983.
[4] 1973-1985.
[5] 1977-1985.
[6] 1968-1980.

para manter os processos de expropriação da colonização. Talvez a resposta de meu pai estivesse incompleta: não eram apenas os militares brasileiros nossos donos, mas havia também outros donos que estavam em lugares mais distantes e que se sustentavam no discurso em nome da liberdade, mesmo que a preço de uma contenção da liberdade... de alguns. A liberdade era assunto privativo de alguns, ainda que o discurso afirmasse que era para todos. Isso nos leva à pergunta: como países que lutam em nome da liberdade e se organizam em torno dos princípios do liberalismo podem eles mesmos negar a liberdade a outros justamente em nome do liberalismo?

Vimos se repetir na América Latina do século XX um debate que, à sua maneira, acontecia no século XVIII: ter dono é se submeter à escravidão política. A escravidão política não é aquela que remete à escravidão da população a uma nação estrangeira, ou mesmo a populações internas segregadas por um traço diferencial – os judeus, os ciganos, os irlandeses – mas a que remete a uma população a um monarca absoluto. Se a noção de não ser escravo político refere-se à liberdade liberal individual, ela não se refere necessariamente à liberdade para todos; apenas a daqueles que são considerados semelhantes. Esse debate retorna no século XX sob a marca de que a liberdade só será liberdade se tutelada por alguns que são mais iguais que os outros. E, assim, uma ditadura que advém da defesa das liberdades individuais e da propriedade privada não vê, na privação da liberdade do outro, uma contradição: afinal, não há outro ali. Há alguém ou que comete erros e deve ser punido ou que não se portou moralmente dentro da ordem da austeridade financeira e moral e pode, por isso, ser explorado ou, ainda, alguém que está no estado de natureza e não pode ser considerado um indivíduo.

É preciso ter clareza. Os jornais da época da ditadura brasileira anunciavam uma luta contra a implantação do comunismo. Era afirmado constantemente que a queda de João Goulart – o presidente da época – era o caminho para se restaurar a democracia no Brasil. O que era considerado comunismo não era apenas um regime político, mas também a defesa de qualquer ação para redução de desigualdades sociais – como a reforma agrária –, assim como a defesa de outras liberdades que não passavam pelo liberalismo e que exigiam que os direitos fossem garantidos, como o direito dos negros e dos povos colonizados, a liberdade sexual e a liberdade artística. A reação do liberalismo não foi somente como regime político, mas também como uma reação aos costumes que estavam na agenda de diversos movimentos culturais na década de 1960.

Se na década de 1960 se respondeu na América Latina com golpes de Estado, essa dinâmica mudou a partir da década de 1970, embora com o mesmo objetivo de manter a defesa dos princípios de uma liberdade liberal contra o desejo de outras liberdades da década de 1960. Tal lógica de dominação pode ser considerada com base na correspondência de Gustavo Dessal[7] com Zygmunt Bauman, em que aquele aponta que estamos vivendo desde a década de 1970 um retorno do pêndulo: saindo do campo da liberdade – liberdade de pensamento, sexual, cultural e de modos de vida – para o campo da segurança, em que não tendo regimes de orientação normativos, toda e qualquer liberdade que não seja uma liberdade liberal é considerada um ataque a determinado modo de viver. O mundo securitário – e isso é uma das contradições da modernidade líquida de Bauman ou da queda dos referenciais tradicionais que Lacan chamou de queda do Nome-do-Pai – retorna por meio do discurso justamente em nome do quê? Da liberdade. É esse sentido de liberdade que precisa ser assegurado por práticas cada vez mais excludentes e que necessita de um estado de segurança – e todo seu aparato de repressão que vai desde a contenção de parte de população em regiões pauperizadas por meio da violência e da força até processos de subjetivação que exigem de todos um consentimento a esse estado de coisas. Principalmente, sua radicalização sobre os novos dispositivos que foram desenvolvidos para desrespeitar a vontade popular e subjetiva ou, ainda, para sujeitá-la, como aconteceu com clareza na Grécia em 2015[8]. Além dos dispositivos, precisamos nos perguntar sobre qual discurso estrutura a vigência ou a proliferação destes.

Na década de 1970 não houve somente a promoção de ditaduras ou a conquista da soberania por meio de lutas centenárias, foi identificada, por

---

[7] "Como suponho que você terá notado, o movimento pendular que vai e vem da liberdade à segurança (dois valores igualmente indispensáveis para obter uma condição humana gratificante, mas incompatíveis e disputados em todas as etapas) deu uma guinada de 180 graus desde que O mal-estar na civilização foi enviado à gráfica. Esse deslocamento seminal é o que eu chamo de 'fase líquida' da modernidade. Já faz algum tempo que tenho a sensação cada vez mais forte de que essa fase está pisando bruscamente no freio, e de que agora atravessamos a subsequente inversão de rumo. Antes que se apresentasse a primeira oportunidade de quebrar um recorde nos atuais Jogos Olímpicos, o governo britânico anunciou com orgulho que, para admiração e regozijo de seu eleitorado, havia quebrado o recorde em operações de segurança. E não faz muito mais de um século que foram reinventados os Jogos Olímpicos, com a ideia de expandir o campo da liberdade humana..." (Bauman, 2017, p. 1727).

[8] "Uma lógica desdemocratizante similar está em ação no nível regional, sobretudo na União Europeia. Imperativos provindos da Comissão e do Banco Central Europeu (BCE) assumem o peso e a autoridade de dispositivos 'constitucionais incontestáveis', como vimos no caso da Grécia. Em 2015, como se sabe, o povo grego elegeu um governo comprometido com a rejeição da austeridade apenas para ver aquele compromisso se tornar insignificante face aos imperativos impostos de forma transnacional, os quais são imunes à prestação política de contas e podem invalidar práticas oficiais de formação política da vontade. Essa é, em resumo, a nova relação entre economia política no capitalismo financeirizado" (Fraser; Jaeggi, 2020, p. 95).

uma série de autores de diversas áreas, a ascensão de um discurso conservador como reação às conquistas tanto de liberdades no campo do pensamento como nas práticas conquistadas na década de 1960, que não remete necessariamente à ideia de liberdade liberal[9]. Vejamos alguns exemplos:

1. Quando, em 1977, ano de uma mudança radical, um grupo de músicos ingleses gritou "No future", parecia um paradoxo a que não se deveria dar muita importância. Na realidade, tratava-se de um anúncio muito sério. A percepção de futuro começava a mudar (Berardi, 2019, p. 20)

2. No entanto, com a contrarrevolução dos anos 1980 e a ascensão do neoliberalismo, a comercialização do computador pessoal e do desmantelamento de sistemas de proteção social, o ataque à vida cotidiana se tornou ainda mais feroz. O próprio tempo foi monetizado, e o indivíduo, redefinido como um agente econômico em tempo integral, mesmo no quadro do "capitalismo sem emprego" (Crary, 2014, p. 80.)

3. No final dos anos 1970, esses debates começaram a se dividir em duas posições básicas; a primeira alinhada com a política neoconservadora, a segunda associada à teoria pós-estruturalista. Segundo todas as aparências, essas duas versões do pós-modernismo eram diametralmente oposta. Assim, depois da suposta amnésia da abstração modernista, a versão neoconservadora do pós-modernismo proclamou o retorno da memória cultural na forma de representações históricas na arte e na arquitetura (Foster, 2014, p. 79).

4. Mas foi a partir dos anos 1970 que a direita cristã, antes uma coleção pouco articulada de TVs evangélicas, clérigos e eleitorados esparsos, passou a adquirir estrutura organizacional e poder de massa (GUTH, 1983, p. 31-32). A participação dos evangélicos em um projeto político conservador

---

[9] "Os anos 1960 viram as elaborações teóricas mais importantes dessas rupturas, como na 'mudança de paradigma' adiantada por Thomas Kuhn em *A estrutura das revoluções científicas* [1962] (trad. Beatriz Vianna Boeira e Nelson Boeira. São Paulo: Perspectiva, 2011) e o 'corte epistemológico' desenvolvido por Louis Althusser e Michel Foucault (a partir de Gaston Bachelard e George Canguilhem). Alguns artistas e críticos aspiravam a essa reflexividade epistemológica - para pensar em termos de paradigmas e não de teleologias. No entanto, a inovação artística e a revolução científica têm pouco em comum. E embora eu faça referência a desvios e cortes, as transformações aqui não são tão abruptas e totais. Este livro procura, ao contrário, mostrar um duplo movimento de viradas e retornos, de genealogias e efeitos *a posteriori*. Os Mekons têm as melhores canções para essa retroação: 'Your deade are buried ours are reborn/ you clean up the ashes we ligth the fire/ they're queuing up to dance on socialism's grave/ this is my testimony a dinosaur's confession/ hoe can something really be dead when it hasn't even happened?' [Trad. livre: 'Seus mortos estão enterrados os nossos renasceram/ vocês dispersam as cinzas nós acendemos o fogo/ eles estão fazendo fila para dançar na tumba do socialismo/ este é o meu testemunho a confissão de um dinossauro/ como pode algo estar realmente morto quando nem mesmo aconteceu?]' The Funereal, *The Curse of the Mekons*. Reino Unido: Blast First/Mute Record Ltd, 1991" (Foster, 2014, p. 11).

estruturado decorreu de duas causas. A primeira, o avanço de pautas feministas e das demandas dos homossexuais. O segundo fato foi o estímulo da nova direita secular para que a nova direita cristã, ao lado de outros setores, passasse a integrar o tecido da coalização neoconservadora, selado em 1980 (GAGO, 2013, p. 8; DIAMOND, 1995, p. 92, 161, 165, 255) (Lacerda, 2019, p. 30).

5. Aqui localizo a razão fundamental para isso como o declínio do assistencialismo social e a ascensão do neoliberalismo na década de 1970; essa mudança facilita a expansão das psico-disciplinas em muitas novas áreas da vida social e econômica. A instituição da psiquiatria emerge como um ISA[10] porque o discurso psiquiátrico torna-se cada vez mais importante no reforço dos objetivos dominantes do neoliberalismo, focando no eu - ao invés do grupo, comunidade, organização ou sociedade - como o local apropriado para mudança e (usando o linguagem do neoliberalismo) "crescimento" [...] Na década de 1970, a sociedade ocidental vive um período de sérias turbulências sociais e econômicas. Essas questões não podem ser separadas da crise da psiquiatria na década de 1970, nem da solução oferecida pelo DSM-III em 1980. Em vez disso, o desenvolvimento do DSM-III pode ser melhor compreendido como parte das mudanças estruturais informadas pelo declínio do estado social e a emergência da ideologia neoliberal (Cohen, 2015, posição 1563).

6. Para Karl Polanyi, historicamente, ao desenvolvimento do "livre mercado" e em face dos seus efeitos destruidores, a sociedade havia respondido com um vasto contramovimento de autoproteção - um "segundo movimento" que, ele advertia, "era, em última análise, incompatível com a autorregulação do mercado e, portanto, com o próprio sistema de mercado". Ora, é a esse mesmo tipo de conclusão que chegam os intelectuais orgânicos do mundo dos negócios nos anos 1970: isso já foi longe demais, e, se as tendências atuais persistirem, elas acabarão por destruir o "sistema da livre-empresa". Teve início naquela década um *terceiro movimento*, uma reação significativa da qual ainda não saímos (Chamayou, 2020, p. 24, grifo do original).

7. As expressões "ditadura dos credores" e "tirania dos mercados" foram propostas para designar certas relações características da finança de mercado. Não se pode ter ditadura sem uma forma de golpe de Estado. Aquele que fez nascer a

---

[10] Aparelho Ideológico do Poder como conceituado por Louis Althusser.

ditadura dos "credores" ou, mais precisamente, a do capital patrimonial contemporâneo com traços rentistas, remonta às medidas de liberação dos mercados de títulos da dívida pública e da alta do dólar e das taxas de juros norte-americanas tomadas em 1979-1981. Foi nos países do Terceiro Mundo, incentivados a se aproveitar dos créditos aparentemente vantajosos associados à reciclagem dos petrodólares, que as consequências do "golpe de 1979" foram as mais dramáticas. [...] Nos países chamados "em desenvolvimento" ou "de industrialização recente", a dívida tornou-se uma força formidável que permitiu que impusessem políticas ditas de ajuste estrutural e se iniciassem processos de desindustrialização em muitos deles. A dívida levou a um forte crescimento da dominação econômica e política dos países centrais sobre os da periferia (Chesnais, 2005, p. 40).

8. Essa formação entrou em seu período de crise nos anos 1970 e foi substituída, pouco a pouco, quase furtivamente, pelo capitalismo global neoliberal financeirizado. Isso corresponde a um contraste impressionante com transformações prévias. Como vimos, a mudança do capitalismo mercantil para o liberal transcorreu por meio de eventos dramáticos, como as revoluções inglesa e francesa, e a mudança desse regime para o capitalismo administrado pelo Estado foi igualmente dramática, envolvendo duas guerras mundiais, uma revolução comunista, a ascensão do fascismo e uma luta no mundo inteiro para produzir uma nova forma de capitalismo democrático. Em contraposição, a transição atual é muito mais obscura [...] Muitas das mudanças estruturais foram instituídas de maneira imperceptível e por baixo do radar [...] Nossa compreensão dessa transição é fragmentária. (Fraser; Jaeggi, 2020, p. 97).

9. A competição entre territórios (Estados, regiões ou cidade) com respeito a quem tem o melhor modelo de desenvolvimento econômico ou o clima de negócios mais favorável era relativamente insignificante nos anos 1950 e 1960. Esse tipo de competição veio a existir nos sistemas de relações comerciais mais fluidos e abertos instaurados depois de 1970. O progresso geral da neoliberalização viu-se por conseguinte cada vez mais impelido por mecanismos de desenvolvimento geográfico desigual. Estados ou regiões bem-sucedidos pressionam todos a seguir seu exemplo [...] Mas as vantagens competitivas se mostram com demasiada frequência efêmeras, o que introduz no capitalismo global uma extraordinária volatilidade. Mas também é verdade que

fortes impulsos de neoliberalização emanaram de uns quantos epicentros mais importantes e até foram orquestrados por eles. (Harvey, 2014, p. 97).

10. Ao pesquisar esse período, deparei com *My Life in Video* [Minha vida em vídeo], um ensaio inédito de 1973, escrito por Barry Schwartz, um personagem relativamente secundário daquele movimento. A crítica do utopismo daquele grupo seria feita por Schwartz era colérica e incisiva. "Se permitirmos que a TV a cabo e o vídeo continuem como atividades *laissez-faire*, movidas pela busca do lucro, ou como pesquisa patrocinada pelo governo", escreveu, "ela vai acabar se transformando em um grande catálogo Montgomery Ward Mcluhanizado" - numa alusão a um catálogo de compras pelo correio famoso entre os norte-americanos. É no campo dos embates efetivos [...] que os adeptos da pós-política são letais, convictos de que a tecnologia vai, por si mesma, transcender todas as tentativas de contê-la. [...] Examinando o mundo tecnológico atual, não é difícil chegar a uma conclusão similar: no fundo, estamos diante do nosso próprio aquário digital, repleto de peixes mortos que, milagrosamente, continuam a nadar. E fazem isso apesar dos crescentes indícios de que os sonhos utópicos, que estão por trás da concepção da internet como uma rede intrinsecamente democratizante, solapadora do poder e cosmopolita, há muito perderam seu apelo universal. A aldeia global jamais se materializou - em vez disso, acabamos em um domínio feudal, nitidadamente partilhado entre empresas de tecnologia e os serviços de inteligência. (Morozov, 2018, p. 14-15, grifos do original).

11. A partir do fim dos anos 1970 e do início dos anos 1980, o neoliberalismo foi interpretado em geral como se fosse ao mesmo tempo uma ideologia e uma política econômica diretamente inspirada nessa ideologia. O núcleo duro dessa ideologia seria constituído por uma identificação do mercado com uma realidade natural[1]. Segundo essa ontologia naturalista, bastaria deixar essa realidade por sua própria conta para ela alcançar equilíbrio, estabilidade e crescimento. Qualquer intervenção do governo só poderia desregular e perturbar esse curso espontâneo, logo convinha estimular uma atitude abstencionista. O neoliberalismo compreendido dessa forma apresenta-se como reabilitação pura e simples do laissez-faire [...] O neoliberalismo não destrói apenas regras, instituições, direitos. Ele também produz certos tipos de relações sociais, certas maneiras de viver, certas subjetividades. Em outras palavras, com o neoliberalismo, o que está em jogo é nada

> mais nada menos que a forma de nossa existência, isto é, a forma como somos levados a nos comportar, a nos relacionar com os outros e com nós mesmos. O neoliberalismo define certa norma de vida nas sociedades ocidentais e, para além dela, em todas as sociedades que as seguem no caminho da "modernidade". Essa norma impõe a cada um de nós que vivamos num universo de competição generalizada, intima os assalariados e as populações a entrar em luta econômica uns contra os outros, ordena as relações sociais segundo o modelo do mercado, obriga a justificar desigualdades cada vez mais profundas, muda até o indivíduo, que é instado a conceber a si mesmo e a comportar-se como uma empresa. Há quase um terço de século, essa norma de vida rege as políticas públicas, comanda as relações econômicas mundiais, transforma a sociedade, remodela a subjetividade. As circunstâncias desse sucesso normativo foram descritas inúmeras vezes. Ora sob seu aspecto político (a conquista do poder pelas forças neoliberais), ora sob seu aspecto econômico (o rápido crescimento do capitalismo financeiro globalizado), ora sob seu aspecto social (a individualização das relações sociais às expensas das solidariedades coletivas, a polarização extrema entre ricos e pobres), ora sob seu aspecto subjetivo (o surgimento de um novo sujeito, o desenvolvimento de novas patologias psíquicas). Tudo isso são dimensões complementares da nova razão do mundo. Devemos entender, por isso, que essa razão é global, nos dois sentidos que pode ter o termo: é "mundial", no sentido de que vale de imediato para o mundo todo; e, ademais, longe de limitar-se à esfera econômica, tende à totalização, isto é, a "fazer o mundo" por seu poder de integração de todas as dimensões da existência humana. Razão do mundo, mas ao mesmo tempo uma "razão-mundo. (Dardot; Laval, 2016, posição 172).

Se todas essas análises convergem para a década de 1970, para a reorganização e para a década de 1980 como deflagração de um processo que se acentua hoje, elas analisam dimensões diferentes do problema. Sobre as convergências desse processo, um aspecto se destaca e conversa diretamente com nossa história de ditaduras e imperialismo coloniais: a curiosa ideia de liberdade que é trazida tanto pelo liberalismo quanto pelo que chamamos de neoliberalismo. Trata-se de um debate sobre a liberdade que vem a reboque de uma reação aos movimentos tanto teóricos quanto sociais – as pautas feministas, LGBTQIAPN+ e do movimento negro, além das lutas anticoloniais – da década de 1960. Se esse debate em torno do que viria a ser a liberdade nas décadas de 1960 começa com golpes militares que abertamente pretendem evitar que se deseje outro mundo que não o mundo liberal, eles vêm apenas como ponta de lança para a sustentação de outro processo, que é a busca do consentimento dos sujeitos a essa noção de liberdade que ainda precisamos esclarecer, embora já nos salte aos olhos o recurso à violência para onside-la, por um lado, e ao neoconservadorismo, do outro. Como nos lembra Lacerda (2019, p. 28) sobre o neoconservadorismo contemporâneo, ele abraça fortemente os princípios neoliberais:

> O neoconservadorismo privilegia a atuação estatal no sentido do saneamento das finanças e não da necessidade de investimentos sociais; o neoconservadorismo requer a atuação do Estado como repressor, o que tende a penalizar os mais pobres; aderiu a regimes militares. O neoconservadorismo privilegia a segurança nacional e não os direitos humanos, o que se coaduna com um critério de direita para os países de periferia.

Esse laço não é anedótico nem apenas circunstancial. É uma noção de liberdade que consegue andar com o conservadorismo e que atua em relação ao comportamento e também em relação às artes, o que mostra que essa reação não se restringiu a ser uma opção entre outras, mas que apresentava um projeto hegemônico. A manutenção de um mundo livre, tal como pensado por essa reação, não podia ficar sempre atrelado a golpes militares, precisava de um consentimento. E, mais uma vez, curiosamente, esse consentimento subjetivo demanda uma gestão do tempo do sujeito a ponto de que, ao se apresentar o projeto neoliberal como o único possível, acaba impedindo que o pensamento do futuro como a marca de um desejo de outro mundo fique inibida. Assim, esse tempo passa a ser monetizado também e o sujeito controlado por sistemas de digitalização que prometem a liberdade, mas viram grandes sistemas de controle social e vigilância 24 horas. Contudo, com um agravante: nós cedemos voluntariamente nossos dados a esse controle social sem nem ao menos nos darmos conta de que essa liberdade se torna um refinado sistema de vigilância, ou melhor, de autovigilância.

Essa aliança em nome da defesa da liberdade é também uma reação dos defensores do livre mercado contra o sistema de bem-estar social e da autoproteção contra a possível destruição de direitos que um livre mercado que se autorregula pode trazer. É o que se chama tradicionalmente de redução do papel do Estado na vida do cidadão, tornando-o livre para ser um empreendedor, seja econômico, seja de si mesmo. Esse elemento econômico, muitas vezes, apaga a dimensão de consentimento subjetivo. Ele é importante, foi por meio de sua defesa que o neoliberalismo movimentou a sua práxis em nome da defesa da liberdade, ultrapassando-o, levando seus princípios também para a regulação social e para a constituição do sujeito da época de acordo com uma "razão neoliberal" (Dardot; Laval, 2016). Pelo lado econômico – que podemos chamar de estruturante – temos o livre mercado concorrencial, que transforma o capital produtor de bens e serviços em um capitalismo eminentemente financeiro e atua baseado na noção de juros, dívidas e austeridade, interligado ao mundo todo a despeito das fronteiras dos países e por meio de uma processo cada vez maior de digitalização. Por outro lado, esses elementos passam a ser significantes na constituição da própria subjetividade contemporânea: competitividade; endividamento e austeridade; individualização da responsabilidade; empreendedorismo passam a ser palavras de ordem. Ou, para dizer psicanaliticamente, significantes-mestres.

Desse modo, podemos afirmar que a liberdade do neoliberalismo é a liberdade do livre empreender sem a construção de condições de proteção aos cidadão e sem a construção do impedimento de pensar outros modos de laço social. Todavia, isso só ganha alcance mundial com a financeirização à criação de algoritmos para reger um sistema sem regulamentação por um lado – o econômico – e com a construção de consentimento subjetivo que produz uma subjetividade neoliberal como gestão de si e do laço social e novos sistemas de vigilância. Em contrapartida, incorrem no que podemos chamar de fim do futuro: implica um impedimento de se pensar o laço social de outra maneira. E implica, também, a construção de práticas de violência para aqueles que desejam outro mundo ou que, para sustentar essa liberdade econômica, precisam ser explorados. Primeiramente, países periféricos em detrimento de países com potência econômica e militar; em segundo lugar, populações periféricas em detrimento dos aplicadores de capital financeiro, manifestações de outro modo de ser em detrimento do conservadorismo, loucos em relação àqueles que se adequaram a uma ordem de acordo com diagnósticos que preconizam a ordem pública pelo neoliberalismo. São vidas de países e, consequentemente, de pessoas que são violentadas por meio de violência direta, seja do Estado ou de grupos supremacistas de intolerantes, seja por meio da retirada de direitos ou, ainda, por meio de diagnósticos que os transformam em loucos que simplesmente consomem um mercado de psicotrópicos sem a possibilidade de sair dele. O diagnóstico torna-se, pois, a identidade suplementar que não se transformou em um produtivo consumidor em nome da liberdade neoliberal. São esses elementos que iremos delimitar neste capítulo, visto que sem eles não conseguimos entender os movimentos da subjetividade neoliberal nem a violência da exigência de consentimento subjetivo que começa na década de 1970 e se perpetua até hoje pela concentração de renda e suas consequências.

Nesse cenário, na década de 1970, o tema da liberdade foi colocado praticamente como uma realidade a se impor, sem ao menos se questionar o discurso que a sustenta e suas consequências. Por conseguinte, na década de 1990, após a queda do Muro de Berlim, o espaço de questionamento aos princípios do liberalismo como fator de subjetivação diminuiu a ponto de se falar em fim da História (Fukuyama, 1992), com a vitória do neoliberalismo sobre o comunismo. Não haveria outra liberdade que não a neoliberal. E, não surpreendentemente, discursos em nome de um novo colonialismo voltaram a emergir. Segundo o historiador Johnson (1993), já era hora de o colonialismo retornar, uma vez que os países africanos e asiáticos que lutaram por suas liberdades eram melhor administrados quando tutelados por potências imperiais. Para ele, a liberdade desses países deveria ter sido dada passo a passo, até o momento em que tivessem assimilado toda a cultura ocidental e, como isso não aconteceu, acabaram em uma guerra interna. Como se a especulação financeira e a exploração de recursos naturais não tivesse participação alguma nisso. Vemos aqui a ideia de que os princípios neoliberais tornam-se a única opção possível. Contudo, que ideia de liberdade não comporta pensar-sonhar com outro mundo, outro laço social ou outra subjetividade da época? Essa contradição leva-nos a tentar entender a estrutura desse discurso que sempre encontra, devido à defesa da liberdade, como impedir a voz do Outro. "Ao reivindicar a riqueza das nações, as elites desconsideram o Outro" (Saad Filho; Morais, 2018, p. 20). Mas como faremos essa análise?

Sou hoje um psicanalista lacaniano. Logo, fundamentado em conceitos de Lacan, analisarei essa noção de uma subjetividade neoliberal como subjetividade da época em relação à liberdade neoliberal e seus efeitos sobre o laço social. Mas não somente por isso. Se vemos essa ascensão da defesa da liberdade neoliberal se configurar em diversas áreas na década de 1970, por outro lado, é nessa mesma década que Lacan apresenta o conceito de discurso do capitalista. Discurso é, como Lacan denomina, a estrutura do laço social e tem efeitos sobre a constituição da subjetividade. Foi uma surpresa para muitos a formulação de um discurso chamado de capitalista, pois, para apresentar esse conceito, ele precisou introduzir uma alteração em sua teoria dos discursos, que só comportavam quatro: mestre; analista; universitário e da histeria. Ele chega a dizer que o discurso do capitalista é o discurso do mestre contemporâneo, ou seja, que uma mudança na maneira de organizar o laço social a partir de um mandato simbólico tinha se alterado. E se começamos com uma interrogação sobre os donos do poder, não podemos esquecer que dono é um dos sinônimos de mestre. Além disso, se os donos muitas vezes se encarnam em militares ou em financistas, devemos nos reportar à estrutura que lhes permite ocupar esse lugar. Para Lacan, portanto, o discurso do mestre contemporâneo tem a estrutura do discurso do capitalista.

Não é gratuitamente que Lacan elabora um quinto discurso na década de 1970. Evidentemente, ele notava algumas consequências do movimento de maio de 1968: "o que vocês querem é um novo mestre e o terão", disse ele. No entanto, quando pronunciou essa sentença, ainda estava às voltas apenas com quatro discursos. Se ele crê na necessidade de se estabelecer um quinto discurso é, a nosso ver, por captar uma mudança na estrutura do laço social que se revela quando fala à Televisão francesa em 1974 (Lacan, 1993), ou antes, quando pronuncia sua conferência sobre o discurso analítico em Milão (1972).

Sabemos que essa tese suscitou no campo psicanalítico uma longa querela sobre se poderíamos considerar que há realmente um quinto discurso ou não – ou a possibilidade de 20, como brinca Braunstein (2010). Porém, nas falas de Lacan em *Televisão*, observamos claramente que ele está apontando para questões importantes que são tratadas por autores contemporâneos e que as situam em sua origem, na década de 1970. Lacan fala de crescimento do racismo e que isso não é uma piada – para um sujeito que era considerado por muitos irônico e até mesmo insuportável, colocar essa advertência é porque se trata de uma tese muito forte. Vemos hoje uma planetarização do racismo com fluxos migratórios e com populações inteiras e até mesmo países marginalizados. Vemos a financeirização implicar uma lógica concorrencial. Vemos uma privatização do comum, das redes de proteção social e a individualização das responsabilidades. Isso leva a duas questões: o que é o discurso do capitalista em Lacan e como ele pode nos ajudar a pensar o movimento do neoliberalismo, ou melhor, por que situamos no neoliberalismo as razões para esse movimento de violência política e subjetiva? E como pensar que o que é colocado como epidemias de doenças, como demonstram Schrecker e Bambra (2015), são na verdade respostas que denunciam o fracasso desse projeto?

Para fazer isso, precisamos colocar os autores que citamos no início em conversa aberta com a noção de discurso do capitalista. Dessa conversa, acreditamos que podemos esclarecer a subjetividade da época a qual Lacan pontua que precisamos, como psicanalistas, à altura da época. Precisamos pensar como essa subjetivação demanda o consentimento a um discurso que, justamente, exige dele uma nova forma de servidão voluntária, criando uma figura do supereu muito mais obsceno do que Sigmund Freud previra. Isso devido aos efeitos contraditórios que a noção de liberdade do neoliberalismo, em sua vertente econômica e de subjetivação, produz. A produção de epidemias de diagnósticos provenientes da maneira como a psiquiatria hegemônica passa a trabalhar a favor do neoliberalismo também é proveniente dessa lógica neoliberal, que não deixa espaço para o sujeito pensar-desejar-sonhar outro laço social, o que leva esse impasse a aparecer sob a forma de sintomas contemporâneos. Essas contradições só podemos entender se avaliarmos como se deu esse processo de financeirização como matriz maior do livre mercado, que introduz na razão neoliberal uma série de contradições que constituem a subjetividade contemporânea. Esse será nosso ponto de partida para elucidar a estrutura desse laço social que possibilitou a emergência desse sujeito contemporâneo e seus diversos modos de sofrimento. Ademais, pensar se a Psicanálise pode ser um modo de escapar a esses movimentos que produzem donos violentos e cuja violência aumenta hoje ao exigir um consentimento justamente a uma servidão em que a concentração de renda dos últimos 50 anos foi promovida pela liberdade neoliberal. Será que conseguiremos forçar o pêndulo e voltar para o outro lado, que não seja o do medo e o da necessidade da segurança? Sigamos e vejamos.

2

UMA LIBERDADE LIBERAL

> *Liberdade é uma palavra que o sonho humano alimenta,*
> *Não há ninguém que explique e ninguém que não entenda.*
> (Cecília Meireles, 2005, p. 76)

Não há brasileiro que nunca tenha ouvido ou repetido os versos da epígrafe deste capítulo e que fazem parte do *Cancioneiro de Inconfidência*, de Cecília Meireles. Canto épico da Inconfidência Mineira, uma tentativa de independência do Brasil do final do século XVIII, que resultou na criação, a posteriori, de um dos mártires da independência que se difundiu após a Proclamação da República um século depois. Essa liberdade que todos entendiam mesmo sem que alguém conseguisse explicar será a mesma que encontramos hoje, no século XXI? De qual liberdade se trata? Afinal, não podemos esquecer que a liberdade de que tratava a Inconfidência Mineira era aquela que levou à guerra pela independência dos Estados Unidos ou à Revolução Francesa. Essa liberdade, hoje, qual sentido ela adquire e será que ela, ao ser tocada pelo discurso neoliberal, não traz efeitos sobre os processos de subjetivação contemporâneo? Lembremos que essa liberdade é a liberdade de um indivíduo e da propriedade privada contra a monarquia absolutista e que sustenta o capitalismo, que é contemporâneo ao liberalismo. Essa lembrança já nos dá o cenário por onde passaremos: a liberdade, aliada à noção de propriedade privada, introduz contradições à própria noção de liberdade defendida pelo liberalismo, o que traz consequências para a própria noção de sujeito e laço social. Vejamos como.

Harvey (2016) identificou 17 contradições do capitalismo. Minha leitura do neoliberalismo permitiu-me isolar três contradições internas de sua vertente neoliberal que, se explorada do jeito que achamos que temos condição, revela-nos como elas incidem sobre a subjetividade da época. Essas contradições encontraremos ao final desta seção, após passar pelo modo como se deu a definição de liberdade liberal; o processo de governo na democracia liberal; a noção de Contrato Social e como a financeirização, a partir da década de 1970, colonizou a economia, a cultura, a produção, o laço social e reduziu a ideia de liberdade à noção de liberdade de empreender. *Undertake and let die*, se formos parafrasear os Beatles, é o imperativo ético do laço social atual. O empreendedorismo e todas as suas consequências – competitividade; isolamento e responsabilização individual; fim dos direitos sociais; endividamento; austeridade – passam do campo da gestão econômica para a vida e o sujeito como uma empresa de investimento.

Se apontaremos as contradições do neoliberalismo não é para onsidera-las como sendo um desvio em relação ao liberalismo, mas para demonstrar que ela pretende introduzir essas contradições no seio da subjetivação do sujeito. Isso significa que as contradições já podiam ser encontradas no campo de como os princípios do liberalismo e sua defesa incorrem em uma noção de liberdade que, ao ser defendida ferrenhamente, incorre nas defesas de coerções, ditaduras e até mesmo no fascismo e no colonialismo. Losurdo (2006) aponta para isso em relação às questões da escravidão, do colonialismo e da servidão. Rancière (2014) e Van Reybrouck (2020) fazem o mesmo no que se refere ao direito democrático ao voto e ser votado em democracia que surge na sequência do liberalismo. Pateman (2019) trata dessas contradições apontando para a servidão sexual e para um aspecto central do liberalismo: a possibilidade de se fazer um contrato. Em uma linha parecida, Mills (2014) aborda um Contrato Racial que se daria entre brancos e não brancos que promoveram a noção de Contrato Social. Os quatro apontam para a liberdade como sendo a do direito dos indivíduos ao autogoverno por serem livres; o direito à propriedade privada; a defesa do governo da lei contra qualquer dirigismo ou estatismo; o direito à livre concorrência. A questão principal é que somente quem é considerado indivíduo teria acesso a todos esses direitos. E, também, quais seriam as consequências desses direitos sobre os indivíduos e os outros.

Por isso, comecemos com uma definição de liberalismo justamente de quem propôs contar uma contra-história do liberalismo:

> No início, o liberalismo expressa a autoconsciência de classe de proprietários de escravos ou de servos que vai se formando enquanto o sistema capitalista começa a emergir e a se afirmar graças também àquelas práticas impiedosas de expropriação e opressão, postas em marcha na metrópole e acima de tudo nas colônias e descritas por Marx como "acumulação capitalista originária". Contra o despotismo monárquico e o poder central, essa classe reivindica o autogoverno e o

> gozo tranquilo de sua propriedade (inclusive a de escravos e de servos) tudo em nome do governo da lei, da *rule of law*. Podemos então dizer que o liberalismo é a tradição de pensamento que com maior circunscreveu um restrito espaço sagrado no âmbito do qual vigoram as regras da limitação do poder; é uma tradição de pensamento caracterizada mais do que pela celebração da liberdade ou do indivíduo, pela celebração daquela comunidade de indivíduos livres que define o espaço sagrado (Losurdo, 2006, p. 323, grifo do original).

Peço desculpas por uma citação tão longa, mas comporta todas as dimensões que são interessantes ao debate sobre a liberdade. A primeira questão é o laço entre o liberalismo e o capitalismo no sistema de expropriação e opressão. Se hoje a escravidão é repudiada e a servidão por dívida do barracão diretamente a uma pessoa é evitada, o capitalismo mantém a expansão da exploração por outros meios daqueles que, para usar a linguagem de Karl Marx, não detêm os meios de produção. E isso acontece, como veremos quando analisarmos a financeirização, com a precarização das relações trabalhistas, que geram um outro tipo de servidão, mas segue o mesmo objetivo do início do liberalismo: uma servidão para os assalariados. Esse vínculo entre capitalismo e liberalismo não é uma associação dos críticos do capitalismo, mas é defendida pelos próprios liberais, como Von Mises (2010)[11].

Nesse sentido, o liberalismo ao mesmo tempo precisa considerar todos livres para no momento seguinte introduzir uma diferença específica: a autoconsciência de um grupo de proprietários. E aí entra a conjugação entre liberdade e propriedade privada, que permite que o liberalismo tenha uma noção de liberdade plenamente contraditória: os princípios do liberalismo não podem ser colocados em questão, pois isso violaria a liberdade dessa comunidade. A organização da sociedade viria de sua própria auto-organização livre. Se há indivíduos livres, é porque há livre mercado e livre consumo. Há uma homologia entre a liberdade do indivíduo e a liberdade econômica. Se alguém é servo, somente por seu próprio esforço poderá sair desse lugar de servidão. Mas isso somente é possível se houver outros para servir e consumir o que for produzido. O liberalismo acaba implicando um ilimitado também próprio ao capitalismo que se pode definir da seguinte maneira: a exploração é tão ilimitada quanto é a produção capitalista.

---

[11] "Una sociedad en la que los principios liberales se ponen en práctica generalmente se conoce como una sociedad capitalista, y la condición de esa sociedad, el capitalismo. Dado que la política económica del liberalismo en todas partes se ha aproximado en mayor o menor medida a la práctica, las condiciones actuales en el mundo nos proporcionan una idea imperfecta del significado y los posibles logros del capitalismo en plena floración" (Von Mises, 2019).

Além da liberdade do indivíduo e da propriedade privada, há a ideia do autogoverno. É a tentativa de tornar o governo anônimo, como uma regulação espontânea. Esse espontaneísmo é importante por sugerir que é algo inevitável a liberdade liberal, assim como seria espontânea a economia autorregulada pelo mercado. A liberdade, a propriedade privada e o autogoverno em nome da lei que serve apenas para estabelecer regulações mínimas acabam gerando um aparato de uma sociedade que precisará se defender daqueles que, por um lado, não são tiranos, todavia, por outro lado, devem se sujeitar a essa lei não apenas dos Estados, mas também da própria sociedade. E, curiosamente, essa lei permanente necessita do estabelecimento de um aparato de segurança militar para manter a propriedade privada e a liberdade. Esse autogoverno que se traduz em democracia liberal se constitui também em um regime de segurança.

E, por último, na passagem supracitada de Losurdo (2006), há um aspecto interessante, que é a constituição da celebração da comunidade dos indivíduos livres como um espaço sagrado. A noção de sagrado implica uma separação entre os consagrados e os demais que são considerados seres não escolhidos. Não é à toa que, apesar de a liberdade ser um princípio, o vetor conservador também acompanha o liberalismo. Losurdo lembra que os ingleses e holandeses das revoluções liberais se consideravam o povo eleito e que os estadunidenses consideravam os indígenas como o povo de Canaan, que deveria ser derrotado e escravizado. Mas a noção de sagrado implica também dois aspectos importantes: o primeiro é que, para ser consagrado, muitas vezes exige-se um sacrifício, no sentido que Mauss e Hubert (2005, p. 103) definem: "Esse procedimento consiste em estabelecer uma comunicação entre o mundo sagrado e o mundo profano por intermédio de uma vítima, isto é, uma coisa destruída durante uma cerimônia".

O outro aspecto é o viés missionário do liberalismo, em que essa liberdade deve ser levada a todos os cantos e, assim, reproduzir o sistema de divisão entre indivíduos e não indivíduos, ou entre dominantes e dominados, se quisermos utilizar o vocabulário de Miguel (2018). Essa dominação dá-se também pela exportação do vocabulário e da exploração. Em uma palavra: o colonialismo, que se sustentou pelo laço entre liberalismo e capitalismo como missão civilizatória que desumanizou o resto da humanidade, seja nas colônias com a escravidão, seja na Europa com a servidão. Um servo é alguém que está ali apenas para servir os homens livres e ser responsabilizado por não ter ninguém para servi-lo. E isso se produz em uma espiral crescente de segregação.

Assim, chegamos ao que Losurdo (2006, p. 325) chamou de paradoxo:

> O ocidente é ao mesmo tempo a cultura que com maior rigor e eficácia teoriza e pratica a limitação do poder, e que com maior sucesso e em escala mais ampla se dedicou ao desenvolvimento do *chattel slavery*, o instituto que implica a total aplicação do poder do dono ao escravo reduzidos a mercadoria e "natureza". E esse paradoxo se manifesta de maneira particularmente clamorosa nos países de mais consolidada tradição liberal. (Grifo do original).

Enquanto de um lado alguns se emancipam como indivíduos e como países, por outro, essa emancipação promove o aumento de desigualdades. Quanto maior a livre concorrência, maior a concentração de bens públicos, serviços e propriedades nas mãos de poucos. Como já mencionado, mesmo que tenhamos hoje a recusa explícita da escravidão, não temos a recusa quanto à sujeição em nome da liberdade – de poucos. E o que faz unidade entre modos de exploração dos inícios do liberalismo até hoje é sua unidade básica, a saber, o indivíduo que não é governado por outro poder e que deve gozar e proteger a propriedade privada. Mas, mais ainda, o processo de individualização que acompanha o liberalismo é o que requer do sujeito consentimento a todo e qualquer tipo de sujeição. E, como afirma Haider (2019, p. 35), "'essa individualização' também os constitui como sujeitos políticos – a unidade política básica do liberalismo, afinal, é o indivíduo".

Se o indivíduo é a unidade básica do liberalismo, a liberdade é seu significante-mestre. Se a liberdade do liberalismo surge contra a tirania a partir de uma revolução contra o absolutismo, esse significante liberdade, ao se associar aos significantes de livre empreendedorismo, livre mercado, permite-nos explicar a sujeição: o indivíduo livre é aquele que tem os meios de produção, seja ele produtivo, seja ele financeiro. É essa liberdade que gostaríamos de questionar, pois sempre, em nome da liberdade, encontram-se suas antíteses ao articular liberdade com propriedade privada em nome de um indivíduo imaginário, sem dúvidas, sem questionamento e em defesa de uma liberdade que promove uma sujeição.

Segundo Losurdo (2006), é evidente para os defensores do liberalismo como doutrina que se contrapõe ao absolutismo monarquista que o autogoverno e a redução do papel do Estado referiam-se somente à metrópole europeia – ou a países considerados livres, visto que, com o colonialismo, países, regiões e pessoas escravizadas eram considerados propriedades privadas. Aqui temos um primeiro paradoxo: como pode alguém ser considerado uma propriedade de outrem a não ser que esse alguém não seja considerado indivíduo? A esse respeito, uma passagem de Lacan (1985a, p. 99-101) mostra-nos de que maneira sempre se pensou em tratar os escravizados como pessoas que pifam, até que surge uma comparação deles em relação à máquinas:

> O fato de terem desconhecido completamente a importância deste fenômeno que, no tempo deles, começava a despontar - a máquina a vapor. No entanto não faltava tanto para Watt chegar, e já havia coisas que funcionavam sozinhas, umas pequenas bombas nas minas. A máquina encarna a mais radical atividade simbólica no homem, e ela era necessária para que as questões se colocassem - talvez não dê para vocês notarem no meio disto tudo - no nível em que as colocamos para nós. Há algo de que se fala em Freud, e de que não se fala em Hegel, é a energia. Eis a preocupação maior, a preocupação que domina, e, do ponto de vista especulativo, ela é mais importante do que esta confusão puramente homonímica na qual nos achávamos ontem à noite quando se falava da oposição da consciência no tempo de Hegel e da inconsciência no tempo de Freud - é como falar da contradição entre o Partenon e a hidrelétrica, não tem absolutamente nada a ver uma coisa com outra. Entre Hegel e Freud, há o advento de um mundo da máquina. A energia, fiz-lhes notar isto da última vez, é uma noção que só pode aparecer a partir do momento em que há máquinas. Não que a energia não esteja aí desde sempre. Só que as pessoas que tinham escravos nunca se tinham dado conta de que se podia estabelecer equações entre o preço de sua comida e o que faziam nos latifundia. Não se encontra nenhum exemplo de cálculo energético na utilização dos escravos. Nunca se estabeleceu a mais mínima equação a respeito do rendimento deles. Foi preciso que se tivesse máquinas para se dar conta de que era preciso alimentá-las. E mais - que era preciso mantê-las. E por quê? Por que elas tendem a se deteriorarem. Os escravos também, mas não se pensa nisto, acha-se que é natural que envelheçam e pifem.

A ideia de que os escravizados pudessem necessitar de repor energia não existia por serem considerados humanos, mas por serem comparados às máquinas. Não se tratava de considerá-los indivíduos ou sujeitos, mas ou bestas ou selvagens, ou máquinas. Nessa passagem, temos noção de que a possibilidade de se libertar dentro dos princípios do liberalismo não se dá a todos de uma vez ou não se dá a todos de modo algum. E a essas bestas, a esses incultos, a esses degenerados, pode-se infringir as maiores atrocidades. E isso, no século XIX, incluía países da própria Europa, como a Irlanda. Se temos essa contradição na liberdade-escravização/colonização, temos outra também em relação ao autogoverno e ao antiestatismo: para defender a liberdade daqueles que são livres – homens brancos de proprietários – os Estados Unidos, o país que até hoje afirma levar a liberdade para o globo, criaram leis que em alguns de seus estados ainda são válidas. Primeiro, leis para evitar matrimônios entre brancos e negros ou indígenas. Quem o fizesse, era considerado não apenas um traidor da raça branca, mas também um traidor dos indivíduos livres (Losurdo, 2006). Outro conjunto de leis seria sobre as práticas sexuais, como o banimento da sodomia que vigorava em todo os Estados Unidos nos anos de 1960 e em 13 estados até 2003. O banimento da sodomia, mesmo sendo consensual entre os sujeitos, chama a atenção, pois era indiferente aos formuladores dessas leis se o ato sexual aí fosse entre homem e mulher ou entre homens. Daí vemos mais uma vez quem eram considerados livres: homens brancos heterossexuais. Mas não seria o Estado interferindo no mais íntimo do sujeito? Não seria uma contradição com o antiestatismo do liberalismo?

O livro de Losurdo, nesse sentido, é interessante, porque apresenta-se justamente como uma contra-história que não pretende expor apenas as ideias liberais, mas também como elas se realizam e, nessa realização, as contradições aparecem em relação aos próprios princípios do liberalismo. É no caminho do movimento do liberalismo que suas contradições vêm à tona. E nisso é interessante a relação entre dois dos princípios ordenadores do liberalismo: a liberdade individual e a propriedade privada. São esses dois princípios que irão colocar o liberalismo em uma posição antiestatista ou, ao menos, indicar que o Estado apenas cria condições de concorrência ou para garantir a segurança da propriedade privada dos indivíduos livres. Desse modo, podemos afirmar que uma primeira consequência é a noção de que a articulação entre esses dois princípios gera sempre uma vertente maior ou menor de construção de uma rede de segurança do Estado contra aqueles que podem colocar em questão o direito à propriedade privada.

Essa articulação entre indivíduo livre e livre mercado apresenta a necessidade de estabelecer que a relação entre os indivíduos livres é entre produtores e consumidores. E isso segue na direção do que Pateman (2019, p. 18) aborda em relação que considera a eleição como empreendimento capitalista, em sua análise da noção de contrato que trabalharemos mais de perto na seção seguinte:

> Que a teoria do contrato agora tem um novo impulso vital não é uma mera consequência da evolução interna da teoria política, mas está ligada a desenvolvimentos políticos mais amplos, centrados na interpretação da democracia como uma iniciativa individual - ou escolha - que pode ser resumido de forma sucinta no slogan "iniciativa privada e privatização". Todo o pacote político é comercializado sob o nome de liberdade.

É diante dessa afirmação que Losurdo retoma algumas questões que podemos considerar interessantes: por que muitos escravistas eram considerados liberais, sem um questionamento por seus contemporâneos? Por que muitos dos que defendiam que os irlandeses deveriam ser dominados pelos ingleses eram considerados liberais? Uma outra questão nessa mesma linha é trazida por Graeber (2016): por que Estados Unidos, Inglaterra e a Holanda, países considerados berços do liberalismo, concordaram com a pesada multa que a França impôs ao Haiti para que ele fosse reconhecido como país livre? Isso soa ainda mais estranho quando lembramos que o liberalismo foi um movimento revolucionário em nome da liberdade e da propriedade privada. Por que se defendia, a partir das noções de dívidas (é preciso não ser vadio e trabalhar para se sustentar e sustentar a família e a Nação) e de vida austera com os bens uma possibilidade de ser útil à civilização e ao progresso, mesmo que isso recorresse à servidão e à escravidão? Ou a um substituto bem atual em relação à escravidão, a saber: a punição útil àqueles que não conseguiam se sustentar com trabalho útil, a prisão penal, sendo o sistema prisional um bom substituto para os ex-escravizados no intuito de limitação de suas liberdades.

Desse modo, um liberal poderia ser definido:

> [...] por antítese tanto ao poder absoluto do monarca quanto à condição servil ou também só plebeia. A dicotomia liberal/iliberal refere-se certamente à diferença e ao conflito entre duas visões de mundo, mas também entre duas condições sociais (Losurdo, 2006, p. 256).

O liberalismo introduz uma diferenciação radical que será retomada em diversos âmbitos e em diversos momentos. Esse princípio de não ser servil às monarquias e, como proprietários, serem servidos, é uma das características que os liberais gostavam de exibir como traço diferencial. Mesmo um filósofo como Alexis de Tocqueville acreditava que o povo não teria condições de enfrentar propriamente um tirania, por ter uma educação incompleta. Quem então? "Os proprietários, os burgueses, os homens de cultura, em uma palavra, todos aqueles que receberam uma educação liberal" (Tocqueville *apud* Losurdo, 2006, p. 258). Ora, esse mesmo princípio encontramos no Brasão de São Paulo, a maior cidade do país: *"Non ducor duco"*. A enfatuação de uma frase em latim já demonstraria essa necessidade de se diferenciar pelo conhecimento, mas o conteúdo, quando traduzido, é mais explícito: "Não sou conduzido, conduzo"[12]. Para conduzir, é preciso reconhecer que haja alguém para ocupar esse lugar. Apenas, não é reconhecido como indivíduo livre.

Se pudermos reduzir em uma expressão o que seria, então, a liberdade para o liberalismo, assim o faríamos: a liberdade do liberalismo é um ato de exclusão. E isso explica porque o colonialismo passa a ter um grande impulso na sequência de movimentos de libertação: as terras de outros continentes e seus povos eram consideradas terras sem dono de pessoas incultas. Além disso, o trabalho civilizatório dos liberais seria levar essa noção estranha de liberdade para todos os cantos da terra, como um farol de civilização e conhecimento. Uma liberdade que permite ser déspota com outros povos precisa ser questionada. E, mais ainda, se entendermos que esse mesmo conceito foi utilizado nas guerras recentes do Oriente Médio do final do século XX e início do século XXI. Nesse sentido, observamos mais uma vez o recurso ao aparato de segurança, seja das polícias nas periferias, seja pelas Forças Armadas nos países periféricos, mas com riquezas. O uso da força é previsto em nome da defesa do liberalismo e da liberdade, mesmo que seja com o objetivo de dominação violenta para impor essa liberdade.

Desse modo, podemos entender como, dentro da lógica liberal, a ditadura pode ser uma possibilidade – ou até mesmo indispensável – para manter e expandir a liberdade liberal para todos os lugares do globo em que não se consegue o consentimento por outros caminhos. Os discursos em apoio à ditadura cívico-militar do Brasil seguiram esse mesmo roteiro de ser uma intervenção pelas armas em nome de uma liberdade liberal e para evitar o risco do que, aos olhos do liberal, seria o retorno da tirania, agora por meio de outros modos de pensar a vida em comum – o chamado comunismo. Este seria um modo de totalitarismo – mesmo que muitas vezes se debata com um fantasma sobre o que é o comunismo, como vemos hoje no Brasil, quando qualquer adversário é chamado de comunista, como fez

---

[12] Disponível em: https://web.archive.org/web/20131013062521/http://ww1.prefeitura.sp.gov.br/portal/a_cidade/historia/index.php?p=757.

o general Santos Cruz ao acusar o presidente da República de instaurar um "comunismo de direita"[13]. No caso do Brasil, o estopim para o golpe de 1964 foi o anúncio das Reformas de Base.

Essa possibilidade de uma ditadura contra o totalitarismo estava presente em John Locke, Tocqueville e John Stuart Mill. Eles sempre defenderam a possibilidade de uma ditadura temporária "para derrubar os obstáculos que colocam entre a nação e a liberdade" (Losurdo, 2006, p. 270). A guerra do ópio era considerada por Mill uma guerra em nome do livre comércio. Uma ditadura pedagógica a ser exercida sobre os bárbaros e os selvagens. Ditadura sobre o próprio país ou missão civilizatória sobre outras regiões. A respeito do primeiro, não podemos nos esquecer de um dos expoentes do neoliberalismo, Hayek (1981), que afirmou que prefere uma ditadura liberal a uma democracia não liberal. Tal afirmação foi feita quando ele se referiu à ditadura chilena que, como sabemos, perseguiu, matou e torturou milhares. Ou, se pensarmos no século XXI, a incursão dos Estados Unidos ao Iraque sempre se justificou em nome de levar a liberdade[14] para outros países considerados não livres. Com o Iraque foi essa a justificativa. Mas, com essa liberdade, lembra-nos Harvey (2014, p. 17), acompanhou-se também a total liberação da economia iraquiana pela Autoridade Provisória de Coalizão que governava o país desde a queda de Saddam Hussein:

> [...] a total privatização da economia, plenos direitos de propriedade às empresas estrangeiras expatriarem os lucros e a retirada de quase todas as barreiras comerciais [...] o mercado de trabalho, por outro lado, viu-se, submetido a um estrita regulação; o direito de greve foi considerado ilegal e a sindicalização proibida nos setores-chave.

Mais uma vez, vemos claramente que o uso da força para garantir a liberdade introduz a liberdade de investimentos para uns e a submissão sem liberdade de contestação para outros, o que leva Harvey (2014, p. 17) a concluir com uma formulação lapidar:

> [...] o pressuposto de que as liberdades individuais são garantidas pela liberdade de mercado e de comércio é um elemento vital do pensamento neoliberal e há muito determina a atitude norte-americana para com o resto do mundo.

---

[13] Disponível em: https://ultimosegundo.ig.com.br/politica/2020-11-20/governo-bolsonaro-instaurou-comunismo-de-direita-afirma-general-santos-cruz.html.
[14] "Na qualidade de maior potência da terra temos a obrigação de ajudar a propagar a liberdade" (Bush *apud* Harvey, 2014, p. 15).

É a esse polo do pêndulo que Dessal e Bauman se referiam quando apontaram que estamos assistindo a um aumento da segurança: se há sujeitos que podem ser escravizados – hoje, precarizados no sentido dado por Standing (2013) –, é preciso dispositivos subjetivos e externos de controle dessa população que era considerada, tanto nas metrópoles quanto nas colônias, como inculta, besta e selvagem, que precisaria ser dominada. E dominação no sentido de Miguel (2018), em que pode ser pela força, mas também pela promoção de subjetividade que consente aos dominados, mesmo que as revoltas explicitem que essa dominação é não toda.

Claro que nem sempre se defendeu abertamente a escravidão: alguns defendiam uma transição até que os ex-escravizados ascendessem à condição de serem considerados livres ou formados em conhecimento e competência no que era tido como artes liberais[15] ou seguirem firmemente na defesa dos dois princípios liberais principais. Da escravidão passar-se-ia para um sistema de servidão para, em seguida, serem considerados indivíduos propriamente livres. Se pensarmos mais uma vez em termos pulsionais, para quem tem urgência a proposta de uma liberdade no futuro, é o mesmo que prometer a vida eterna: a satisfação que urge é hoje e não amanhã. Não poder usufruí-la plenamente e submeter-se assim a uma autoridade foi inclusive a primeira teoria formulada por Freud para explicar a formação de sintomas histéricos e que, se ele a transforma no decorrer de sua obra, por outro lado, ele não a abandona totalmente. Se as mulheres não eram escravizadas por um lado, por outro, a alcunha de indivíduo livre também não as alcançava como bem demonstram as lutas das sufragistas pelo direito ao voto.

Já que mencionamos o bom, velho e atualíssimo Freud (2017c) aqui, podemos nos servir de uma metáfora com a arte que ele utiliza para explicar o trabalho analítico, valendo-se da diferença que Leonardo da Vinci faz entre a pintura e escultura. De acordo com este, a primeira opera *per via de porre* e a segunda *per via de levare*, ou seja, a primeira opera pela via de colocar as tintas que ainda não existiam sobre uma tela, enquanto a segunda retira do bloco de pedra ou o que for para extrair dali a escultura. Uma opera colocando algo sobre; a outra extraindo. A Psicanálise, de acordo com Freud, opera *per via de levare*, interpretados os nós de representações que aparecem sob a forma de sintomas e escrevendo esse excesso de memória – o neurótico sofre de reminiscências – em uma rede de história. O liberalismo, a nosso

---

[15] "Para que possa os 'mecânicos' e a gente comum 'carente de qualquer conhecimento no âmbito das ciências e das artes liberais'; ao contrário, devem estar os que receberam uma educação liberal, o grau normal de erudição nas artes e nas ciências; e estes são 'os bem nascidos e os ricos'" (Losurdo, 2006, p. 257).

ver, opera *per via porre*, ao produzir condições para estabelecer quem é livre e quem não é e exigir o consentimento a essa distinção. E, quando virmos mais à frente o laço entre o neoliberalismo e as epidemias contemporâneas, veremos que o diagnóstico psiquiátrico que segue os parâmetros do neoliberalismo também opera via de porre para constituir não apenas patologias, mas também essas patologias como polos de identificação anônima e de subjetivação contemporânea.

Uma nota final sobre a importância de se considerar a propriedade privada, o governo das leis e o indivíduo na centralidade do conceito de liberdade dos liberais e suas consequências trágicas: um estado de segurança para manter esses princípios e a separação entre indivíduos livres e não livres que podem ser explorados. Se inicialmente a soberania individual era compatível com a escravidão e com a colonização e a servidão do trabalhador, e a distribuição de direitos era privilégio apenas daqueles que eram considerados indivíduos, de outra parte, as lutas contra esse estado de coisas promove dois movimentos. O primeiro é o movimento de integração desses sujeitos ao conjunto de direitos, mas dentro da lógica de um indivíduo como consciência pessoal, ou seja, ainda dentro dos princípios liberais à maneira como as eleições e a participação de negros e mulheres como eleitores e candidatos bem o demonstram. Em contrapartida, o segundo é um deslocamento dos dispositivos de opressão[16], principalmente sempre buscando o consentimento ou, se isso fracassa, dá-se por meio da força direta.

Losurdo (2006) demonstra, assim, que a contradição entre defender a liberdade e promover a segregação é interna ao liberalismo e não apenas um acidente. Essa contradição, longe de ser hipocrisia, é lógica e, sempre que necessário, desloca-se, como se deslocou da servidão para a colonização-escravidão, da colonização para a perpetuação de golpes e ditaduras cívico-militares pelo mundo e, a nosso ver, das ditaduras para a subjetivação neoliberal, como veremos a partir da análise da financeirização da economia com Dowbor (2017) e a digitalização com Morozov (2018) e Dessal (2019)[17].

---

[16] "Dando prova de uma enorme elasticidade, este procurou constantemente responder e se adaptar aos desafios do tempo. É verdade, longe de ser espontânea e indolor, essa transformação tem sido em boa parte imposta do exterior pelos movimentos políticos e sociais com os quais o liberalismo repetida e duramente tem se chocado. Mas, exatamente nisso, reside a flexibilidade. O liberalismo soube aprender do seu antagonista (a tradição de pensamento que, partindo do 'radicalismo' e passando por Marx, de água nas revoluções que de diversas maneiras nele se inspiram) muito mais de quanto seu antagonista tenha conseguido aprender do liberalismo" (Losurdo, 2006, p. 359).

[17] "Esta é precisamente a novidade do neoliberalismo: a capacidade de produzir subjetividades que se configuram segundo um paradigma empresarial, competitivo e gerencial da própria existência. É a 'violência sistêmica' do regime de dominação neoliberal: não necessitar de uma forma de opressão exterior, salvo em momentos

Três exemplos que veremos a seguir demonstram bem esses deslocamentos para manter os princípios do liberalismo e a possibilidade de segregação dos indivíduos: a naturalização de outras culturas dentro das contradições do liberalismo; a participação na democracia liberal e a noção de contrato que integram, por um lado, negros e mulheres e, por outro, busca o consentimento de uma gama mais ampla de sujeitos expulsos de direitos e benesses dos negócios públicos.

2.1 SEGUNDA PARADA: COMO A LIBERDADE LIBERAL INSIDIOSAMENTE SE ESPALHA POR TODAS AS ESFERAS DA VIDA

Quando eu estava no curso de mestrado em Teoria Psicanalítica na Universidade Federal do Rio de Janeiro (UFRJ), havia uma amiga com uma dúvida terrível sobre qual projeto de pesquisa apresentar para desenvolver e obter o título de mestre. Ela disse que toda vez que pensava em um tema descobria ou que alguém conhecido também estava desenvolvendo essa temática ou algum livro sobre o assunto. E sua dúvida era como ser original se tudo que ela pensava já tinha sido pensado por alguém. No entanto, se fizermos um levantamento de títulos e palavras-chave das teses e dissertações, vemos que as pesquisas apresentam temáticas parecidas por alguns anos, depois mudam para outras e assim segue (na época em que fiz mestrado estava em voga pesquisar a noção de sujeito da ciência em Psicanálise, por exemplo. Inclusive foi o tema de meu mestrado e doutorado). Fazer pesquisa, pois, é tratar de problemas que se apresentam a todos no momento, inclusive para melhor situar os modos que eles se apresentam. E certa vez, quando fui pró-reitor adjunto de Pesquisa da UFSJ, escutei do presidente do Conselho Nacional de Pesquisa (CNPq) que, curiosamente, foi reitor da UFSJ em tempos pretéritos, a seguinte fala: "não queremos mais pesquisas sobre as fases do desenvolvimento de Piaget". Simplesmente, com o mesmo argumento, como se as perspectivas não se renovassem ou se o tema tivesse se esgotado por si mesmo. E, infelizmente, escutei algo semelhante de um aluno de doutorado, que estava chateado com a necessária passagem por um aprofundamento em um conceito fundamental, porque achava que estava perdendo tempo com algo já dito por outros. E, curiosamente, ele fez um percurso e uma análise ótimos e claros sobre a libido em Freud e Lacan.

---

cruciais de crise orgânicas, e em contrapartida, conseguir que os sujeitos se vejam capturados por uma série de mandatos e imperativos donde se veem confrontados em sua própria vida, no próprio modo de ser, às exigências do 'ilimitado'" (Alémán, 2017, p. 15-16).

Essas falas não são casuais. A ideia de que todo projeto de pesquisa deve ser original e particular é uma máxima que percorre toda a formação dos jovens pesquisadores, que entendem que eles têm que ser únicos e destacados dos outros pesquisadores. Isso decorre de uma certa noção de indivíduo que não somente é independente dos outros, mas também está em concorrência com eles. E deixa de lado a assinatura, o estilo, o modo que pode ser singular de tratar os problemas e a necessidade de trazer muitas vezes os conceitos fundamentais à cena de novo. Uma pesquisa inovadora jamais será inovadora antes de concluída. Essa noção de indivíduo é a mesma que, insidiosamente, o liberalismo implica nos processos de subjetivação e que, longe de trazer respostas, traz angústia, pois desconsidera que um indivíduo em plena concorrência com outro não tem momentos de descanso nem tempo para pensar sua pesquisa. Ora, uma noção de indivíduo que se introduz não somente no campo político, mas também nos modos como se organizam as pesquisas no país precisa ser melhor esclarecida, pois esse insidioso é o que muitas vezes não nos permite ver o que está na estruturação desse modo de subjetivação. Como vimos, essa noção concorrencial é uma noção liberal do indivíduo e que traz em si uma série de contradições que apontaremos a seguir, principalmente em relação ao que chamaremos mais à frente de neoliberalismo. Por isso, a pergunta: que indivíduo livre seria esse e que contradições podemos encontrar nesse regime?

Contudo, antes mesmo de iniciarmos a definição de liberdade do neoliberalismo, podemos destacar algumas contradições situacionais analisadas por Deenen (2019) para entrarmos na definição de liberdade do liberalismo, mas sempre a partir de suas contradições (e as contradições do próprio Deenen, é preciso dizer). Ele afirma que o liberalismo fracassa devido a seus sucessos, mesmo que sua análise se ampare, em boa parte, no que acontece hoje nos Estados Unidos. É curioso que a doutrina política que se apresenta como a única viável seja aquela que, justamente, traz em seu nome a liberdade. Que tipo de liberdade pode ser essa que se apresenta como a única possível, principalmente a partir da queda do Muro de Berlim em 1989? Mas é exatamente devido a essa tentativa de ser hegemônica e única opção que suas contradições internas podem ter ficado mais evidentes e como uma noção muito restrita de liberdade leva a uma coação consentida, se assim podemos afirmar[18].

---

[18] "Uma filosofia política que foi lançada para criar maior igualdade, defender uma tapeçaria pluralista de diferentes culturas e crenças, proteger a dignidade humana e, é claro, expandir a liberdade, na prática gera uma desigualdade titânica, reforça a uniformidade e a homogeneidade, incentiva a degradação material e espiritual e fragiliza a liberdade" (Deenen, 2019, p. 27).

Diante disso, não se trata simplesmente de fazer reformas para dirimir equívocos que não estariam de acordo com os princípios do liberalismo, mas de apontar que há uma razão cínica no âmago do liberalismo, principalmente em sua vertente neoliberal. Cinismo aqui estamos tomando no sentido da análise de Žižek (1992) sobre o livro de Peter Sloterdijk, intitulado precisamente *Crítica da Razão Cínica*: há um reconhecimento do egoísmo por trás das ideias de inevitabilidade das políticas econômicas neoliberais, mas, ainda assim, sustenta que a ideia de austeridade, de dívida e de que a concentração de renda é a promessa de um futuro de investimentos não se sustenta em uma economia de financeirização excessiva. Recentemente, houve um debate entre o liberal superministro da Economia do Brasil e o governador do Maranhão, ex-filiado ao Partido Comunista do Brasil. A defesa do ministro da Economia é que o setor público deve ser austero para guardar "trilhões" para nossos filhos e netos; ao que o governador comunista responde: as pessoas morrem de fome hoje. A noção de futuro neoliberal é cínica, pois ela promete uma glória e um progresso para quem ainda não nasceu, mesmo sabendo que os recursos economizados irão girar apenas para gerar mais renda e não mais bens e produtos, tal como é explicitado na lógica neoliberal. É um futuro para ninguém; minto: é um futuro para quem puder viver de exploração financeira, os mesmos de hoje que concentram a renda em poucos conglomerados financeiros. O cinismo dessa posição aparece também em outra opinião do ministro da Economia: sugeriu que bastaria transferir R$200,00 durante a pandemia como auxílio emergencial, porque era esse o valor que se pagava para os pobres do Nordeste. Não passa por sua cabeça – ou melhor, passa, mas é uma ideia a seu ver absurda – aumentar os valores em políticas de transferência de renda que, essas sim, mobilizariam a economia pelo consumo. "O cinismo não é uma postura de imoralidade direta, mas, antes a própria moral colocada a serviço da imoralidade" (Žižek, 1992, p. 60). Eles sabem o que fazem, sabem das consequências e, mesmo assim, o fazem. São os cínicos que, de certo modo, estando ou não no centro do poder político, acabam exercendo o poder por causa do endividamento dos Estados, como veremos quando analisarmos os processos de financeirização a partir da década de 1970.

Outro aspecto menos evidente do liberalismo é apontado também por Deenen (2019): a tentativa de se passar como não ideológico, ou seja, como um fato que se imporia a todos sem questionamento. E isso por ser "menos visivelmente ideológico e apenas furtivamente reconstrói o mundo à sua imagem" (Deenen, 2019, p. 29). Essa última frase de Deenen é interessante por duas palavras que consideramos chave: "furtivamente", por não se declarar uma ideologia, um discurso; e "imagem", a qual devemos entender que imaginário se depreende dessa liberdade, principalmente no neoliberalismo. A pretensão à neutralidade e a sedução para

> [...] as liberdades fáceis, para as diversões e atrações da liberdade, do prazer e da riqueza. Ele se faz invisível, mais ou menos como o sistema operacional de um computador em grande medida fica sem ser visto - até que deixa de funcionar (Deenen, 2019, p. 29).

No entanto, uma liberdade, quando não permite o questionamento, pode ser considerada ainda uma liberdade?

Essa noção de uma neutralidade do liberalismo como um mediador de conflitos e não como um dos elementos do conflito também encontramos na análise do vínculo da democracia com o liberalismo feita por Miguel (2018, p. 43): "A absoluta neutralidade em relação às concepções de bem é encampada por boa parte das teorias normativas e se torna, também com o concurso de Rawls, um traço definidor do liberalismo". Se neutro e mediador, ele pode se impor como a única alternativa, deixando a qualquer crítica a ele o lugar de ser partidária e, assim, não ver o todo da sociedade devido a interesses. A situação nesse caso torna-se dramática, porque se coloca em relação à democracia como regime em que decisões sobre os negócios públicos são tomadas. Ao se posicionar dessa maneira, a democracia liberal acaba retirando imaginariamente de cena uma dimensão que é importante e radical para a democracia: o conflito como possibilidade de condição de fala para os diversos eixos de dominação – classe, certamente, trabalhadores também, mas os indígenas, os negros, os quilombolas, as mulheres, os LGBTQI+ etc. – da sociedade tenham participação efetiva nas decisões. A democracia liberal, assim, pretende deixar de lado justamente o que caracterizaria a democracia, como os revolucionários liberais deixaram claro em seu início e que retomaremos mais à frente.

E aqui encontramos, no texto de Deenen, quatro dimensões das quais podemos extrair as contradições.

Sobre a política:

> O "governo limitado" do liberalismo hoje provocaria inveja e espanto nos tiranos de outrora, que mal podiam sonhar com capacidades tão vastas de vigilância e controle de movimento, das finanças e até mesmo de atos e pensamentos (Deenen, 2019, p. 31).

A despeito do espanto de considerar as finanças controladas pelos governos locais – o que Dowbor (2017) demonstra que não procede –, a delimitação dos outros campos é inteiramente controlada. Temos, assim, um ponto de vista curioso: ele situa a delimitação do liberalismo com um excesso de governo, quando as reformas previdenciárias e trabalhistas no mundo estão justamente retirando o papel do governo e do Estado. Mas em vez de falarmos de um excesso ou diminuição do Estado, o que o liberalismo apresenta, na verdade, é uma maneira de se ocupar sua gestão: como sistema de controle e vigilância, por uma burocracia administrativa de um lado, e o aparato militar como mantenedor dos princípios de livre concorrência, livre mercado, individualismo de outro.

A respeito da economia:

> O sistema econômico que é ao mesmo tempo a criada do liberalismo e seu motor, como um monstro Frankenstein ganha vida própria, e seus processos e sua lógica já não podem ser controlados pelas pessoas que supostamente gozam da maior liberdade da história. A recompensa da liberdade é a escravidão à inevitabilidade econômica. (Deenen, 2019, p. 35).

A lógica de que a economia é uma realidade autônoma à qual devemos nos sujeitar quando deixamos o mercado inteiramente livre aponta, por outro lado, para o paradoxo de que esse sistema econômico precisa ser protegido por uma série de órgãos regulatórios. E a demanda por austeridade dos países em desenvolvimento aponta que a liberdade precisa de uma entidade externa para a regulação até mesmo das economias das nações. Um belo exemplo da máxima da ditadura brasileira de que o preço da liberdade é a eterna vigilância!

Acerca da educação:

> As universidades se esforçam para oferecer "aprendizagem com resultados", seja por meio da criação de uma imensidão de novos programas voltados para tornar os estudantes imediatamente empregáveis, seja renomeando e reorientando estudantes já existentes para ressaltar sua relevância econômica. Simplesmente *não há uma opção* de fazer as coisas de outro jeito num mundo globalizante e economicamente competitivo. Poucos mencionam o fato de que essa locução se torna cada vez mais comum no liberalismo avançado, o regime que supostamente deveria assegurar uma infinidade de escolhas a serem feitas livremente. (Deenen, 2019, p. 37, grifo do original).

Se devo, como professor, oferecer uma educação para o mercado e se o mercado deve ser livre, como saber se essa educação não vai estar defasada quando o profissional entrar no mercado de trabalho? Que emancipação é essa que se complica quando não são ensinados modos de pensar livre, e sim modos de pensar de acordo com a lógica de um mercado que se estrutura em termos de concorrência ilimitada que torna uma série de produtos e processos programaticamente obsoletos?

No que se refere à Ciência e Tecnologia:

> Os alunos de hoje são especialmente incentivados a estudar uma disciplina que seja útil, particularmente aquelas que sejam úteis, particularmente aquelas ligadas às ciências, à tecnologia, à engenharia e à matemática (Deenen, 2019, p. 38).

Esse objetivo é porque, para o liberalismo, é preciso se libertar também do jugo da natureza, para que o homem se torne mestre e senhor dela. Desse modo, outras disciplinas se tornaram inócuas nesse processo, pois não ajudam nem na liberdade em relação à natureza nem propiciam que essa exploração ajude a expansão dos novos mercados e de novos consumidores. Essa lógica, como vimos, em contrapartida, não propicia que o pensamento crítico possa ser algo importante para uma sociedade, reduzindo o pensamento científico a uma técnica. Como ser livre sem pensamento crítico?

É diante desse cenário que Deenen (2019) afirma que o fracasso do liberalismo é devido ao seu sucesso: para o liberalismo manter sua proposta de ser o defensor das liberdades individuais, desmontando normas irracionais, sejam elas religiosas ou políticas que se sustentam pela violência do mais forte, ele precisa de uma noção específica de liberdade e precisa levar em consideração do que o indivíduo deve se libertar:

> A liberdade como a libertação dos humanos da autoridade estabelecida, a emancipação em relação à cultura e à tradição arbitrária, e a expansão do poder e do domínio humano sobre a natureza por meio das descobertas científicas e da prosperidade econômica (Deenen, 2019, p. 53).

Ora, libertar-se da autoridade, da cultura e da natureza leva o liberalismo a uma antropologia sustentada em dois pilares: o individualismo e o voluntarismo da escolha. Consequentemente, o isolamento desse indivíduo em relação aos outros indivíduos estabelece também um isolamento em relação à natureza, que passa a ser considerada apenas como algo a ser dominado e explorado. Esses dois elementos conjugados são importantes para se pensar as contradições do liberalismo, pois apontam para a direção de que algumas pessoas não poderão ser reconhecidas como indivíduos e podem ser tratadas como uma natureza a ser submetida aos que serão qualificados como indivíduos. Antes de continuarmos, não podemos esquecer que a economia de livre mercado do liberalismo considera que a natureza humana é imutável e que outras naturezas devem ser exploradas. Como veremos mais adiante, isso de certo modo justifica o expansionismo imperialista do liberalismo. Este considerava outras culturas ou como dados de natureza a serem explorados ou como etapas anteriores ao desenvolvimento humano que deveriam, então, servir até chegar ao ponto ótimo da evolução, que seria um indivíduo livre em uma economia de livre mercado.

O homem naturalizado, assim, é desprovido de cultura. Em outras palavras, é um dado de natureza. Mas como sempre lembrava meu mestre Clauze Ronald de Abreu, para Claude Lévi-Strauss a diferença entre natureza e cultura não é natural, e sim cultural. Se vamos tratar a natureza como parte da humanidade ou parte da humanidade como natureza, isso depende de um discurso, laço social ou civilização[19]. Ou seja, quando trata outras civilizações como dado de natureza a ser explorado, é porque considera, assim como faz com a natureza, que essas civilizações podem ser eliminadas por não serem rentáveis, por não entrarem na dinâmica do livre mercado. É uma redução da cultura à natureza e da civilização à exploração do livre comércio[20]. Isso fica claro aqui onde vivo. Apesar de morar no interior do país, boa parte das matas das serras do entorno foram devastadas ou para pasto ou para mineração entre os séculos XVIII e XX (minha casa fica onde era a zona mineradora de ouro da cidade). Depois veio a especulação imobiliária e restou, no Centro da cidade, apenas uma pequena mata que fica atrás daqui de casa. Eu sempre morei no Centro, mas jamais tinha visto o tanto de pássaros e animais que há no fundo de casa. E o problema

---

[19] Em uma perspectiva completamente distinta do liberalismo, temos a seguinte proposição: "E aliás, não devemos estranhar uma ideia como 'os animais são gente'. Afinal, há vários contextos importantes em nossa cultura nos quais a proposição inversa, 'os seres humanos são animais', é vista como perfeitamente evidente. Não é isto que dizemos, quando falamos do ponto de vista da biologia, da zoologia etc.? E entretanto, achar que os humanos são animais não te leva necessariamente a tratar teu vizinho ou colega como você trataria um boi, um badejo ou um urubu. Do mesmo modo, achar que as onças são gente não significa que se um índio encontra uma onça no mato ele vai necessariamente tratá-la como se trata seu cunhado humano. Tudo depende de como a onça o trate..." (Viveiros de Castro, 2002, p. 484). Ou, dito de uma maneira mais direta que resume o racismo contido na noção dos liberais que os levaram por uma expansão imperialista para outras culturas: "E assim, os que uns chamam de 'natureza' pode bem ser a 'cultura' dos outros" (Viveiros de Castro, 2015, p. 53).

[20] "Dewey insistia que o progresso da libertação se apoiava especialmente no controle ativo da natureza, e portanto exigia a substituição das crenças e culturas tradicionais que refletiam uma consideração retrógrada e limitante pelo passado" (Deenen, 2019, p. 103).

que isso se torna. Como minha casa é a primeira na beira da mata, ela é constantemente invadida (embora o invasor, na verdade, seja eu) por micos, jacus, gambás, ouriços-cacheiros, pererecas. Com isso, o cuidado com os cachorros se torna a tônica cotidiana para que eles não sejam caçadores desses seres que estão em seu hábitat – ou que não sejam caçados por eles!

Mas antes de entrar nesse aspecto, que veremos quando analisarmos as contradições internas do liberalismo, sua noção de democracia e de contrato, é preciso notar que essa noção implica uma questão de que, nesse estado de total independência, é necessário que o indivíduo, para viver em sociedade, em algum momento, deva ser consciente e racional para consentir em ceder parte da individualidade em nome da sociedade. É o que demonstram o Leviatã de Thomas Hobbes e a teoria do Contrato Social de Jean-Jacques Rousseau. No entanto, essa cessão dá-se apenas com o objetivo de manter o primado do indivíduo independentemente de uma subordinação à vontade de alguém, mas a um poder burocrático e anônimo que só teria por função garantir essa liberdade e esse isolamento do indivíduo. Esse modo legal é que leva o liberalismo a se querer neutro, por não ser a vontade de alguém, mas um regime que colocaria os indivíduos em correlação entre diversas liberdades e que, assim, na livre concorrência, tanto a economia quanto a sociedade poderão se desenvolver autonomamente para um bem social. Todavia, o liberalismo:

> [...] não é neutro com relação à base usada pelas pessoas para tomar suas decisões. Do mesmo modo que cursos de economia como atores individuais que maximizam a utilidade, mas na verdade influenciam os alunos a agir de modo mais egoísta, o liberalismo ensina às pessoas a colocar uma cerca entre si e seus compromissos e a adotar relações e vínculos flexíveis. Não apenas todos os relacionamentos políticos e econômicos são vistos como passíveis de substituição e sujeitos a constante redefinição, como o mesmo vale para *todos* os relacionamentos - com lugares, vizinhanças, com a nação, com a família e com a religião. O liberalismo incentiva a relações frouxas (Deenen, 2019, p. 61, grifo do original).

Quando as relações são frouxas, o que garante que não se pode querer outra coisa que não esteja de acordo com os princípios do liberalismo, ou com o primado de uma liberdade que é a de um indivíduo como proprietário de bens e serviços? É importante ressaltar, com essa passagem, que o liberalismo é um projeto que pretende, desde seu início, transformar todas as relações dos homens entre si e com a natureza. Por isso, ele foi uma verdadeira revolução, tanto no sentido de sistema político quanto no sistema de modo de vida. Porém, curiosamente, apesar dos ditames de um Estado mínimo, necessita de um certo modo de ocupação do Estado em que ele pode não investir em vias coletivas ou, dependendo do grau do liberal, afirmar que nenhuma ação para dirimir desigualdades deva ser tomada, mas que precisa ser cada vez mais ampla para garantir os princípios liberais. "Com a libertação dos indivíduos dessas associações [religiosas, familiares, comunitárias...], há uma necessidade maior de regulamentar o comportamento por meio de uma lei positiva" (Deenen, 2019, p. 81). O Estado mínimo não é sem Estado. O Estado mínimo é um estado que se impõe pela força. Assim, é notável, porém não surpreendente, que um governo que aposta em uma agenda ultraliberal, como o brasileiro de 2019-2022, coloque em seus cargos-chave uma série de militares e evangélicos. A contradição não é ser contra o Estado, mas o Estado voltar-se contra o indivíduo com violência em nome da liberdade.

E se esses são os valores da tradição em uma sociedade liberal – que é o globo inteiro – é porque qualquer possibilidade de uma vida com valores de compartilhamento torna-se impossível para ele. É nesse sentido que Deenen (2019) afirma que há a necessidade de o liberalismo, na verdade, ser anticultural se quiser manter os princípios que o ordenam – indivíduo livre e livre mercado – e a noção de liberdade como voluntarista e dominadora da natureza. Nessa perspectiva, qualquer civilização que tenha em conta valores distintos é considerada opressora. A narrativa das guerras atuais contra o terror revestem-se também desse teor: levar a liberdade a países opressores, principalmente aqueles que se organizam em torno de religiões, como parte do mundo árabe. Mas se alguns países, mesmo que mulçumanos e ditatoriais, como a Arábia Saudita, abraçam os princípios do livre mercado, então está tudo bem: há algo liberal nestes países. Para o liberalismo tradicional, entretanto, é importante colocar no lugar de normas informais leis que sejam padronizadas, apesar de a consequência disso ser a padronização da cultura em torno do isolamento do indivíduo e do livre mercado. Sempre gosto de lembrar do exemplo de Le Breton (2017) sobre os adolescentes e uma quantidade maior de adultos em uma adolescência tardia: ao mesmo tempo que recorrem ao hiperconsumo para buscar signos que os diferenciem dos outros em uma cultura de impessoalidade, por recorrerem ao consumo acabam se parecendo todos iguais.

> Bebendo nas mesmas fontes e sensíveis às mesmas mídias, eles acabam por parecer clones, ao mesmo tempo em que cada um está convencido de ter um estilo próprio e resolutamente original. Nada se parece mais com um adolescente de Buenos Aires do que outro de Estraburgo ou de Coimbra: eles usam as mesmas roupas, o mesmo corte de cabelo, o mesmo gel, os mesmo celulares, escutam as mesmas músicas, frequentam as mesmas redes sociais na internet (Le Breton, 2017, p. 104).

Esse anonimato de nomeações tem efeitos decisivos sobre a clínica, como veremos quando analisarmos a questão de como os diagnósticos psiquiátricos apagam os sujeitos e os situam na generalidade dos transtornos. Tal generalidade está implicada também nos processos de subjetivação provenientes da ascensão do neoliberalismo, que é detectado não somente por psicanalistas[21], mas também por uma série de autores que tratam das dificuldades dos sujeitos que são consideradas transtornos para a ordem social, tomada como livre comércio financeirizado.

É a esse anonimato também que remetemos a expansão das ditas epidemias de autismo e bipolaridade: no anonimato eu me identifico com o sintoma do outro como modo de pertencimento. Esse anonimato é referido ao que Lacan chama de queda do Nome-do-Pai, como referência para o estabelecimento do laço social.

Essa anticultura do liberalismo não apenas pretende a recusa de valores culturais locais – isso quando não transforma esses valores em objeto de estudo do folclore ou em objetos de consumo por serem exóticos ao olhar normalizado do indivíduo, fazendo com que essas manifestações culturais tenham existência apenas dentro de situações específicas. Ela também precisa alterar a percepção do tempo para um tempo de momentos imediatos, sem uma articulação com o passado, que seria da ordem da tradição, e sem uma perspectiva de futuro, pois isso seria abrir mão do voluntarismo do indivíduo em sua luta contra outros indivíduos. E, assim, essa lógica também muda a relação do indivíduo com os lugares, uma vez que um indivíduo, nessa lógica liberal, é sempre intercambiável ou, para usar uma outra nomenclatura mais próxima do campo do trabalho precarizado atual, descartável.

---

[21] "O sentimento simultâneo de uma alegria esfuziante e de uma ansiedade torturante que caracterizam a humanidade liberta, despojada da bússola da tradição e herança que eram as marcas distintivas de uma cultura engastada na pessoa, é um indicador do tremendo sucesso e do grande fracasso do liberalismo" (Deenen, 2019, p. 97); "No empuxo daquela positivação geral do mundo, tanto o homem quanto a sociedade se transformam numa *máquina de desempenho autista*" (Han, 2015, p. 56, grifo do original).

É justamente a imposição dessa anticultura que Deenen (2019) atribui ao sucesso do liberalismo: um regime que pretende se passar como um dado de realidade inquestionável por meio de uma narrativa a favor da liberdade dos indivíduos, tanto em relação à cultura quanto em relação à natureza e em defesa de seus interesses particulares e do livre mercado. É a isso que Deenen atribui o fracasso do liberalismo e a urgência de se pensar um outro regime: o sucesso do liberalismo em considerar o indivíduo livre um indivíduo isolado acaba solapando uma possibilidade de laço social que não seja pela competição dentro do livre mercado. A consequência dessa liberdade do indivíduo é, além de um aumento da desigualdade, um enfraquecimento do laço social que demanda um Estado mínimo forte para manter pela força os princípios do liberalismo. As conclusões a que Deenen chega são interessantes e, ao mesmo tempo, discordantes conosco.

A primeira conclusão é: se o liberalismo fracassa por ele ser bem-sucedido, então essa crise social que ele gera não pode ser ultrapassada pelas próprias ferramentas do liberalismo, como o livre mercado, por exemplo. E isso demandaria, então, a instauração de um novo regime. A nosso ver, Deenen traça um bom diagnóstico: se os problemas sociais e de subjetivação são decorrentes do sucesso do liberalismo, logo, precisamos pensar de maneira adequada esse processo e, a nosso ver, isso só é possível com a análise lacaniana do discurso do capitalista. No entanto, os prognósticos trazidos por ele são, no mínimo, curiosos e atribuímos a um traço de estadunidense. Ele pressupõe que um novo regime deveria ser sem ideologia em nome de uma economia doméstica, de uma cultura local e de uma vida na pólis, e que dessa nova vida surgiria uma teoria política sem ideologia (Deenen, 2019, p. 225).

O otimismo de Deenen não é compartilhado por nós. Afinal, quando os ditos liberais progressistas (que Deenen considera uma perspectiva dentro do liberalismo – muitas vezes identificada em seu texto como partidários do partido democrata –, nós concordamos mais com Nancy Fraser, que usa essa expressão como uma crítica aos progressistas, os quais, na verdade, apenas jogam água para o moinho do neoliberalismo[22]) propõem medidas econômicas durante a pandemia, que parecem ser pensadas na vida em comum e para deter o avanço das desigualdades, na verdade são apenas

---

[22] "Os progressistas do bloco progressista-neoliberal eram, com certeza, seus parceiros menores, muito menos poderosos que seus aliados em Wall Street, Hollywood e no Vale do Silício. No entanto, eles contribuíram com algo essencial nessa ligação perigosa: o carisma, um 'novo espírito do capitalismo'. Exalando uma aura de emancipação, esse novo 'espírito' alimentou a atividade econômica neoliberal com um arrepio de excitação" (Fraser, 2019, p. 21).

temporárias e com objetivos claros de manter o ordenamento liberal. A palavra-chave é temporário. Um exemplo claro disso é a economista Monica de Bolle, que em 2016 defendia as medidas ultraliberais de Mauricio Macri, que aumentaram a desigualdade na Argentina[23]. Mas, durante a pandemia, defendeu políticas de renda básica[24]. Ora, a crise econômica já era grande antes disso e muitos sociólogos, como Standing (2018), ou políticos, como Eduardo Suplicy, sempre defenderam essa tese não por conta de um acidente, mas por conta da estrutura do liberalismo e do capitalismo. Dá-se um anel para se manter os outros e os dedos para afanar mais anéis mais para frente (não à toa os mais ricos ficaram mais ricos durante a pandemia[25]).

Outra conclusão complicada é considerar que, em decorrência desse fracasso do liberalismo, a década de 1930 pôde repetir e fazer surgir sistemas totalitários, como o nazismo e o comunismo, ou um nacional-populismo ou, ainda, uma autocracia militar. Aqui vemos que, apesar dos méritos de apontar os problemas do liberalismo a partir de seus princípios, Deenen (2019) ainda cai na armadilha liberal de colocar todo e qualquer outro regime sobre a marca de totalitarismo, além de fazer análise como se não houvesse diferenças notáveis entre o comunismo e o nazifascismo. Principalmente se lembrarmos que, para Von Mises (2010), o fascismo pode ser um meio para que o liberalismo atinja seus objetivos. E é nisso que achamos que a crítica poderia ter se aprofundado e também que não nos torna tão otimistas quanto Deenen: não há por que temer que o sucessor do liberalismo seja vil e cruel, pois o próprio liberalismo, nessa relação tensa entre indivíduo e Estado para manter a propriedade privada e o livre mercado, em seu expansionismo liberal e por considerar outras culturas ou pessoas como entidades naturais a serem exploradas, já é cruel o suficiente. O fracasso do liberalismo demonstra isso muito bem: a liberdade tal como definida por esses princípios é a liberdade de subjugar alguém e retirá-lo da participação da vida social, que Freud chamava de civilização. O mal-estar é intrínseco à proposta de uma civilização que pretende se impor pela força ou pelo discurso do mestre.

---

[23] Disponível em: https://cbn.globoradio.globo.com/comentaristas/economia-de-quarta/2016/03/02/MACRI--SURPREENDE-PELA-RAPIDEZ-COM-QUE-ESTA-COLOCANDO-A-ARGENTINA-NO-RUMO.htm.
[24] Disponível em: https://valor.globo.com/eu-e/noticia/2020/10/02/para-monica-de-bolle-pandemia-demanda-um-programa-de-renda-basica-permanente.ghtml.
[25] Disponível em: https://g1.globo.com/economia/noticia/2020/07/27/patrimonio-dos-super-ricos-brasileiros-cresce-us-34-bilhoes-durante-a-pandemia-diz-oxfam.ghtml.

Diante disso, se há alguma novidade no neoliberalismo é que ele pretende que essa lei positiva seja inteiramente subjetivada em um momento que, como demonstraremos com o processo de financeirização, os mercados consigam fazer com que os Estados trabalhem a seu serviço. Mas, ainda assim, com essas mudanças específicas no neoliberalismo, para Deenen o livre mercado e o individualismo podem ser considerados hoje os valores tradicionais da civilização. E veremos como esse expansionismo se situava em dois dispositivos importantes do liberalismo e do neoliberalismo e suas contradições: a democracia liberal como uma nova forma de aristocracia e a noção de Contrato Social como a exigência de um consentimento entre partes desiguais. Logo, é importante apontar: o liberalismo encontra meios de se adaptar quando se encontra em crise. A ascensão do neoliberalismo e suas mudanças de estratégia ficam claras quando nos deparamos com as contradições do liberalismo nos dois principais instrumentos para a participação do indivíduo no liberalismo: democracia pelo voto e o Contrato Social.

2.2 COMO PARTICIPAR DOS NEGÓCIOS PÚBLICOS SE ELES SÃO PRIVATIZADOS PELA DEMOCRACIA LIBERAL?

Um bom exemplo sobre como os dispositivos digitais acabam por influenciar nosso sistema de compras e, assim, de conhecimento, foi uma experiência que aconteceu comigo. Buscando textos sobre o liberalismo, o site da Amazon passou a me indicar sistematicamente a obra *What is Liberalism,* de Anthony Signorelli. Ao ler o livro, descobri que é apenas um texto de um panfletário sobre como o liberalismo é a salvação dos indivíduos. Um texto sem análise e sem crítica acaba se tornando uma insistente referência. Mas, de todo modo, apesar de ter sido uma referência imposta pelo capitalismo digital – ou, até mesmo, devido a isso – vale a pena passar pelo que esse autor panfletário apresenta sobre o liberalismo. Isso porque a versão de que é a defesa dessa liberdade que estamos tentando entender é o que, em última análise, torna-se princípio organizador dos processos de consentimento necessários ao ideário do neoliberalismo na atualidade, ou seja: mesmo com toda a crítica, acabamos sendo consumidores de uma ideologia que gostaríamos de analisar.

Signorelli (2018), como todo bom americano liberal, irá definir o liberalismo, exaltando os princípios da Constituição Americana. Ele reconhece que ela é um documento em construção, o que é revelador de como hoje muitos liberais reagem às contradições que podem ser encontradas nos documentos considerados principais e seguidores dos princípios do liberalismo, identificado por ele como *rules laws* (governo das leis), defesa da propriedade privada e soberania do indivíduo na luta contra a tirania e não contra os conservadores. Essa luta não é contra os conservadores de certo modo, explica-nos, porque hoje não encontramos contradição entre o neoliberalismo e o neoconservadorismo: ambos pretendem situar a liberdade no indivíduo.

> A Constituição, especialmente em sua forma original, dificilmente era um documento perfeito. Era muito forte na proteção da liberdade dos homens brancos proprietários de terras, enquanto seu tratamento para com as mulheres, escravos, nativos americanos e os sem-terra era abismal. Assim, era um documento nascente, imaturo, embora profundamente original, e estava destinado a crescer e mudar, tal como os seus autores esperavam. Mas, apesar de todas as suas falhas e lacunas, foi a primeira Constituição que formou um governo com base nos princípios liberais (Signorelli, 2018, posição 66).

Para ele, o importante são as afirmações dos princípios. Claro que nada é construído de uma vez, mas é pouco auspicioso considerar que alguns podem esperar o aperfeiçoamento sendo açoitado, violentando, passando fome ou frio enquanto outros se beneficiam dos dispositivos de acumulação de rendas e de aumento de desigualdades. Mas por que o que diz respeito à pulsão de vida deve ser atendido ou por que o princípio do prazer-realidade deve ser contemplado se alguns têm seu gozo satisfeito justamente por conta da retirada dos direitos dos outros? O importante é que o documento introduz um sistema de pesos e contrapesos, um processo eleitoral que, como Van Reybouck (2017) demonstra, foi constituído para ser considerado o voto de apenas alguns e, mais ainda, para que apenas alguns possam ser candidatos e, consequentemente, eleitos. Um colégio eleitoral que, como vimos em 2020, deixa mais dúvidas que certezas sobre seu funcionamento e um frequente processo de emendas.

Essa posição de Signorelli é interessante para nossa demonstração, porque confirma que o liberalismo, não apenas em seu início, mas para sua própria existência e devido a seus princípios, precisa considerar alguém ou como não indivíduo – o princípio de que todos nascem livres precisa explicitar melhor quem são os considerados indivíduos que terão direito a serem escutados – articulado ao princípio da propriedade privada – se há direito à propriedade privada é porque alguém precisa sustentar essa privatização, recaindo ao indivíduo livre a mera responsabilidade de não ter propriedades ou, ainda, sobre ele ser uma propriedade de si mesmo que no neoliberalismo se converte no empreendedor de si. Esses dois princípios andam juntos para definirmos que as contradições não são acidentais no liberalismo ou no neoliberalismo, mas uma consequência desses mesmos princípios.

> Os direitos do homem são os direitos dos indivíduos egoístas da sociedade burguesa [...] Lembremos por fim que a democracia é o regime da igualdade e podemos concluir: os indivíduos egoístas são os homens democráticos (Rancière, 2014, p. 28).

Acrescentaríamos a essa última frase de Rancière: a democracia liberal. E se insistimos nesse adjetivo, é para demarcar que ela é uma das maneiras de pensar a participação de todos na vida pública, até mesmo a hegemônica, mas não somente a única. Por ser hegemônica, significa que não recobre a totalidade da sociedade e por isso há sempre nesse movimento a necessidade, em nome de novo da liberdade, para poder garantir a exclusão da categoria de indivíduos livres uma série de sujeitos. O princípio que sustentava a democracia ateniense era o do sorteio, que significava o seguinte: se somos todos iguais, então o sorteio é o procedimento que nos torna todos iguais, pois, sendo regido pelo acaso, não se trata de escolher pessoas devido a suas posses, sua família, sua idade. "Democracia quer dizer, em primeiro lugar, o seguinte: um 'governo' anárquico, fundamentado em nada mais do que na ausência de qualquer título para governar" (Rancière, 2014, p. 57).

O sorteio, reino do acaso, refere-se ao sistema de participação popular que implica que a democracia, para ouvir diversidade de vozes, precisa ter uma maneira de evitar a oligarquia e a aristocracia. E é a isso que Rancière chama de anarquia, em que é possível trazer um descentramento e, assim, uma participação a partir não somente de diversas pessoas, mas também de diversos desejos que possam entrar em articulação.

No entanto, outra noção de democracia aparece na sequência das revoluções liberais. Se elas lutavam contra monarquias absolutas e em busca de maior liberdade, em contrapartida trazem um exemplo claro para a demonstração de que a ideologia liberal necessita, sistematicamente, de uma prática de exclusão do campo dos indivíduos livres uma série de pessoas que não se coadunam com a noção de propriedade privada. Van Reybrouck (2017) demonstra isso ao analisar a origem do sistema eleitoral no liberalismo. E, para isso, primeiro expulsa-se a noção de sorteio como elemento para evitar a não participação dos que vêm de baixo, o que seria justo com todos. "Não existe governo justo sem a participação do acaso, isto é, sem participação daquilo que contradiz a identificação do exercício do governo com o exercício do poder desejado e conquistado" (Rancière, 2014, p. 59). Em seguida, uma segunda exclusão foi realizada para evitar justamente o governo por meio das tiranias ou das monarquias absolutistas: os indivíduos não livres, ou melhor, aqueles que não eram indivíduos por não serem livres, por não terem propriedades privadas.

Para Van Reybrouck, esse sistema tem alguns problemas: o primeiro é que o sistema eleitoral acaba reduzindo a participação da diversidade da população ao momento eleitoral, o que nos permite perguntar se esse indivíduo realmente tem sua voz escutada. Nas eleições municipais brasileiras de 2020, o debate pautou-se sobre a noção de representatividade, em que se perguntava se a falta de leis e de direitos para negros, mulheres, LGBTQI+, indígenas não seria por falta de representantes nas câmaras legislativas (embora seja correto, isso ainda corre o risco de reduzir a participação ao momento das eleições). Como nos indica Miguel (2018, p. 51):

> [...] a concessão do direito de voto automaticamente deslegitimou outras formas – mais ofensivas, mais coletivas e, muitas vezes, também eficazes – de manifestação política popular, já que a expressão eleitoral passou a vigorar como o ápice da soberania coletiva.

Todavia, além de uma questão de despertar o desinteresse da diversidade que pode compor uma população, há uma questão lógica sustentada pelos defensores do liberalismo: a eleição, ao contrário do que se possa pensar, é mais um procedimento aristocrático do que propriamente democrático. Se por democrático entendemos o governo do povo pelo povo, seria importante dar conta do que Ranciére (2014, p. 17) chama de "reino do excesso da democracia": não se coloca a diversidade de posições e de lugares que podem ser ocupados para um debate real sobre o que é viver em comum em "uma ampla participação popular na discussão dos negócios públicos". Apenas isso seria considerado ruim para a gestão que esses debates trazem, pois essas energias podem levar a questionamentos que alguns poucos gostariam de evitar. E é aí que entram as noções de indivíduos livres e de propriedade privada, com o intuito real de tornar privada a vida pública. Tudo o contrário à democracia que, é necessário lembrar, não é nem de longe sinônimo de eleições.

Como Van Reybrouck (2017) lembra, os revolucionários liberais estadunidenses e franceses tinham clareza em relação a isso. James Madison, segundo presidente estadunidense e principal autor da Constituição americana fundada em princípios liberais, deixava isso claro quando considerava que uma democracia era um sistema suicida para a sociedade e não conseguiria sobreviver por ser um "'espetáculo cheio de turbulências e disputas' que geralmente tinha 'vida curta e morte violenta'" (Van Reybrouck, 2017, p. 140). Do outro lado do Atlântico, a França revolucionária também tinha sérias reservas à democracia: "Um importante revolucionário como Antoine Barnave, membro da primeira Assembleia Nacional, definia a democracia 'como o sistema político mais odioso, mais subversivo e o pior de todos para o povo'" (Van Reybrouck, 2017, p. 140).

Se as revoluções americanas e francesas queriam um autogoverno que não fosse submetido às monarquias – constitucionais ou absolutistas – que identificavam como tiranias e, para isso, desejavam instaurar repúblicas, a democracia como o governo de todos sem distinção não parecia estar no centro do debate como possibilidade, ao contrário de como a litania exaltadora da Revolução Francesa pretendia criar a imagem. A Nação ou Pátria deveria ser administrada por uma elite, porque o povo também não teria condições para isso.

> Nesse contexto, o termo "república" soava mais nobre que "democracia", e as eleições tornaram-se mais importante que o sorteio. Os líderes revolucionários na França e nos Estados Unidos ou os liberais ingleses[26] não se interessavam pelo sorteio, porque não tinham nenhum interesse na democracia (Van Reybrouck, 2017, p. 142).

Por isso é importante a definição de democracia trazida por Rancière (2014) anteriormente: a democracia é o governo dos que não têm títulos, sejam de origem, econômicos ou técnicos. E era também contra essa possibilidade que se pode dizer que a proposta de uma república amparada na liberdade do indivíduo e da propriedade privada permite-nos afirmar que é aristocrática: não reconhece, por princípio, a denominação de indivíduo a todo e a qualquer um. E, desse modo, nem todos podem ser ouvidos ou podem votar ou pensar em outros modos de participar dos negócios públicos. Insistimos: ao contrário do que Signorelli (2018) afirma, isso não

---

[26] "Burke era contra a democracia, contra Rousseau, contra a Revolução e contra o sorteio. Ele prezava mais a competência da elite: 'Não hesito em dizer que não deve ser facilitado o caminho de alguém de origem humilde à grandeza e ao poder. [...] O templo da honra deve ser estabelecido pela excelência'" (Van Reybrouck, 2017, p. 153).

é algo circunstancial, e sim estrutural da noção liberal de indivíduo livre. E, a nosso ver, isso explica de certo modo por que, em diversas circunstâncias, golpes militares são realizados e ditaduras são instaladas: o povo está sendo ouvido ou atendido demais. Mais à frente, quando abordarmos contrato, veremos que isso se justifica pela ideia de que o povo – ou os pobres, os trabalhadores, os negros, as mulheres – ainda é infantil e precisa ser tutelado.

Afinal, é nessa tônica que a diferença entre governantes e governados se torna uma diferença qualitativa. Os governantes, os que poderiam ser eleitos, seriam os homens virtuosos e talentosos, formados nas artes liberais. A seleção entre os eleitos é somente entre uma elite, em que se distinguiram dos demais. Muitos não poderiam votar, muito menos poderiam ser candidatos. Ora, um sistema que se ampara na virtude e no talento é uma governança que se sustenta em termos de competência e, como conclui, a propósito, Van Reybrouck (2017, p. 149), "isso se assemelha mais ao nascimento de uma tecnocracia do que de uma democracia". A criação de uma aristocracia eleita formada pela alta burguesia e, na França, o debate sobre o direito a quem poderia votar "foi definido com todas as suas restrições: reservado a quem pagasse certa soma de impostos" (Van Reybrouck, 2017, p. 155).

Conforme Di Cesare (2020a), a democracia liberal seria uma democracia imunitária que se sustentaria na máxima "não me toque". Seria um conceito negativo de liberdade, que não pede participação de todos, mas proteção (por isso ela qualifica de imunitária). Essa lógica securitária implica, por sua vez, que:

> [...] a condição de imunidade reservada a alguns, os protegidos, os preservados, os garantidos é negada a outros, os expostos, os rejeitados, os abandonados. Esperam-se cuidados, assistências e direitos para todos. Mas o "todos" é uma esfera cada vez mais fechada: tem fronteira, exclui, abandona sobra e restos [...] Essa outra humanidade - serão realmente "humanos"? - estará inexoravelmente exposta a violências de todos os tipos, a guerras, genocídios, fome, exploração sexual, novas escravidões e doenças (Di Cesare, 2020a, p. 47-48).

Quando se sustenta a democracia apenas no voto, encontramos outra maneira de dar amparo à ideia de que é cada um por si, em que muitos são colocados na categoria fora do todo e que podem ser violentados em seus direitos mais básicos. Estar imunizado é exigência de exclusão: "Quanto mais se torna exigente e exclusiva a imunização para quem está dentro, tanto mais se torna implacável a exposição dos supérfluos lá fora. Assim funciona a democracia imunitária" (Di Cesare, 2020a, p. 50).

Em sintonia com as análises de Ranciére e Van Reybrouck, Di Cesare contrapõe essa lógica imunitária e securitária da democracia liberal, que pretende reduzir o todo a alguns e a participação na democracia apenas pelo instrumento do voto, o que chama de uma lógica comunitária. Lembra inclusive que, como ser imune, significa ser isento ou dispensado, "o comum indica partilha do compromisso recíproco. Não é, de forma alguma, uma fusão. Fazer parte de uma comunidade implica estarmos amarrados, ligados uns aos outros, constantemente expostos e sempre vulneráveis" (Di Cesare, 2020a, p. 52). Vulnerabilidade por estar aberto à alteridade, algo que o aspecto securitário da democracia liberal jamais estará aberto; mais ainda, algo que irá usar de todos os instrumentos, inclusive da violência, para impedir que venha a emergir. E como não consegue impedir que surja descontentamento com a não participação, a violência é acionada em nome da defesa da liberdade.

Assim, longe de ser algo acidental na estrutura das democracias, devemos lembrar que era algo estrutural ao sistema liberal. Vale a pena citar uma passagem longa sobre a revolução belga e a elaboração de sua Constituição por ela ser exemplar, como afirma Van Reybrouck (2017, p. 164-165), de como se deram as revoluções liberais:

> A independência da Bélgica seguiu um processo conhecido: após uma série de escaramuças contra o regime no poder (em agosto e setembro de 1830), produziu-se uma aristocratização durante o período de Assembleia Constituinte (de novembro de 1830 a fevereiro de 1831). A revolução tinha sido obra dos radicais, republicanos e democratas, clero e liberais moderados. Podia ser diferente? Era 3 de novembro de 1830; nas eleições para o Congresso Nacional, o primeiro Parlamento deveria redigir a Constituição, apenas 46 mil homens tinham o direito a voto, menos de 1% do contingente populacional. Somente quem pagava certa "cifra" de impostos tinha direito a voto. Eram, sobretudo, grandes proprietários de terra, aristocratas e profissionais liberais que determinariam o destino do país, somados a alguns "eleitores capacitados", cidadãos que não atingiam a "cifra", mas que eram bem-vindos como clérigos e universitários. O Congresso Nacional era composto de duzentos membros, 45 deles provenientes da nobreza, 38 da advocacia, 21 da magistratura e treze do clero. Metade deles já havia exercido cargos públicos antes da Independência, fazendo com que a ruptura com o passado fosse bem menor do que poderia ser esperado.

Se hoje podemos falar em sufrágio universal, não podemos deixar de lembrar que ele não foi conquista de princípios liberais. Ele resultou da luta dos considerados incompetentes dentro dos princípios liberais de indivíduo livre e de propriedade privada. O movimento das sufragistas pelo voto das mulheres; o movimento do direito aos analfabetos votarem; o movimento de os negros poderem votar: tudo isso foi às custas de uma luta contra o princípio da excelência. No entanto, não podemos nos enganar: o direito ao voto como possibilidade de ter sua voz ouvida não pode significar o todo de uma participação na organização dos diversos modos de ser que não sejam segregados – cuja escalada Lacan já apontava na década de 1970. Como lembra Miguel (2018, p. 45), "a inclusão formal, própria dos regimes democráticos, convive com a exclusão efetiva dos indivíduos, grupos, perspectivas sociais e interesses". Isso porque, além de poder votar, é necessário poder ser eleito. E o governo dos competentes sempre foi o governo dos que têm títulos e virtudes. E chama-nos a atenção, como já apontamos no início deste texto, que em Curitiba, nas eleições de 2020, somente uma mulher negra tenha sido eleita para a Câmara de vereadores[27]. Ou que na Câmara dos Deputados e no Senado 60% dos políticos tenham o mesmo sobrenome de políticos clássicos[28]. E, insistimos mais uma vez, isso não é casual, é consequência lógica. Afinal, se o centro do liberalismo é a noção de indivíduo livre e de propriedade privada, a consequência é que o:

> [...] modelo liberal de eleição em que cada cidadão é chamado a participar como indivíduo isolado, com a exigência normativa de "votar de acordo com a sua consciência", favorece a expressão de interesses individuais, em detrimento daqueles que precisam ser construídos coletivamente (Miguel, 2018, p. 50).

A ideia de que a comunidade deva ser gerida de maneira competente e técnica é também a tônica da democracia no liberalismo. E quando, por um acaso, outro modo de ser e gozar apresenta-se aos governos, pode colocar minimamente em xeque o discurso do liberalismo que, como vimos, tem a característica de se passar como a única alternativa possível. O recurso a golpes de Estados são comuns, sejam eles militares – como os que ocorreram em 1960-1970 e que derrubaram governos que poderiam se aliar a políticas socialistas, ou como os que ocorreram nos anos 2010, quando uma série de

---

[27] Disponível em: https://www1.folha.uol.com.br/poder/2020/11/vao-ter-que-aprender-a-conviver-comigo--diz-primeira-mulher-negra-eleita-vereadora-em-curitiba.shtml.
[28] Disponível em: https://congressoemfoco.uol.com.br/especial/noticias/congresso-um-negocio-de- familia-seis-em-cada-dez-parlamentares-tem-parentes-na-politica/.

golpes parlamentares destituíram governos legitimamente eleitos. E, não podemos esquecer, foi por meio de um golpe militar no Chile que o primeiro experimento neoliberal teve lugar. O governo não pode ser de qualquer um sem suscitar a violência. Esse qualquer um passa a ser considerado apenas como o rebotalho do laço social que não pode desejar um outro mundo. Ou, consoante com Rancière (2014, p. 119), "o governo de qualquer um está fadado ao ódio infindável de todos aqueles que têm de apresentar títulos para o governo dos homens: nascimento, riqueza ou ciência". Ora, não foi contra a ideia de títulos – ou melhor, de status natural – que os liberais se insurgiram contra o Absolutismo que afirmava ser natural o rei reinar? E não foi por enfrentarem essas práticas que se insurgiram a partir da ideia de Contrato Social, em que o sujeito livre para defender suas propriedades privadas por meio da autogestão ou por um governo das leis? Então, vejamos como isso se dá na questão do contrato, pois é por meio dele que entra em cena também um conceito importante para o indivíduo no campo do liberalismo: o consentimento à exploração e à opressão. É em torno da noção de consentimento que poderemos fazer uma análise da noção de sujeito no discurso do capitalista.

3

COMO FAZER UM CONTRATO OU DA NECESSIDADE DO CONSENTIMENTO NA EXPLORAÇÃO E OPRESSÃO

No dia 20 de novembro de 2019, em meio à coordenação de uma campanha política para tentar reeleger o reitor da UFSJ – sim, porque atuação política também faz parte da vida universitária – fiz uma postagem no Facebook em razão do dia da comemoração da Consciência Negra no Brasil. É um resumo de minha história, que pode esclarecer um pouco da necessidade dos que foram conhecidos como contratualistas – os liberais que afirmam que a civilização em contraposição à natureza surge a partir de um contrato originário – e, ao mesmo tempo, situam algumas pessoas como não indivíduos, exigem um consentimento destes mesmos a esse lugar.

> 1986. Estava indo do Cachambi (único lugar que presta no universo) às Lojas Americanas do Méier com minha irmã (ela não se lembra desse episódio) comprar balas. Pegar o circular 661 – que era mais barato. Um agito na rua por conta de um roubo. Rapidamente um lojista pergunta para todos se tinha sido eu, que estava ali só esperando o ônibus. Sorte minha que todos ali me conheciam como morador da rua e o famoso linchamento não aconteceu.
>
> 1988. Cem anos da Lei Áurea. Colegas brancos 'brincavam' que ela seria revogada e os negros voltariam a ser escravos. Primeiro contato com leituras sobre cultura negra.
>
> 1993. Fim do científico (ensino médio para os novinhos). Colegas de colégio negando que as sambistas poderiam ser mulheres bonitas. "São pretas".
>
> 1999. Universidade. Um evento curioso acontece. Dois professores me defendem ferozmente e consigo seguir em frente. Nas palavras de um deles: "É porque você é preto".
>
> 2016. Professor de Universidade Federal há quatorze anos. Bolsista de Produtividade CNPq. Ex-coordenador de Programa de Pós-Graduação. Ao fim de uma disputa, acabo sabendo que disseram de mim: nós somos diferenciados, não somos como ele.

> Sabem o que mudou nesses anos todos? Nada. Vemos as cotas serem novamente colocadas em questão. As pessoas não têm mais coragem de dirigirem-se pessoalmente a mim de maneira racista, mas ele [o racismo] ainda persiste.
>
> Então, não me venham com ideia de dia da consciência humana – VTC, Morgan Freeman – e muito menos com questionamentos sobre a divisão da sociedade entre negros e brancos. Ela foi dividida pela escravidão e nunca foi unificada. Por isso, em um momento de governo protofascista, em que parlamentares quebram obras de comemoração da Consciência Negra, não me peçam para pensar no conceito genérico de humanidade. Não me peçam que me esqueça da minha história. Não me peçam que eu não lute. E não me peçam que eu não sorria ou não seja feliz. Sou estranhamente feliz. Afinal, lutar é pra sorrir. Sem esquecer, mas sempre seguindo em frente. Como diria Paulo Mendes Campos em um de seus haikais: "o que em mim sorri, eu sofri". Evoé! (CALAZANS, 2019).

Ora, o que essa minha postagem revela é que ao mesmo tempo pude usufruir de alguns direitos conquistados para a população negra – ir e vir, estudar em colégio público, estudar em universidade pública, virar professor, ser coordenador e até mesmo pró-reitor, ser reconhecido como pesquisador –, por outro lado, bastava uma discordância para lembrarem que foram direitos conquistados e que poderiam ser perdidos e, consequentemente, que havia um outro lugar ou outro modo pelo qual eu poderia, ou mesmo deveria, ser tratado. Se muitas coisas mudaram, mudaram ou para continuar as mesmas, ou para incluir mais pessoas no sistema de exploração ou opressão[29], tal como faz o neoliberalismo. O interessante nisso tudo é que as negações são feitas sob a forma de convencimento – tanto de si quanto dos outros – de que se trata de algo a ser consentido – por quem explora e oprime assim como por quem é explorado e oprimido. A noção de con-

---

[29] Aléman (2021) afirma que o neoliberalismo conjuga essas duas formas para exercer sua dominação. Como ele define: "A exploração em uma chave marxista seria referida à extração da mais-valia pela inserção no aparelho capitalista pela venda da força de trabalho. Porém, mais uma vez levando em conta o que foi dito por Foucault, a Opressão partiria das diferentes formas de conjugação das relações de poder e de suas estratégias para disciplinar os corpos, principalmente no que diz respeito às subjetividades que se afastam. os códigos normativos dominantes: imigrantes, minorias marginalizadas, negros, muçulmanos, trans, queer, travestis, etc.". O curioso é que, em sua análise, enquanto a mais-valia da exploração tenta abstrair o corpo no conceito de força de trabalho, na opressão o corpo é marcado diretamente. Mas os dois remetem de maneiras distintas ao corpo. E o que é importante é que os dois dispositivos não são necessariamente excludentes, embora não se recubram. Acreditamos que os dois são importantes no laço entre liberalismo e capitalismo e que a situação se acentua no neoliberalismo. Considerar apenas um sem o outro não nos permite uma crítica efetiva do neoliberalismo como um regime que tenta exigir que uma subjetividade seja o espelho da dominação.

sentimento pressupõe a noção de um contrato, mas as perguntas que ficam são: quem pode assinar um contrato? Quem é objeto desse contrato? Por que exigem o consentimento de um objeto, que o coloca ora como objeto a ser explorado e oprimido, ora como indivíduo que consente esse contrato em termos que ele não pode negociá-lo?

O contrato vem para tentar resolver um problema de princípio das revoluções liberais: o princípio dessas revoluções centra-se na noção de indivíduo como livre de qualquer autoridade, pois todos nasceriam livres e iguais. E, por isso, podem e devem sempre defender sua propriedade privada, que é conquistada por seus próprios méritos. Livre também em relação à natureza, a qual agora pode, por meio da técnica e do raciocínio, não somente a dominar, mas também a explorar. Livre da autoridade absoluta, livre da natureza e capaz de empreender e defender sua propriedade: é nesse tripé que se assenta a noção de indivíduo liberal. Isso, como vimos, coloca um problema: se somos todos iguais, como podemos nos submeter àqueles que ocupam o governo? É aqui que entra a noção de Contrato Social dentro da perspectiva do consentimento. É preciso consentir em abrir mão de uma independência total para se submeter, livremente, àqueles que ocupam o poder. Se todos nascem livres e iguais, não há relação natural de superioridade ou de subordinação. O que legitima as relações são os contratos. E como se trata de um contrato, ele pode ser também livremente revisado e novamente acordado, desde que não coloque em questão as liberdades individuais e a propriedade privada. Essa possibilidade de resolver essa livre submissão, esse contrato entre indivíduos livres na ocupação do Estado por um governo, levou ao sistema de eleições periódicas que, como vimos na seção anterior, não pode ser confundida com democracia, ao contrário: as eleições foram um modo de controle de uma participação de todos, sendo restrita a alguns.

Ora, vimos que para a democracia liberal temos essa contradição originária entre quem pode votar e quem pode ser votado, que coloca em xeque esse princípio de que todos nascem livres e iguais. A ideia de liberdade, então, é proveniente também das revoluções liberais, que necessitam do consentimento ao liberalismo como regime político. E, então, destaca-se a noção de Contrato Social baseada na construção de uma mitologia de origem da sociedade civil ou mesmo da civilização. Curiosamente, nessa constituição da civilização de indivíduos livres, libertos da autoridade por status ou nascença – monarquia absolutista derivada do feudalismo – também serão libertados da natureza, da qual o homem será o dono e a submeterá a seu engenho. Se a ideia de não participação nos governos do todo da população era por causa de virtude e por esses indivíduos livres de não serem treinados nas artes liberais – como a maioria da população e a classe trabalhadora –, a ideia de natureza apontará para outro caminho de segregação: o de que não são indivíduos pela própria natureza[30]. E é nessa ideia de senhor da natureza – lembrando sempre que senhor é outra maneira de se colocar a ideia de mestria tal como Lacan a definirá como discurso do mestre – que podemos encontrar outras maneiras de se considerar pessoas como não indivíduos. Como vimos, o liberalismo vai de acordo com o processo de expansão colonial que considerou outros habitantes da terra como não indivíduos ou, ainda, como selvagens. O mesmo acontece com a necessidade de as mulheres lutarem por direitos de igualdade: nessa mitologia de origem, elas não fazem parte do contrato originário. Por essa razão, da mesma maneira que começamos a apontar as contradições do liberalismo por sua contra-história, iremos analisar o Contrato Social justamente com base naqueles que, por serem considerados elementos naturais da natureza, foram deixados de fora do contrato. Ou melhor, como revelam que foram objetos desse contrato – uma vez que foram considerados dados da natureza que deveria ser dominada –, ainda assim exigem o consentimento a esse contrato. Como lembra Pateman (2019, p. 24-25), "A história do Contrato Social é vista como uma explicação para a criação da esfera pública da liberdade civil. A outra, a privada, não é vista como politicamente relevante".

No entanto, no mesmo ato em que o Contrato Social explica a criação da esfera pública, explica a criação da esfera privada em uma relação intrínseca entre uma e outra. Se a considera como pouco relevante diante da universalidade da igualdade entre os indivíduos, não deixa de ter impacto sobre quem poderá ser colocado como parte da esfera privada, como um traço que o acompanha: se a raça, se o sexo, se trabalhador, se louco, tudo isso é colocado como parte privada, que nada teria a ver com a vida pública. Contudo, a maneira como é considerado esse dado particular introduz uma tensão sobre quem é ou quem não é indivíduo para o liberalismo, trazendo, assim, uma dificuldade para a ideia não somente de indivíduo, mas também de todo indivíduo como um universal da liberdade, principalmente quando essa liberdade é intrinsecamente articulada à propriedade privada.

---

[30] A bem da verdade, a ideia de que as populações e a desigualdade social são um dado da natureza é parte do liberalismo laissez-faire. Hoje, isso se traveste sob a marca da meritocracia. Mas é importante lembrar que o liberalismo não precisou de Charles Darwin para sustentar que a natureza e a concorrência justificam as desigualdades socais, como demonstrou Tort (1996) ao analisar o liberalismo radical de Herbert Spencer e o erro de falar em darwinismo social: é tão somente liberalismo, mesmo. Veremos isso mais de perto quando falarmos da noção de transtorno como dispositivo de apoio para a expansão neoliberal.

Antes de começar, é preciso apontar uma diferença: enquanto os habitantes de uma parte da Europa não foram considerados indivíduos – negros, árabes, hindus, aborígenes, chineses, indígenas, irlandeses, judeus, ciganos etc. – outros, dentro dessa mesma Europa, não foram considerados indivíduos livres pela razão da natureza, mas de modo diferente: por serem mulheres. E ainda tem outra parcela interna da sociedade que foi deixada de fora da categorização de indivíduo livre e que analisaremos em outro momento: os loucos, que nesse momento de uma racionalidade liberal se impondo passaram a ser considerados alienados – desprovidos de sua racionalidade – ou doentes mentais – pessoas que devem ser recuperadas para a produção. Mas desses não indivíduos, ao mesmo tempo se exigia que fossem objetos do contrato – logo, não poderiam participar como seres iguais – que consentissem com esse contrato –, com a necessidade, como forma de controle, que o objeto consentisse com a dominação. É dessa tensão que se trata a questão da contradição do liberalismo que se realiza no Contrato Social.

3.1 A CONSTRUÇÃO DA MITOLOGIA DO CONTRATO SOCIAL E A SEGREGAÇÃO DOS NÃO INDIVÍDUOS

Na construção da mitologia do Contrato Social Originário está em jogo a passagem do homem em estado de natureza para o homem político e parte de uma civilização. Porém, na construção dessa mitologia, muitos são deixados de fora da possibilidade de participar da vida pública e, assim, serem signatários de um contrato por serem ainda elementos da natureza. De um lado, o contrato é entre irmãos e o pai, sendo deixadas de fora as mulheres nesse contrato em que os irmãos decidem ceder o poder ao pai por amor a ele, conforme aponta Locke. Esses irmãos de Locke parecem que não têm mãe ou irmãs. Se a narrativa não as contempla como partícipes de acordo civilizatório, como pode contemplar na práxis? Essa narrativa, por outro lado, permite também a produção de sistema de dominação. Como coloca de maneira clara Pateman (2019, p. 29-30):

> A exploração é possível justamente porque, como mostrarei, os contratos sobre bens pessoais colocam o direito nas mãos de apenas uma das partes contratantes. Os capitalistas podem explorar os trabalhadores e as esposas dos maridos porque os trabalhadores e as esposas se tornam subordinados por meio dos contratos de emprego e casamento. A genialidade

> dos teóricos do contrato tem sido apresentar o contrato original e os contratos reais como exemplos que garantem a liberdade do indivíduo. Mas, na teoria dos contratos, a liberdade universal é sempre uma hipótese, uma história, uma ficção política. O contrato sempre gera direito político na forma de relações de dominação e subordinação.

Não somente as mulheres e os trabalhadores. Em uma grande interseção, o Contrato Social cria também o Contrato Racial. Como lembra Mills (2014, posição 238), "o contrato que transforma os habitantes sem raça do Estado de Natureza em seres sociais que são partes políticas de um Estado neutro tornou-se o fundamento de uma política racial. E isto altera as populações colonizadas".

É essa fundamentação nos princípios do Contrato Social para a construção de uma política racial que Mills (2014) chama de Contrato Racial. No Contrato Racial, a metamorfose crucial é a transformação da população de indivíduos livres em populações entre homens brancos e homens não brancos, no sentido de que o estabelecimento da civilização requer, necessariamente, a intervenção de homens e não mulheres, que sejam brancos e não de qualquer outra raça. Ao encontrar outros não brancos, a lógica é a mesma de sempre da colonização: eles se beneficiariam do contato com a civilização liberal branca europeia, pois ainda estariam na infância da civilização por serem incapazes de uma autogestão, não terem leis de propriedade privada ou, no frigir dos ovos, por serem bestas selvagens. O Contrato Social transforma todos em indivíduos iguais, que cedem seus interesses privados para o bem público. Mas quando essa noção é expandida para o Contrato Racial, ela transforma somente os homens brancos em indivíduos e todo o resto em objeto de um contrato sobre os modos particulares de lidar com essas propriedades privadas. Ao mesmo tempo que cria a vida pública e suas regras, cria também a vida privada.

É algo que, a princípio, podemos afirmar ser contraditório, pois para a tradição contratualista a igualdade e a liberdade de todos os homens implica que não há subordinação natural entre homens livres e iguais, como havia no mundo feudal ou na monarquia absolutista. Colocamos que a princípio é contraditório, mas não é uma contradição por princípio: pois se todos são livres e iguais, muitos não são indivíduos, sendo reduzidos ao estado de natureza. É o que autoriza a constituição do que Mills chama de Contrato Racial e Pateman de Contrato Sexual: não está se falando com indivíduos livres, mas com seres naturais que não pretendem se subordinar aos princípios liberais da civilização. Nesse grupo, podemos também incluir os loucos, como o próprio Von Mises faz ao expor que não aceitar os princípios liberais é uma neurose, o que nos autoriza a pensar que os neuróticos, por sua vez, não podem ser considerados no âmbito da liberdade liberal. Ou, ainda, mesmo a classe de trabalhadores, que não é dona dos meios de produção por sua própria incapacidade, o que nos remete à natureza econômica do Contrato Social: ele requer a segurança para a propriedade privada de modo que os trabalhadores não se sintam à vontade para questionar os sistema de acumulação de riquezas. Por isso, é também um regime securitário. Os diversos contratos que sustentam o Contrato Social servem para exigir dos que são considerados ou propriedades ou servos, ou a consideração do trabalho como escravidão assalariada, consentimento por meio da promessa de liberdade para o futuro quando puderem se tornar indivíduos, ou quando poderem ter propriedades. A liberdade que ecoa nos discursos dos revolucionários liberais do século XVIII e XVIII não é uma liberdade para todos, o que é somente aparentemente estranho e incompatível com a declaração dos direitos do homem. A questão é por que é considerado dado de natureza selvagem quem não é liberal. O problema é a situação desigual entre as partes que entram em um contrato. A ideia de que alguém pode, por sua liberdade, ser escravizado, ou a mulher, que adquire um caráter ambíguo, mas por outro lado bem especificado: eles ficam de fora do âmbito da categoria de um indivíduo livre.

Antes de prosseguir, é preciso evidenciar que "civilização" não é sinônimo de sociedade humana. O termo "civilização" adquiriu uso generalizado no final do século XVIII, precedido de "civilidade", que expressa uma "etapa particular da história da Europa, às vezes final ou última" (Pateman, 2019, p. 34). A ideia de civilização "elogiava o sentido de modernidade, associado a uma condição de requinte e ordem" (Pateman, 2019, p. 35). Em suma, "civilização 'refere-se a uma forma de vida social histórica e culturalmente específica, e o conceito está intimamente ligado ao surgimento da ideia de' sociedade civil" (Pateman, 2019, p. 48). É à sociedade que surge das revoluções liberais que o termo civilização remete e não à história da humanidade, ao contrário do que os chamados contratualistas pretendem fazer passar.

Esse mito de origem introduz, assim, uma série de distinções entre civilização e barbárie, maioridade e menoridade, indivíduo e natureza, público e privado, introduzindo, de acordo com Mills (2014), um duplo código moral para a realização do contrato: aquele entre dois indivíduos livres e aquele que submete o outro à posição de objeto, a menos que seja reconhecido em algum momento como alguém que ascendeu a essa categoria. Um exemplo do futebol deixa isso bastante claro ainda hoje. Quando a Europa tornou-se o mundo, um jogador brasileiro ou argentino só podia ser considerado digno de integrar a seleção dos melhores de todos os tempos caso tivesse jogado nos clubes europeus. Ou ser eleito o melhor do mundo se tivesse jogando em clube europeu. Segundo Mills (2014), você ainda não é um humano, e sim um humanoide que em certas condições pode ser alçado à condição de humano. É nesse sentido de humanoide que a dupla moralidade funciona e permite, por exemplo, dentro do Contrato Racial, que os humanos tomem os humanoides como objetos cuja função é somente consentir por estarem fora do campo das leis da civilização. É assim que os europeus e, depois, os estadunidenses, em nome da democracia liberal, da expansão da liberdade e do direito à propriedade privada – como já apontamos – justificam ainda hoje as intervenções militares na América Latina e no Oriente Médio. E em nome desses ideais, do ponto de vista deles, podem também fazer com esses diversos humanoides diversos tipos de contratos raciais, como os de expropriação da terra. Neles, os indígenas nativos da América, por não serem indivíduos, não poderiam ser considerados donos daquela terra selvagem que estaria inexplorada e cuja natureza estava para ser dominada pelo homem branco (não à toa até hoje se disputa se a América foi descoberta ou encontrada, sendo que a narrativa da descoberta leva água para o moinho da bestialização dos humanos aqui encontrados que podem ser reduzidos, no máximo, a humanoides). O contrato de escravidão em que dois indivíduos livres podem decidir que um humanoide não é humano, ou que, por estar em uma escala inferior da civilização, pode ser utilizado como propriedade entre eles, restando ao selvagem aceitar sua condição (mesmo que seja pela força, como mostram os Pelourinhos espalhados por diversas cidades do país – aqui em São João fica no Centro da cidade, assim como em uma parte que na época colonial era mais afastada ficava o morro do Bonfim, onde os escravizados rebeldes eram enforcados. Muito bacana essa ironia fina portuguesa). O contrato colonial, que seria a associação entre duas sociedades, em que uma (a civilização) iria tutelar a outra (a que se encontra em estados anteriores da civilização em estado de natureza, anterior ao Contrato Social) para receber o que lhe falta: os princípios do liberalismo para sair da menoridade em relação ao autoritarismo e à natureza.

É nesse sentido que Locke recriminará algo que é muito debatido nos dias de hoje: a ideia de que o Estado, ao não ser apenas um regulador da concorrência econômica entre os indivíduos, seria paternalista. Afinal, no mito da construção da civilização moderna, o direito paterno não pode ser considerado o direito político. Paternalismo remeteria a uma posição no contrato natural em que haveria uma sujeição natural ao poder do pai. Sujeição que não pode ter lugar na sociedade civil. Claro que há um certo deslizamento, como vimos anteriormente, pois no liberalismo qualquer regime que não seja o liberal passa a ser considerado imediatamente como um retorno ao estado de natureza da qual o indivíduo deve necessariamente sair (o que é falso, é preciso mencionar).

Somente a sociedade civil é uma sociedade política. A narrativa mítica de Locke sobre a origem da civilização é muito parecida com a de Freud, menos em um aspecto curioso: na de Locke não existem mulheres. Segundo Locke, inicialmente os diversos membros de uma família desejavam viver em harmonia e, por isso, os filhos concordaram em ceder ao pai o lugar do monarca, uma vez que todos eles, por serem iguais, não podiam ter um traço distintivo entre eles para poder governar. O importante nessa narrativa não é que o pai tenha se tornado pai por ser pai e os filhos, por natureza, deverem-lhe obediência; ele se tornou pai por um contrato originário ao qual todos consentiram – todos que fazem parte desse contrato, a saber, os homens. Como Pateman (2019) questiona, não há lugar nem para a mãe – até onde se sabe, não havia inseminação artificial nesse tempo mítico – muito menos para as mulheres nesse contrato original, nem como criadoras dos filhos, nem como objeto causa de desejo.

É nesse sentido que a origem da civilização em Locke remete aos princípios de todos iguais e livres, em condições racionais de firmar um contrato, de se submeter voluntariamente a um governo. E, ao mesmo tempo, quem introduz o lugar dos negócios privados são aqueles que se referem à família. Mas se Locke cria essa mitologia deixando de lado o lugar da mulher, Freud fará algo em parte distinto: Freud introduz a sexualidade e as mulheres diretamente na questão do contrato originário. Como é conhecido em seu texto clássico *Totem e Tabu* (1913), inicialmente não havia propriamente uma família, mas o que ele chamou de horda primeva. Nessa horda, um pai é o único que tem acesso às mulheres e pode gozar delas. Os filhos, para terem acesso às mulheres, assassinam o pai. No entanto, longe de permitir o acesso direto às mulheres, eles têm o acesso interditado a elas devido à culpa. Agora, para ter acesso às mulheres, somente em outro clã será possível. A civilização, então, surge de uma tentativa e interdito ao gozar das mulheres. O interdito funda a lei simbólica à qual todos se submetem. O consentimento é a lei ao interdito mais poderosa do que uma restrição por uma pessoa ou poder natural. Freud coloca em cena a necessidade de um elemento alteritário que, se não participa como um dos signatários do acordo da lei, esta não pode surgir sem recalcá-lo. Podemos afirmar que Freud faz uma certa leitura sintomal daqueles que se colocam como indivíduos na civilização liberal: para que os princípios liberais possam se sustentar, algo precisa ao mesmo tempo ser colocado de fora e mantido assim sucessivamente. Em Freud, o que é rechaçado retorna para perturbar esse Contrato Social. É o que vemos, de certo modo, na maneira como o direito das mulheres, dos não brancos, dos loucos e dos trabalhadores é tratado pelo liberalismo: na dupla injunção de ser objeto do contrato e, ao mesmo tempo, um indivíduo que deve naturalmente consentir com ele. Por isso, concordo com Pateman a despeito da opinião de Freud para quem esse ato primordial aconteceu em tempos do início da humanidade: a origem da civilização com a qual Freud está às voltas em *Totem e Tabu* e *O Mal-Estar na Civilização* remonta mais à sociedade civil que advém com o liberalismo e o capitalismo.

Para Freud, ao matarem o pai e introduzirem a lei, os irmãos repartem entre si os direitos sexuais pela lei exogâmica (buscar mulheres fora da horda). Nas palavras de Pateman (2019, p. 148, grifo do original):

> [...] os *irmãos fazem um contrato sexual*. Estabelecem uma lei que confirma seu direito sexual masculino e assegura um acesso ordenado de cada homem a uma mulher. O direito sexual patriarcal deixa de ser o direito de um homem, o pai, e se converte em direito universal. A lei do direito sexual do pai se estende a todos os homens, a todos os membros da fraternidade.

A fraternidade, como ressalta Pateman, geralmente é deixada de lado na crítica ao patriarcado e ao liberalismo, com a crítica se centrando geralmente, como fizemos até aqui, na díade igualdade e liberdade. Mas a fraternidade também é um aspecto importante a ser criticado no liberalismo por essa razão: ela sustenta essa divisão entre aqueles que são considerados iguais e livres numa fraternidade. A tese de Pateman é de que o patriarcado se sustenta na contemporaneidade pela fraternidade. Não é necessário haver uma figura paterna para que o patriarcado, como regime político, situe as mulheres em uma posição de não indivíduo ou uma natureza. E, como natureza, pode estar entre os bens privados.

Na teoria do Contrato Social, o Contrato Sexual é substituído pelo contrato de matrimônio. E, como demonstrado por Lévi-Strauss, no matrimônio o contrato era, em geral, entre homens, de modo que a mulher era um bem entre outros e não parte do intercâmbio. Ou melhor, era num primeiro momento um objeto de troca, pois na ritualística do matrimônio exige-se um consentimento cerimonial. É nesse sentido que Pateman afirma que num segundo momento a mulher era parte, mas uma parte estranha, que depende do primeiro momento. E, ainda de acordo com a autora, o consentimento no matrimônio pressupõe obediência em troca de proteção. Isso coloca um problema não somente para a Teoria do Contrato, mas também para o princípio liberal do indivíduo livre: como se pode apelar para a proteção quando ela implica que nem todos são iguais? Mais ainda: a ideia de proteção é a ideia que sustenta a ideia feudal de vassalagem da qual os liberais pretendiam se livrar.

A grande questão é que a noção de indivíduo como um universal e com a liberdade como uma prioridade é algo que não se realiza para muitos, apenas para os que fazem parte da fraternidade. Quando o poder paterno é substituído por uma lei ou por um nome – que Lacan chamou de Nome-do-Pai – o Contrato Social se dará entre irmãos, que é uma fraternidade de homens brancos, pois nesse mesmo movimento temos também a racialização do poder, como veremos mais à frente. Freud, de certo modo, era bastante cético também à fraternidade como um princípio organizativo da civilização – principalmente após a Primeira Guerra Mundial, que o fez ter uma inflexão política muito grande, deixando de ser um liberal e passando a ser um social-democrata, como demonstra Danto (2019) ao analisar as Clínicas Públicas formadas na década de 1920 por diversos psicanalistas. Freud faz essa crítica em *O Mal-Estar na Civilização* (1929), obra que ele abre questionando a carta de um interlocutor que sugere que a humanidade estaria unida por um sentimento oceânico de pertencimento. Freud contesta ao exprimir que nada na constituição do Eu como um precipitado de identificações abandonadas ou nas exigências de limitação das pulsões indicaria um sentimento oceânico: a necessidade de destruição feita pela constituição das massas; as exigências superegóicas de ceder quanto ao gozo; nada disso aponta para um sentimento oceânico de fraternidade, mas para uma fraternidade que seria delimitada aos significantes que ordenam os grupos aos quais pertencem. Não podemos esquecer que Freud escreve esse texto em decorrência dos efeitos devastadores da Primeira Guerra Mundial e com a ascensão dos movimentos fascistas na Europa. A questão é por que a fraternidade é usada como sinônimo de comunidade, muitas vezes ela localiza o Outro como um risco para o laço social. E, como indica Pateman, o patriarcado moderno é fraterno.

Podemos afirmar que a família moderna originou-se em um contrato. O Contrato Sexual permitiria ao mestre civil da família obter o direito sobre sua esposa, assim como sobre seus servos e sobre seus escravizados. Temos que lembrar que os servos e escravizados eram considerados membros da família nos censos, sendo reduzida a nucleação familiar aos cônjuges e seus filhos apenas no decorrer do século XX, após luta por emancipação, liberdade e reconhecimento tanto dos que foram escravizados quanto das mulheres. A sujeição passa pela nomeação: assim como os escravizados, as mulheres recebiam o sobrenome do esposo. É o tipo de nomeação que apaga tanto a história dos escravizados, sujeitando-os ao nome de seu senhor, quanto a da mulher, que passa agora a ser mulher de alguém. Se a esposa cometesse um adultério, era preciso que o amante pagasse pelo dano à propriedade. No Brasil, até hoje nos tribunais advogados lançam mão do "sagrado direito da defesa da honra" em casos de feminicídio, seja por adultério, seja por não cumprir com os deveres sexuais do matrimônio. Afinal, o trabalho não livre de um servo, escravizado ou de uma esposa é o de estar sempre disponível[31]. Não dispor do tempo é um dos nomes da sujeição contemporânea também. Não podemos esquecer que, no limite, o empregador é o que tem a palavra final sobre o tempo de contrato.

Em São João del-Rei há uma história que dá nome a um dos bairros mais simpáticos, de nome também simpático para quem não conhece a história por trás dele: Segredo. Segredo era, até a década de 1950, uma fazenda. Conta-se que, no século XVIII, um fazendeiro mantinha relações sexuais com uma mulher escravizada, o que gerou ciúmes em sua esposa. Sua esposa então contratou um capataz para matá-la e escondeu o corpo no grande terreno da fazenda e, a todos que perguntavam onde estaria o corpo, o capataz respondia: "Segredo". Até hoje o corpo não teria sido achado e é esse segredo que dá nome ao charmoso bairro. Poderíamos mesmo apontar que o segredo é o direito de fazer com o corpo do outro o que bem entender quando se estrutura em nome do discurso da mestria.

É claro que essas disposições mudaram no decorrer da história; no entanto, essa modificação é porque temos outras maneiras de situar quem ocupará esse lugar: pode não ter dono, mas tem que produzir para alguém. É esse produzir para alguém que situa todos em uma posição de dominação com outras estratégias – como a da financeirização da economia; a da digitalização dos dados; a do empreendedor de si e a da psicopatologia como

---

[31] Aqui podemos encontrar um paralelo com o capitalismo 24/7: numa lógica estranha, a digitalização dos processos de produção não coloca o sujeito sempre à disposição para trabalhar?

transtorno. É estar em uma posição sempre aquém da liberdade prometida pelo neoliberalismo. Se no início do liberalismo "ser escravo ou esposa era, digamos, estar em uma perpétua menoridade de idade" (Pateman, 2019, p. 212), hoje a minoridade encontra outros meios para se exercer e para situar o sujeito em um consentimento voluntário, que é o que Alémán (2017, p. 15) chamou de produção de subjetividade no neoliberalismo, que "se configuram segundo um paradigma empresarial, competitivo e gerencial da própria existência". São outras estratégias de menoridade, mas que se assentam na necessidade do consentimento do contrato. Se há escravidão hoje, é da maneira como a subjetividade vem sendo constituída.

Assim como escravidão e servidão eram consideradas contratos de trabalho, o matrimônio também seria um contrato de trabalho, que indicava sobre quem deveria cuidar da casa e dos filhos. É aí que encontramos as dimensões contraditórias do contrato. Um contrato deve considerar condições de igualdade. Mas que condições de igualdade havia entre o escravizado e seu senhor, ou entre a mulher que não participava da vida pública, ou, ainda, mais contemporaneamente, que igualdade há nas condições de negociação entre trabalhador e patrão? Consoante com Pateman (2019, p. 210):

> O matrimônio moderno e o emprego são contratuais, mas isso não significa que substancialmente, toda semelhança com as formas não livres, mais arcaicas, do status tenham desaparecido. O contrato é o meio especificamente moderno de criar relações de subordinação civil, mas como a subordinação civil se origina no contrato, ela se apresenta como liberdade.

Ou seja, a própria liberdade que se origina do contrato exige um consentimento para a subordinação. É a liberdade de ser uma propriedade ou um serviçal de alguém. Será que é essa a única liberdade possível?

A ideia de propriedade privada nos remete a uma aspecto que mais uma vez gostaríamos de destacar: o Contrato Social refere-se às origens da esfera civil e das relações capitalistas, introduzindo o campo político como o campo da sociedade civil e a família como campo dos assuntos privados. Se escravizados e mulheres puderam mudar de condições de bens, por outro lado a conversão em assalariados pressupõe outro tipo de dominação: a de que o sujeito é proprietário de sua própria pessoa e, por isso, vende sua força de trabalho para os donos do meio de produção. Ora, nesse nível, ser dono de sua pessoa só a coloca em condições de vendê-la, mas não de comprá-la. E, mesmo assim, os códigos morais implicam que o reconhecimento no campo do trabalho ou os vencimentos ainda são diferenciados para homens brancos e não brancos ou para homens e mulheres. A força do contrato fundador do liberalismo ainda concentra forças, mesmo que hoje ele, em vez de emancipar mais pessoas, sujeite mais pessoas que não estariam no sistema de sujeição do liberalismo clássico.

Mas no caso das mulheres, há uma diferença importante: elas, como mães ou esposas, não podem ser consideradas meramente trabalhadoras. Como dona de casa, não tem o trabalho remunerado, sendo mais próximo da servidão, um trabalho não livre, ou seja, pode ser um trabalho, mas não é um contrato de emprego. O matrimônio pode ser um contrato de trabalho, mas não é um contrato de emprego. Mas nos dois casos, a necessidade de consentimento se mantém. Ou seja, podemos dizer que no Contrato Sexual liberal, a igualdade de condições da fratria de homens livres demanda a exclusão por meio da exploração e da opressão de alguém que, com base na noção de contrato, é e não é reconhecido como indivíduo.

Se continuarmos a comparar com a situação contemporânea, a noção de empreendedor de si coloca um problema sério para a ideia de salário. O salário, como lembra Pateman (2019), não é um contrato, pois se houvesse condições de igualdade, o empregador não seria um empregador. Pateman chega a reconhecer que a questão do salário não está tão segmentada por sexos – afinal, cada vez mais o salário é insuficiente para todos –, mas chama a atenção sobre o porquê de mulheres muitas vezes receberem menores salários: o salário da mulher é considerado complementar ao do marido – muitas trabalham por meio período, pois o trabalho é apenas para complementação de renda, ou trabalham em serviços de limpeza e de cuidados. Mesmo que algumas cheguem a posições importantes no campo do trabalho, ainda assim são consideradas e tratadas de maneira diferentes, como as diversas piadas sexistas sobre mulheres em posição de comando o demonstram. Conforme Pateman (2019, p. 237):

> As mulheres não foram incorporadas na estrutura patriarcal do emprego capitalista como "trabalhadoras", mas como mulheres, e como poderia ser de outra forma se as mulheres não são e não podem ser homens? O contrato sexual é parte integrante da sociedade civil e do contrato de trabalho; a dominação sexual estrutura tanto o local de trabalho quanto o lar conjugal. Aliás, os homens também são subordinados como trabalhadores, mas ver um trabalhador como nada

mais do que um escravo assalariado é cometer o erro de não compreender a dimensão vital de sua posição na sociedade civil; ele é curiosamente um mestre não livre.

Mas no neoliberalismo temos uma diferença notável. Não se trata mais de ser um trabalhador que vende sua força de trabalho ou um profissional liberal ou um servidor público. Trata-se de investir em cada um como uma empresa que vende a si mesmo como empreendedor para uma outra empresa que o contrata. O dispositivo de "pejotização"[32] não é apenas um dispositivo de organização do mundo do trabalho, é dispositivo de organização dos indivíduos, em que ele ao mesmo tempo é dono de seu trabalho, mas não é dono nem partícipe do campo de produção. É a expansão dos que ficam fora do contrato no neoliberalismo, como veremos mais adiante quando tratarmos dos processos de financeirização e seu impacto sobre os sujeitos na contradição do neoliberalismo. Por isso, consideramos complicado manter no horizonte os mesmos princípios do liberalismo que se realizam por meio dos contratos, uma vez que a mitologia do Contrato Original é o que sustenta a divisão entre sociedade civil e vida privada e seus bens: mulheres como esposas e mães, servos, escravizados ou dominados pelo trabalho. O contrato não é uma solução para o problema dos sem-direito porque ele, na realidade, não respeita um dos princípios do liberalismo: o da igualdade entre os indivíduos. A distinção entre os bens e os trabalhadores é que o trabalhador livre é um empregado temporário pelo contrato, recebe salário e aliena sua força de trabalho enquanto o trabalho não livre, além de não estar em condições de igualdade, trabalha por proteção e subsistência, alienando a si mesmo, o tempo de seu trabalho é seu tempo de vida. Para todos, o mestre exige obediência, mas enquanto no matrimônio consente em ser um bem, o escravizado o é por sua racialização e o trabalhador recebe o salário, mas deve obedecer aos donos dos meios de produção. É nesse sentido, mais uma vez, que está a distinção de Aléman (2017) entre exploração e opressão.

Todavia, para os autores clássicos do Contrato, o problema da mulher era sua natureza, que não permitia que ela pudesse ser reconhecida como um indivíduo livre. Daí a pergunta importante de Pateman (2019, p. 13): "por que é necessário um contrato [o matrimônio], quando a sujeição da esposa, diferentemente da dos filhos homens, é natural"? É uma questão interessante, porque a nomeação da família como um fator não político e

---

[32] A contratação de empresas, no Brasil, passa pela criação de Cadastro Nacional da Pessoa Jurídica (CNPJ), para qualquer pessoa que esteja prestando serviços terceirizados.

privado deixa claro que a liberdade é para os assuntos públicos. A sujeição da família seria natural e, por isso, não política. A bem da verdade, tudo que se pode reduzir à natureza fugiria à esfera política. Nesse sentido, o Contrato Sexual fica ocultado, e assim fica ocultado que ele se dá entre dois adultos. No entanto, um desses adultos é considerado ainda dentro da esfera da imaturidade e da necessidade de ser protegido.

Mas por que as mulheres fariam parte da natureza, estariam fora da esfera política da civilização, restando a elas o papel do par esposa-mãe? Do que elas carecem para poder ascender à sociedade civil? "As elaborações que oferecem [os contratualistas clássicos como Hobbes, Locke, Rousseau e Immanuel Kant] consiste meramente em referência à maior força física e mental do homem, além de sua maior capacidade e habilidade" (Pateman, 2019, p. 130). É interessante porque todos elementos que caracterizam o indivíduo liberal estão nesta definição: a capacidade de raciocinar e ter engenho para a transformação da sociedade pelas artes liberais e da natureza por seu engenho. Mas essa noção, como continua Pateman (2019, p. 130), aponta para a contradição da teoria do Contrato Social – e, para nós, do próprio liberalismo: "A contradição entre os pressupostos da teoria da do contrato e os apelos à força natural são imediatamente óbvias. As exigências para governar não podem se basear em atributos naturais como a força caso se aceite a doutrina da liberdade e da igualdade do indivíduo". Contudo, é o apelo à natureza que implica o recalcamento do Contrato Sexual ou dos contratos de alteridade de dominação.

Muitas vezes é essa contradição que permite que esse argumento de força – apelar à natureza é apelar à força – justifique muitas vezes a violência. Da mesma maneira que há códigos racistas não escritos, há códigos sexistas não escritos. É esta insidiosidade que faz com que a violência, conforme demonstra o Atlas da Violência, seja maior contra mulheres, perpetrada mais por parceiros dentro de casa do que cometida fora de casa[33].

Apesar de muitos acharem que isso aconteceu há bastante tempo, não podemos esquecer que mesmo após a Primeira Guerra Mundial (apenas 100 anos atrás), o contrato de expropriação e colonização continuou sendo colocado em ação, dividindo entre poucas nações europeias boa parte da

---

[33] "Concluindo, ao analisar a tabela 8, verificamos que, entre 2013 e 2018, ao mesmo tempo em que a taxa de homicídio de mulheres fora de casa diminuiu 11,5%, as mortes dentro de casa aumentaram 8,3%, o que é um indicativo do crescimento de feminicídios. Nesse mesmo período, o aumento de 25% nos homicídios de mulheres por arma de fogo dentro das residências, por sua vez, parece refletir o crescimento na difusão de armas, cuja quantidade aumentou significativamente nos últimos anos" (IPEA, 2020, p. 39).

África, da Ásia e da Oceania, situação que só mudou depois das guerras anticoloniais e do deslocamento para outros dispositivos de exploração e opressão. Enquanto o regime liberal avançava, o resto do mundo tornava-se infeliz. No caso europeu, seu desenvolvimento não seria possível sem a colonização e sua exploração de recursos naturais. E esta não seria possível sem o recurso a um outro tipo de contrato, o Contrato Racial, que também se segue ao Contrato Social do regime liberal.

O Contrato Racial, se podemos assim mencionar, é um contrato que pretende ocupar espaços e delimitá-los. Fora da Europa, "o espaço e seus habitantes precisam ser teorizados" (Mills, 2014, posição 665). Se os não brancos eram selvagens, essa alcunha também se estendia aos espaços que habitavam. Mas há vários espaços que são, por assim dizer, naturalizados, naturalizando pessoas e culturas. Contudo, os espaços não são os mesmos: há a racialização dos países e dos continentes a serem civilizados; dentro de países, a racialização entre os centros e as periferias; os corpos, como marcas que identificam os que devem ocupar os outros espaços, seja pela cor, seja pelos modos de falar, vestir, andar. Todos esses espaços são obstáculos ao progresso de uma terra virgem. A lógica de naturalização do Outro permitiu a expansão da Europa, mas sempre em nome do progresso, em nome dos indivíduos. Entretanto, com o indivíduo vem a liberdade de empreender e a privatização da propriedade, tanto dos espaços físicos quanto dos corpos dos humanoides que não são reconhecidos como indivíduos.

Essa naturalização não é uma interpretação retroativa. Encontra-se a naturalização nos autores clássicos do Contrato Social. Hobbes aborda o estado de natureza como um estado de guerra desagradável e brutal. Desse modo, os indígenas da América seriam selvagens *sans foi, sans loi et sans roi* (sem fé, sem lei e sem rei) e, de acordo com ele, os brancos jamais teriam vivido nesse tempo mítico, que foi abandonado pelo Contrato Social, e que foi encontrado realmente em outras terras, por isso os indígenas podiam ser dominados (Mills, 2014). Locke, de acordo com Mills (2014) afirma que o mundo seria para os que fossem racionais e engenhoso para a transformação da natureza, por isso, os indígenas deveriam ser tomados como estado de natureza, porque eles não o fariam (daí vem até hoje a máxima de que se houve obras e civilizações Maia e Asteca, só pode ter sido obra de alienígenas e jamais dos maias ou astecas). A ideia de que há bons selvagens é paternalista, pois é nomeada pelo agente civilizador que precisa dar os caminhos adequados para a civilização (Mills, 2014). Na mesma linha da racionalidade e do engenho, Kant afirma que o talento garante ao branco europeu a superioridade não somente técnica, mas também moral, mostrando "que a teoria moral e racial moderna tem o mesmo pai" (Mills, 2014, p. 1064). É um acento bem firme nos princípios liberais.

Definamos mais precisamente, então, o que seria o Contrato Racial. De saída, Mills (2014, p. 132) delimita da seguinte maneira:

> [...] o contrato peculiar a que me refiro, embora baseado na tradição de contrato social que tem sido central para a teoria política ocidental, não é um contrato entre todos ("nós, o povo"), mas apenas entre as pessoas que contam, as pessoas que realmente somos pessoas ("nós os brancos"). Portanto, é um contrato racial.

Nesse sentido, Mills advoga que um outro regime político deveria ser considerado na teoria política com liberalismo, socialismo etc., o de supremacia branca. E o curioso é que esse regime político baseia-se justamente no que é fundamental para o liberalismo, colocando um a mais que não é considerado pelo Contrato Social em sua realização: nem todos são indivíduos e a racialização para a segregação foi um dos dispositivos importantes para sua consecução. O Contrato Racial se sustentaria em três afirmações: existencial, segundo a qual a supremacia branca existe tanto global quanto localmente e há muitos anos; conceitual, que considera a supremacia branca um sistema político; e, por fim, metodológica, a qual permite esclarecer que é baseada em um contrato entre brancos. Enfim, podemos apontar que o Contrato Racial é, economicamente, um contrato de exploração.

Os contratualistas tradicionais distinguem contrato político e moral. O político dita miticamente as origens do governo e das obrigações dos indivíduos com ele, como estávamos avaliando ao tratar do Contrato Sexual. Seria um contrato da origem da sociedade civil, que permite ao sujeito sair do estado de natureza e fundação do estado político, em que o indivíduo delega, em relações de confiança, os direitos e os poderes do estado de natureza para a soberania. O moral dita a fundação do código moral estabelecido pela sociedade, pelo qual os cidadãos devem pautar seu comportamento, principalmente em relação à propriedade privada. Mills afirma que também há um contrato epistemológico a ser delineado: o que prescreve normas de conhecimento às quais cada signatário do contrato deve aderir, seja como indivíduo contratante, seja como objeto do contrato. Em outros termos:

> O Contrato Racial é aquele conjunto de acordos formais ou informais ou meta-acordos (contratos de nível superior

sobre contratos, que estabelecem os limites da validade dos contratos) entre os membros de um subconjunto de humanos, doravante designado por (deslocamento) "racial" (Fenotípico / genealógico / cultural) critérios C1, C2, C3... como "branco" e coextensivo (levando em consideração a diferenciação de gênero) com a classe de pessoas plenas, para categorizar o subconjunto restante de humanos como "não brancos" e de um status moral diferente e inferior, subpessoas, de modo que tenham um subordinado posição civil nas políticas brancas ou governadas por brancos que os brancos já habitam ou estabeleceram ou em transações como estrangeiros com essas políticas, e as regras morais e jurídicas que normalmente regulam o comportamento dos brancos em suas relações uns com os outros ou não se aplicam de todo em negociações com não brancos ou se aplicam apenas de forma qualificada (dependendo em parte das circunstâncias históricas em mudança e de qual variedade particular de não brancos está envolvida), mas em qualquer caso, o objetivo geral do Contrato é sempre o privilégio diferencial dos brancos como um grupo com respeito aos não brancos como um grupo, a exploração de seus corpos, terras e recursos, e a negação de oportunidades socioeconômicas iguais para eles. Todos os brancos são beneficiários do Contrato, embora alguns brancos não sejam signatários do mesmo (Mills, 2014, posição 228).

Podemos dizer que hoje o foco é menos o político – pois, como afirmou Deenen (2019), uma das artimanhas do liberalismo é situar-se insidiosamente como uma posição inquestionável, quase como uma natureza social inquestionável –, visto que politicamente o Estado liberal se apresenta como vencedor da batalha pelo laço social. Ele recai principalmente sobre o moral, em que se prescrevem normas de comportamento distintas, para brancos ou para não brancos; para homens ou para mulheres; para pessoas do centro de cidades ou de suas periferias; para classes trabalhadoras e para donos do meio de produção. É nessa série de distinções que muitos ainda são considerados como parte de uma natureza selvagem a ser educada pela civilização e, assim, poderem ser considerados indivíduos. Mas, além do moral, é pelo epistêmico – normas de consentimento – que se exige o consentimento também ao regime político. É essa dupla injunção que podemos considerar um dispositivo de dominação: não reconhecem muitos como indivíduos – aqueles que podem assinar livremente um contrato –, mas exige-se que ajam, na posição de objeto, como indivíduos. Essas exigências são os modos como Freud leu o supereu: exigência de renunciar a um lugar ou modo de gozo e, ainda assim, se satisfazer com essa renúncia. Não esqueçamos que essa figura do supereu sempre foi considerada obscena, pois deixa pouco espaço de manobra para que o sujeito possa advir e colocar essa dupla injunção em questão.

Por isso, a nosso ver, ao requerer uma individualidade, está se requerendo as mesmas injunções duplas que fazem parte do liberalismo e se realizam no Contrato Racial, pois a individualidade se faz sempre sob um fundo de não individualidade. Nem remeter a um passado mítico antes do encontro com o branco. Não se trata apenas do branco, mas da verdade do Contrato Social que se sustenta nos quatro pilares do liberalismo: individualidade; liberdade; governo das leis e propriedade privada.

Se essa leitura não é retroativa sobre os princípios do liberalismo, por outro lado ela também não é invalidada no sentido de que esses princípios não seriam mais utilizados em uma contemporaneidade multicultural. Como afirma Mills (2014), podemos delimitar essa questão do Contrato Racial em dois períodos: um primeiro em que a correlação entre o Contrato Social e o Contrato Racial era explicitada pelos teóricos do Contrato e, mais ainda, era firmado em textos legais e constitucionais o direito à expropriação, escravidão e colonização, ou seja, era formalizado. Já no segundo período ele sai, em parte, da existência formal em que a práxis do direito dos brancos tensiona com a formalização da extensão dos direitos. A exploração e a opressão, como bem demonstra minha postagem nas redes sociais sobre o Dia da Consciência Negra, desliza cinicamente para o campo cultural e moral. E isso não é sem razão de ser, uma vez que a distinção entre indivíduos e não indivíduos é resultante não da prática de alguns, mas derivada dos princípios de individuação do liberalismo, que necessita situar alguns como não indivíduos. Em outros termos: o debate sobre quem é indivíduo e quem não é não pode ser considerado acessório, e sim central ao regime liberal.

Um exemplo disso é a Reforma Trabalhista que ocorreu no Brasil em 2019, em que o argumento maior era que seria mais justo o empregado e o empregador se sentarem à mesa, sem a participação de sindicatos ou outras entidades representativas, para negociarem salários e direitos de demissões, sem a participação também de um sistema de leis do Estado que regulasse essa negociação. A ideia que subjaz essa noção é a de contrato. Mas aqui vemos mais uma vez a extensão da ideia de contrato, que surge no ideário liberal, a outros elementos da sociedade que ainda haviam sido deixados de fora nos séculos XIX e XX. Estes foram incorporados e agora encontram ocasião de serem mais uma vez expulsos, mas com a sujeição voluntária a um contrato que é, na verdade, um não contrato. Nos séculos XIX e XX foram deixados de fora os homens negros – no sentido que lhe dá Tocquevile, ou seja, negro é todo mundo que não é branco, como um inglês ou um francês, podendo ser os africanos em geral, os asiáticos, os indígenas das Américas, os aborígenes da Oceania ou os espanhóis, os gregos, os portugueses, os italianos, os suecos, os irlandeses. No mundo contemporâneo, encontramos nessa contratualidade sem liberdade o devir negro de que trata Achille Mbembe: a ampliação da exploração e da opressão no discurso do capitalista em sua versão neoliberal[34].

O contrato é uma questão importante para pensar a liberdade no liberalismo. Se o liberalismo é uma revolução contra o absolutismo, a questão do autogoverno e da sujeição do indivíduo a um governante se coloca a partir da noção do contrato. As relações contratuais seriam, assim, o paradigma das relações livres entre os indivíduos que nascem iguais. Mas aqui temos mais uma vez um paradoxo: se na emergência da democracia liberal temos a defesa da eleições como a introdução de uma aristocracia em que parte de população não é considerada indivíduo livre – os negros escravizados como o exemplo mais claro, além de todos na África e na Ásia que foram colonizados na expansão do liberalismo – na dimensão do contrato se coloca a questão do lugar das mulheres: elas seriam livres para firmar um contrato e participar dos negócios públicos ou seriam, principalmente como esposas, agentes da vida privada? A pergunta sobre quem é o indivíduo livre se coloca novamente, agora não mais entre populações, mas, intrinsecamente, a uma população. *"Las relaciones libres y la autonomía para las mujeres no encuentran su marco ni su horizonte en el liberalismo"* (Pateman, 2019, p. 13). Ou, como afirma Agra Romero (2019, p. 14): *"El consentimiento, categoría fundamental en el contractualismo, tiene un diferente significado según se trate de los varones o de las mujeres, solo los hombres pueden consentir, las mujeres, no"*.

Podemos dizer que, se no primeiro momento o Contrato Racial estabeleceu bases para violências contra os não indivíduos, no segundo momento ele se sustenta mais pela organização de aparelhos ideológicos que permitem sua expansão nesse segundo momento. Mas da mesma

---

[34] "Pela primeira vez na história humana, o substantivo negro deixa de remeter unicamente à condição aos povos de origem africana durante a época do primeiro capitalismo (predações de toda espécie, destituição de qualquer possibilidade de autodeterminação e, acima de tudo, das duas matrizes do possível, que são o futuro e o tempo). A essa nova condição fungível e solúvel, à sua institucionalização enquanto padrão de vida e à sua generalização pelo mundo inteiro, chamamos de *devir-negro do mundo*" (Mbembe, 2018, p. 19, grifo do original).

maneira que no primeiro momento a violência necessitava de aparelhagem ideológica para se sustentar, num segundo momento a violência pode ser um recurso ideológico que é bem empregado sem maiores consequências para quem apela a ela. Uma aparelhagem ideológica para o branco, como sinônimo de indivíduo, ver o não branco como subpessoa para que o não branco também se veja assim. O trabalho de evangelização, de acordo com Mills (2014), colaborou com esse processo de consentimento. E não podemos esquecer que esse trabalho de evangelização ainda é realizado hoje, não mais por europeus, mas predominantemente por estadunidenses, seja por meio missões em diversos países, seja por franquias de canais de TV neopentecostais, ainda na promoção ao abandono da selvageria para aspirar à civilização.

As espionagens de Barack Obama à então presidenta do Brasil, Dilma Rousseff, e à primeira-ministra alemã, Angela Merkel, em 2013, assim como as duas guerras do Golfo, os embargos econômicos à Venezuela, ao Irã e à Cuba, os ataques às lideranças e usinas nucleares iranianas demonstram como a violência se encontra bem justificada nesse segundo período. Ou, como afirma Mills (2014, posição 1267):

> Se o contrato social se baseia no cumprimento voluntário, o Contrato Racial claramente exige a compulsão para a reprodução do sistema político. No contrato de escravidão, em particular, os termos do contrato exigem do escravo uma autonegação contínua da pessoalidade, uma aceitação da condição de bem móvel, psicologicamente mais difícil de alcançar e, portanto, potencialmente mais explosiva do que as variedades de subpersonalidade impostas pela expropriação contrato (onde alguém estará morto ou sequestrado em um espaço longe dos brancos) ou o contrato colonial (onde o status de "menor" deixa alguma esperança de que um dia possa ser permitido atingir a idade adulta).

Um dos aspectos da evangelização dessa compulsoriedade é a exigência da mudança de nomes feitos por evangelizadores: mudar o nome é mudar de identidade também, é abandonar um sistema simbólico de pertencimentos para poder ser considerado, pelo outro, como uma indivíduo. Apesar de concordamos que há uma violência explícita aqui, iremos discordar um pouco de Mills. De certo modo, se por um lado exige-se o consentimento, é porque ele é, no limite, um consentimento compulsório ao estilo do que Lacan analisa em seu Seminário 11: o consentimento é colocado em termos de a bolsa ou a vida. É uma falsa opção que é oferecida: se escolhe a bolsa, perde necessariamente a vida; se escolhe a vida, é uma vida sem a bolsa que é explorada – pela mais-valia retirada por aquele que é explorado – ou pela opressão – por aqueles que não consideram como indivíduo devido às marcas do corpo. Pois, como lembra Lacan, essa falsa opção entre a bolsa e a vida se sustenta em outra vinda de Friedrich Hegel e que marcou, também, a história brasileira e, mais profundamente, a alienação proveniente do liberalismo: *liberdade ou morte*.

> Aí, porque a morte entra em jogo, produz-se em efeito, de estrutura, um pouquinho diferente. É que nos dois casos eu terei os dois. A liberdade, vocês sabem, antes de mais nada, é como a famosa liberdade do trabalho, pela qual a revolução francesa, parece, se bateu - pode bem ser também a liberdade de morrer de fome, é mesmo ao que isso levou todo o século XIX, é por isso que foi preciso, depois, revisar alguns princípios. Vocês escolhem a liberdade, muito bem!, é a liberdade de morrer. Coisa curiosa, nas condições em que lhes dizem *a liberdade ou a morte!*, a única prova de liberdade que vocês podem fazer nas condições que lhes indicam, é justamente a de escolher a morte, pois aí, vocês demonstram que tem a liberdade de escolha (Lacan, 1985b, p. 202, grifo do original).

Em outros termos: a liberdade liberal comporta o que Lacan denomina como fator letal da alienação constituinte do sujeito. Um ponto ainda, antes de continuar: se estamos abordando Contrato Racial e Contrato Sexual, é porque eles se mostram mais evidentes em como a lógica de formação do todo universal deve se constituir, deixando um resto de fora. Mas podemos, como já vínhamos apontando, colocar nesse resto também o contrato de trabalho do capitalismo e, mais contemporaneamente, exigir um contrato de tratamento ampliado no campo da loucura quando a considera como um transtorno que possa ser generalizado para a maior parte da população. E, do mesmo modo que a exigência do consentimento cria quem fica fora, ela também cria quem fica dentro. O ato de uma universalização abstrata consegue, ao mesmo tempo, criar insatisfeitos de um lado a outro do todo. A violência que surge em consequência é por não atentar a essa fratura que Freud denominou desejo, que consegue tanto revelar essa fratura quanto apontar que tentar tamponá-la por meio de identidades fechadas para sustentá-la é um dos motivos de produção e de sustentação de violência. Lacan demonstra isso em seu *vel* da separação: o que pode haver em comum entre o sujeito que fica de fora da definição do todo liberal é o que falta a todos e não um traço positivo. Reconhecer isso ajuda na busca de um outro laço em que o desejo não seja privatizado e a liberdade não seja a liberal, que necessita de um consentimento para a opressão e exploração.

Há um laço intrínseco entre estabelecer os contornos do indivíduo se esses humanoides são parte da natureza que o liberalismo dominará ou não, a ponto de, se necessário, poder destruí-los para salvaguardar a sociedade civil em sua política de vigilância e segurança. Se do primeiro ao segundo período, por exemplo, a tortura deixa de ser utilizada devido à reforma penal introduzida por Cesare Beccaria, ela continuava sendo aplicada largamente na colônia. E isso até a década de 1960 e 1970. Essa tecnologia também foi exportada por franceses para o Brasil para a consolidação da ditadura (Mills, 2014, posição 1484). Na Europa, a tortura do corpo ficou restrita por muito tempo aos loucos. Ela consegue, a partir do sistema de vigilância de digitalização de dados, outras maneiras de extrair informações sem necessariamente infligir maus-tratos ao corpo (ou infligir outros, como o trabalho em tempo indeterminado), conforme veremos quando tratarmos do sistema de digitalização que acontece no neoliberalismo.

Ao final, Mills (2014) nos lembra que o Contrato Racial que acontece no nazismo não é um acidente, mas necessário ao liberalismo. O nazifascismo não é um desvio de pessoas ruins. O livro *Homem do Castelo Alto*, de Phillip K. Dick, mostra o que seria do mundo caso os nazistas tivessem ganhado a guerra: um reordenamento sobre quem seria considerado indivíduo e quem não, com a divisão dos Estados Unidos entre alemães e japoneses. Como Lacan escreve, a verdade tem estrutura de ficção e esse livro distópico, longe de ser um mero devaneio, demonstra por seus meios os laços por outros meios das maneiras de sustentar um Contrato Racial dentro da lógica de um Contrato Social. Os vitoriosos são os que matam suas periferias como parte de um corpo perigoso.

O Contrato Racial é um contrato entre os brancos para a exploração dos não brancos. Há duas dimensões aí para o consentimento. O primeiro é o consentimento entre os brancos, que torna os não brancos objeto do contrato. O Contrato Social situa o contrato em termos abstratos à igualdade e para que o objeto do contrato seja tomado como alguém que consente. Esse é o segundo nível do consentimento. No entanto, quando o princípio da igualdade de todos é articulado com o princípio da propriedade privada, vemos que a universalidade se realiza fundamentada em um resto que permanece de fora. A universalidade da igualdade não se sustenta com a propriedade privada. Em nome do sistema de dominação, a liberdade se torna liberdade de propriedade e ela não é, por definição, para todos. É entre a igualdade do indivíduo igual e da liberdade da propriedade que aparece mais uma contradição do liberalismo que se realiza por meio da exploração e da opressão. É nesse sentido que a naturalização do que não está de acordo com os princípios liberais é importante: não apenas porque aponta a contradição, mas também porque aponta para uma incompatibilidade entre o todo da igualdade e a particularidade da propriedade privada que limita a liberdade a alguns. Entre a abstração de um indivíduo para todos e sua realização, algo necessariamente fica de fora. É nesse espaço entre igualdade e propriedade privada, entre o todo e a parte, que pode aparecer o que Lacan chamará de sujeito do inconsciente, como veremos mais à frente. Aqui, importa-nos trazer que o Contrato Racial, que não seria possível na ideia de um Contrato Social se levado às últimas consequências, de que todos nascem livres e iguais, acaba se revelando "a verdade do contrato social" (Mills, 2014, posição 983). Não é contingente, mas uma consequência necessária dele. A necessidade de consentimento é para tamponar essa brecha entre o todo da igualdade e a parte do corpo naturalizado no Contrato Racial.

Podemos afirmar que, mesmo que formalmente tenhamos hoje leis que criminalizam os atos de racismo, há sempre outros códigos em que o racismo é perpetuado e perpetrado, o que demonstra que o Contrato Racial não precisa ser formalmente assinado, ele precisa ser reconhecido por todos sobre o lugar a ser ocupado por cada um. A ocupação dos espaços em uma cidade ou no próprio mundo bem o demonstram: quais são os países desenvolvidos e quais não (o termo desenvolvimento é interessante, pois coloca um ponto de partida e de chegada em que os diversos países podem ser comparados); quais são as pessoas periféricas e quais não; quem é vigiado no comércio e quem não; quem habita o Centro e quem não ou quem habita entre muros de condomínios e quem habita entre muros de presídios. E o mesmo código sem formalização serve também para as mulheres. É a isso que precisamos estar atentos: como o liberalismo se encarna e, nessa encarnação, como os corpos são tomados, sejam eles de não brancos, de mulheres, de loucos ou dos trabalhadores. Enquanto o Contrato Social é um contrato entre indivíduos, ele é um contrato desencarnado (Mills, 2014). É em sua encarnação que os impasses aparecem.

O Contrato Racial não apenas explora, mas também cria as raças, ou seja, mesmo os homens brancos não são parte de uma natureza racional, e sim fruto de um contrato, o que mostra que impacta inclusive o corpo branco. O branco se torna branco nesse contrato. Por isso, podemos dizer que ele se aliena também baseado nos princípios do liberalismo e entra em uma luta de dominância para poder se colocar no lugar de mestre contra os escravizados. E, por isso, esse conceito de branco pode também se ampliar e retroceder de acordo com a conjuntura política e temporal. O irlandês que não era branco no século XIX torna-se branco no século XX; o mesmo ocorre com o judeu no pós-guerra. Chineses e japoneses oscilam muitas vezes. É nesse sentido que podemos, de acordo também com Mbembe (2018), nos referir ao devir negro. Se muitos se tornam brancos, ou se os direitos são formalmente garantidos, é porque precisamos analisar como se dão as outras formas de exploração e opressão.

Sabemos que muitos poderão dizer que hoje não é bem assim, que os direitos estão assegurados a todos. No entanto, é isso que nos preocupa quando estamos às voltas com a existência do neoliberalismo e com suas mudanças a partir da década de 1970, há um deslocamento da estrutura de dominância. Quando temos um deslocamento que se sustenta nos mesmos princípios do liberalismo, temos também que nos perguntar como se dão as novas formas de exploração e dominação, tal como Lacan fez na década de 1970. Nossa hipótese é que, se por um lado os não brancos podem ao mesmo tempo se reunir para exigir direitos enquanto culturalmente constituem a massa de precarizados no mundo, formando assim identidades que buscam equiparação em termos de igualdade, é porque o aspecto da propriedade privada se desloca, fazendo com que outros tipos de opressão e exploração ou se ampliem para outras categorias que não apenas os não brancos, ou para outras categorias profissionais. Pode ser reconhecido legalmente como indivíduo, mas depois é reduzido a consumidor, como bem demonstram as vendas acentuadas de camisetas de Frida Kahlo, Che Guevara, Sigmund Freud e Jacques Lacan. Acreditamos que, na lógica liberal, há poucos indivíduos e que, caso consigamos apontar isso, poderemos demonstrar que exigir apenas igualdade será insuficiente, pois o princípio da propriedade privada manterá que é necessária a exclusão de humanoides no campo da dominação. Todavia, a questão do consentimento se torna mais essencial: é preciso que o sujeito consinta com o sistema de dominação como se fosse o único sistema possível. É o que veremos mais à frente quando analisarmos os processos de financeirização da economia a partir da década de 1970. Mas podemos afirmar que é a isso que devemos nos remeter quando repetimos o que Lacan nos aponta: que o psicanalista deve estar à altura da subjetividade de sua época. E ao que Aléman (2017) desenvolve quando afirma que o regime neoliberal pretende conformar até mesmo a formação da subjetividade.

E, como vimos, o corpo é um elemento fundamental. O corpo como microespaço fundacional dos outros espaços não pode ser analisado sem sua relação não com a biologia, mas com a subjetividade. É nesse aspecto que a sexualidade desempenha um papel importante. No entanto, o Contrato Racial reduz o corpo à sua natureza e é por essa razão que, segundo Mills (2014), o excesso da presença do corpo – como uma natureza, imutável e bárbara – implica uma ausência da pessoa – não pode ser considerado um indivíduo. "Não são talking heads e sim talking bodies" (Mills, 2014, posição 802). Por isso, muitas vezes o rock foi visto como coisa de comunista pelos conservadores, por ser um ritmo que empurra ao movimento do corpo e "os ritmos da selva alteram o domínio do corpo" (Mills, 2014, posição 802). O mesmo aconteceu com o samba no Brasil e acontece com as religiões de matriz africana e com o funk hoje, que é amplamente reprimido pelo aparato estatal.

O mesmo podemos encontrar no Contrato Sexual. Contratos de matrimônio, de prostituição ou de barriga de aluguel mostram que o corpo da mulher é o que, no frigir dos ovos, é o objeto do contrato, assim como na escravidão ou na força de trabalho, mas não da mesma maneira. A estratégia de naturalização desse corpo é para evitar que ele seja um corpo desejante ou que também goza. Rousseau dizia que o gozo da mulher, por ser desmedido e por não se ater à razão, poderia acabar com os governos; ou, ainda, a imagética do negro estuprador ou da negra voluptuosa, que, por isso mesmo, podia submetê-los à violência e a um processo de alienação obsceno[35]. Da mesma forma, também encontramos os assédios sexuais no campo do trabalho. É interessante que o corpo naturalizado pretende limitar o campo da sexualidade a ser o campo da esposa ou da maternidade. Mas nos chama a atenção que essa limitação viria apenas para tentar obter o consentimento para evitar que o desejo de outra coisa pudesse advir até mesmo para o campo político.

> Rousseau deixa claro que as mulheres devem "cuidar da casa e dos filhos" e respeitar o julgamento dos homens para que a ordem política não seja prejudicada. "O físico", afirma

---

[35] "De modo algum minha cor deve ser percebida como uma tara. A partir do momento em que o preto aceita a clivagem imposta pelo europeu, não tem mais sossego, e, desde então, não é compreensível que tente elevar-se até o branco? Elevar-se na gama de cores às quais o branco confere uma espécie de hierarquia?" (Fanon, 2008, p. 82).

Rousseau em Emilio, nos conduz, sem nos dar conta da moral (Pateman, 2019, p. 236).

Aprendemos, com essas considerações sobre a diferença física entre os sexos, que sua moralidade também é diferente.

> As mulheres, ao contrário dos homens, não podem controlar seus "desejos ilimitados" por conta própria, portanto, não podem desenvolver a moralidade necessária à sociedade civil. Os homens também têm paixões, mas podem usar sua razão para dominar sua sexualidade e, assim, lidar com a criação e manutenção da sociedade política (Pateman, 2019, p. 134).

Ou seja, a sexualidade é algo que permite que o indivíduo se coloque em posição de um corpo que não pode questionar esse processo de individualização liberal. Mas sempre exigindo o consentimento para eliminação do fator importante que é a sexualidade não apenas para o patriarcado, mas para o liberalismo que pretende articular a liberdade à propriedade privada. Continuando com Pateman (2019, p. 132-33):

> No patriarcado moderno, a capacidade que falta aos "indivíduos" é politicamente significativa porque representa tudo o que a ordem civil não é, tudo o que está encapsulado nas mulheres, nos corpos das mulheres. O corpo do "indivíduo" é muito diferente do corpo das mulheres. Seu corpo está fortemente comprimido dentro de seus limites, mas os corpos das mulheres são permeáveis, seus contornos mudam de forma e elas estão sujeitas a processos cíclicos. Todas as diferenças são sintetizadas no processo físico natural do nascimento. O nascimento físico simboliza tudo o que impossibilita a mulher de participar do contrato original e transformá-la em pessoa civil que subscreve seus termos. As mulheres não carecem de força ou capacidade, no sentido geral, mas, de acordo com os teóricos clássicos do contrato, elas são naturalmente deficientes em uma capacidade especificamente política, a capacidade de criar e preservar direitos políticos. As mulheres devem estar sujeitas aos homens porque são naturalmente subversivas da ordem política dos homens.

O corpo político do indivíduo é um corpo moral que segue os princípios do regime liberal. Qualquer outro corpo que não seja naturalizado por esses princípios é tornado natural por colocar em risco o liberalismo. Desse modo, o corpo sexuado é retirado dos contratos ao ser naturalizado. E, ao ser naturalizado, ele permite a exploração e a opressão pela racialização como justificativa. Nesse aspecto, podemos entender também o porquê de a psicologia experimental de Wilhem Wundt e seu método de introspecção surgir somente após a noção de um indivíduo racional e autoconsciente do contrato: ela remete a essa noção de um indivíduo que pode ser confiável e, por isso, não poderia haver uma psicologia infantil, nem uma psicologia animal e muito menos uma psicologia do louco. Era o indivíduo se corporificando e excluindo do campo da individuação o que não poderia ser reconhecido como alguém capaz de ser signatário de Contrato Social. E é justamente a esse corpo que Freud dará a palavra, trazendo para a cena principal o corpo sexualizado não pela natureza, e sim pelo desejo, pois é de desejo que se trata: uma insatisfação que aponta para outros elementos para localizar os modos subjetivos de gozo que não passa pelo campo do todo sujeito e que não é contemplado pela liberdade securitária da propriedade privada.

Não podemos esquecer que foi pela loucura que Freud construiu suas hipóteses sobre o mal-estar na civilização. Qual civilização? Esta mesma que surge dos debates sobre o Contrato Original. São respostas liberais que surgem como possibilidade à crise que a revolução epistêmica introduziu com o advento da ciência, como já demonstramos em outros artigos e não abordaremos aqui. Apenas apontaremos que quando Lacan afirma que o sujeito da Psicanálise é o sujeito da ciência, é o sujeito foracluído da ciência, é aquele que não foi domesticado ou, ainda, aquele que não é considerado domesticado pelo discurso da ciência. E frente a isso, sempre há uma escolha: domesticar pela ciência ou tentar entender essa necessidade de domesticação do Outro. A segunda via é a via de Gaston Bachelard e de Alexandre Koyré. A primeira, a dos liberais. Pois, consoante com Mills (2014), a campanha contra a selvageria é permanente no discurso liberal. A campanha contra o terrorismo bem o demonstra. Mas para Lévi-Strauss, bárbaro é quem acredita na barbárie. A iconografia da Salpetriere demonstra também que a loucura era algo a ser dominado pelo discurso liberal. É uma intromissão na própria subjetividade da constituição moral do contrato liberal que exige o consentimento. Essa exigência, insistimos, foi ampliada para encontrar novos dominados aos quais se exige agora a concordância por tentar ser a única possibilidade de subjetivação no neoliberalismo. Ela, por um lado, positivamente, ganha o nome de empreendedor de si; por outro, produz o que Guy Standing denomina como precariado.

O Contrato Racial e o Contrato Sexual demonstram como os espaços e seus habitantes precisam ser teorizados para que o consentimento possa acontecer. E no caso dos loucos não foi diferente, mas são outros espaços que precisaram ser teorizados: o espaço do internamento ou do que Michel Foucault chamou de grande internamento. E a loucura é um bom exemplo de como encontramos esses deslocamentos que mantêm intacto o campo político, mas muda de moral e de episteme: se as críticas ao modelo asilar na década de 1960 foram contundentes, deslocou-se a diagnóstica do campo da doença mental para o transtorno. Este tem a vantagem de não acusar ninguém de doente; não remete aos estigmas da doença ou da loucura; pode se encontrar em todos os lugares; cria um modelo de cura que se dá pela não perturbação da ordem pública e o mais importante: se estende para o conjunto da sociedade que cai sob o campo de controle social por meio da ideia de desempenho. Não se trata apenas mais de disciplinar um corpo, nem mesmo de controlá-lo, mas de exigir seu consentimento para uma produtividade acrítica. Ou o que podemos declarar é que temos uma expansão da lógica do contrato para obter o consentimento para estruturas de dominação. E é o que encontramos também nas análises que podemos fazer do ensino de Lacan, principalmente sobre a questão da relação sexual que, a nosso ver, é uma leitura do Contrato Sexual em particular, e do Contrato Social em geral. De certo modo, seguimos aqui a mesma leitura de Pateman (2019): ler o Contrato Sexual como o que foi recalcado do Contrato Social e como possibilidades de se pensar em outro desejo que não seja determinado e naturalizado pelo liberalismo.

Lacan, em 1976, ao se perguntar sobre o que seria um *sinthoma*, irá abordar mais uma vez em sua obra a distinção entre mulher e homem. Além de tratar de uma dissimetria entre as posições, retoma sua tese de que a relação sexual não existe. Sabemos que, para existir, é necessário um juízo de atribuição. Existir é poder fazer parte da rede simbólica na qual pode ser reconhecido. E, como já amplamente demonstrado no ensino de Lacan e por seus seguidores (especialmente Miller e Žižek), existir é ser reconhecido no campo de trocas simbólicas como alguém que participa desse mundo. Para fazer um conjunto, é preciso deixar algo de fora. É nesse sentido que mulher, para Lacan, não existe: se pensarmos no que Pateman chama de situação paradoxal da mulher, que por um lado é considerada fora dos negócios públicos, sendo um assunto privado, e, por outro lado, necessita fazer um contrato de casamento, que é o contrato pelo qual ela consente em ser alguém do campo privado. O paradoxo é que o contrato que pressupõe um indivíduo livre e condições de igualdade coloca a mulher ao mesmo tempo fora e dentro dessa condição, enquanto o homem não. É nesse sentido que Lacan (2007) irá afirmar que a mulher é um sintoma para o homem e que isso implica uma dissimetria. Por isso, ela implica também um sem sentido para o homem justamente por ser não toda. Esse não todo aponta para uma outra dimensão que podemos definir da seguinte maneira: de um lado, é não todo por apontar para esse paradoxo – o que nós, lacanianos, chamamos de divisão subjetiva – dessa figura que se apresenta como um universal do indivíduo, mas que se realiza como um homem, branco, proprietário dos meios de produção ou, mais atualmente, da financeirização. Pateman insiste: a ideia de contrato que remete ao consentimento daqueles que não estão em condição de igualdade, seja alguém em condição de servidão, de escravidão, de assalariado ou de enlouquecido. E, por outro lado, aponta para uma dimensão de um outro modo de desejar que pode apontar para um questionamento efetivo. Dessa forma, quando Lacan se pergunta se uma mulher pode fazer sentido, é pelo espanto que esse outro modo de gozo implica e que não participa dessa troca simbólica entre os existentes.

Apontar para os que estão em dificuldades de entrar nesse contrato como mulher não pode ser confundido com o gênero mulher. É mulher o que precisou, na constituição do indivíduo do liberalismo como livre e desprovido de sexualidade, é justamente sobre a sexualidade que vão se dedicar a manter como afastada das considerações públicas. Por isso, podemos encontrar em diversas passagens de Lacan (2003a, p. 467) essa distinção muito abertamente, por exemplo, em *O Aturdito*: "Chamemos heterossexual, por definição, aquele que ama as mulheres, qualquer que seja seu próprio sexo". Ou na explicação do que significa mulher em sua fórmula da sexuação:

> Em frente, vocês têm a inscrição da parte mulher dos seres falantes. A todo ser falante, como se formula expressamente na teoria freudiana, é permitido, qualquer que ele seja, quer ele seja ou não provido dos atributos da masculinidade - atributos que restam a determinar - inscrever-se nessa parte. Se ele se inscreve nela, não permitirá nenhuma universalidade, será não todo, no que tem a opção de se colocar na Φx ou bem não estar lá (Lacan, 1985c, p. 107).

O todo se constitui por uma exceção que não cumpre a função fálica. A exceção é a condição do todo, por isso a necessidade de colocá-la fora da vida pública, na vida privada entre os bens do indivíduo. Ou, como afirma Lacan (2003a, p. 450) em outra passagem de *O Aturdito*: "Estendendo esse processo, nasce a fórmula, minha, de que não há universal que não deva ser contido por uma existência que o negue".

Pouco importa o sexo, importa que é considerado mulher o que escapa à universalidade. Por isso, algo que Pateman (2019) afirma logo no início de suas considerações sobre o Contrato Sexual nos é importante: seria um equívoco as mulheres feministas desejarem a igualdade aos homens porque seria se igualar justamente ao sistema que coloca a dissimetria em lugar de segregação. Isso vale para as mulheres, mas vale também para todos que não são colocados na categoria de indivíduos, sejam eles LGBTQI+, negros escravizados, serviçais, trabalhadores ou, avancemos em nosso assunto, os empreendedores de si, que, como veremos mais adiante, são substitutos do indivíduo liberal no neoliberalismo. Não é à toa que todas essas discussões, para Lacan, são acompanhadas de dois raciocínios: o primeiro referente a como tanto Freud quanto Marx trazem reflexões revolucionárias por colocarem em primeiro plano uma função que é "considerar certos fatos como sintoma" (Lacan, 2009, p. 23). Sintoma é justamente aquilo que tem uma relação de exterioridade íntima e que questiona, mediante uma queixa de que toda tentativa de produzir um universal exclui uma série de pessoas, como os livros de Losurdo, Pateman, Haider e Freud. Acreditamos que há sintomas que suscitam questões importantes, como aponta Chamayou (2020), quando ele trata de uma sociedade ingovernável e da ofensiva neoliberal como tentativa para se evitar as insatisfações que se manifestavam como inconformidade dos trabalhadores que já não suportavam mais o semblante de mestria que tenta impor-se na lógica liberal. E se pelo sintoma e pela questão da mulher Lacan critica o laço social, ele lembra que há um laço entre esse controle de algo que chama de mais-gozar, que implica esse não todo que não é regulado pelo Contrato Social e que implica, também, o racismo.

> Quem se interessar um pouco pelo que poderá advir fará bem em dizer a si mesmo que todas as formas de racismo, na medida em que um mais-gozar é perfeitamente suficiente para sustentá-las, são o que está agora na ordem do dia, são o que nos ameaça quanto aos próximos anos. Vocês compreenderão melhor a razão disso quando eu lhes disser que a teoria, o exercício autêntico da teoria analítica, nos permite formular quanto ao que se passa com o mais-gozar (Lacan, 2009, p. 29).

Essa passagem aponta para como outros modos de gozo estabelecem certa correlação ao fugirem da lógica do Contrato Social. Contrato este que se mantém à revelia dos sujeitos, sendo violento. O racismo está em correlação com o que está em jogo também na afirmação a que se segue a essa passagem, a saber, a tese de que não há relação sexual. Como anteriormente mencionado, não haver relação sexual significa que não há uma proporção ou uma igualdade das condições dos contratos. E, quando se reclama disso em relação aos que se posicionam no lugar da mestria, são tomados por esses significantes – aqui, na defesa da liberdade liberal que se centra na noção de indivíduo livre e defensor da iniciativa privada. E Lacan prossegue nessa linha de correlação entre o racismo e a sexualidade com a teoria que tenta reduzi-la à biologia, o que ele recusa. Consequentemente, ele extrai a tentativa de fazer existir a relação sexual como uma possibilidade de igualdade de condições. Para ele:

> Nos limites do discurso, na medida em que ele se esforça por fazer com que se mantenha o mesmo semblante, de vez em quando existe o real. É a isso que chamamos de passagem ao ato, e não vejo lugar melhor para designar o que isso quer dizer (Lacan, 2009, p. 31).

Ora, a passagem ao ato advém justamente quando o semblante de um discurso do mestre não consegue localizar o sujeito em relação ao Outro. Esse real, de certo modo, revela o caráter de semblante desse discurso e traz à tona que outros modos considerados como impossíveis *já acontecem*! É nesse sentido que Lacan (2009, p. 33) afirma que a mulher é "a hora da verdade do homem", pois o homem é a tentativa de se situar sempre do lado de um universal ao qual o indivíduo se agarra para manter esse status. Curiosamente, é contra essa verdade que não confirma, mas aponta para o status de semblante, que a posição de homem fica às voltas. É nesse sentido que essa passagem ao ato aparece como violência a essa recusa e que sucede aos homens a violação das mulheres (Lacan, 2009). E, acrescentaríamos, todas as violências em relação não somente às mulheres como gênero, mas também às populações periféricas, aos negros, aos LGBTQI+ e todos aqueles que não consentem ao pacto da noção de indivíduo livre e proprietário. Sem a consideração desse mais-gozar da necessidade do consentimento.

Raça e racismo, lembra Lacan em *O Aturdito*, só podem existir como efeito de discurso. Logo, é sempre importante saber a qual discurso estamos nos referindo e como ele se organiza. E vale a pena citar aqui uma passagem longa de Lacan (2003a, p. 462-463, grifos nossos) sobre esse assunto:

> Ela [raça] se constitui pelo modo como se transmitem, pela ordem de um discurso, os lugares simbólicos, aqueles que se perpetua a raça dos mestres/senhores e igualmente dos escra-

vos, bem como a dos pedantes, à qual faltam, como garantia, os pederastas e os cientichatos (*scients*), acrescentaria eu, para que e não fiquem cientichateados (*sciés*). Assim, prescindo perfeitamente do tempo da cervidão, dos bárbaros repelidos dali onde se situam os gregos, da etnografia dos primitivos e do recurso às estruturas elementares, para assegurar o que acontece com os racismos dos discursos em ação.

Por isso a demanda – dita por uns como identitária e por outros, pautas – é realmente histérica: uma demanda de reconhecimento de uma identidade plena (toda, sem furo). Querer transformar a marca por meio da qual foram segregados em identidade plena é ignorar a não existência da relação sexual e ignorar que não há como tomar homem-mulher como binômio de gênero, porque a mulher não existe, e o homem é só um semblante ao qual o indivíduo se agarra. Com isso, identificam-se com a posição masculina (posição histérica), com um semblante de existência sem se haver com o que causa a segregação. A afirmação de uma identidade, se tiver alguma razão de ser, conforme Haider (2019), é tática e não pode ser a determinação da política (do tratamento ou da convivência da pólis), pois elas sustentam justamente o que pretendem excluir: o princípio masculino do semblante do indivíduo livre e empreendedor.

Lacan retoma essa questão de maneira mais explícita em relação ao consentimento, que seria o consentimento de um indivíduo livre que deixaria uma série de pessoas de fora desse princípio organizador em torno da defesa da liberdade liberal. Ele o faz retomando que a Psicanálise mantém um "único debate, sempre o mesmo, o qual mesmo parecendo marcar época, pode ser visto como o debate das luzes" (Lacan, 1998b, contracapa). O debate das luzes é o debate sobre a liberdade que os revolucionários liberais trazem, pois implica mais uma noção que pretende se colocar como uma imposição neutra: o indivíduo livre e proprietário segue também os ditames da razão. Somente assim pode ser livre, pois tem consciência dessa liberdade. Mas, como Lacan nos lembra, toda luz produz sombras ou deixa na sombra uma série de sujeitos. É a essa sombra que a Psicanálise se dedica ao apontar que é lá que a mulher é situada. A razão como fundamento da ação livre. No entanto, quando fala de relação sexual, Lacan (2009, p. 122) aponta para um aspecto essencial que podemos ler da seguinte maneira: se o contrato pressupõe a razão para fundamentá-lo e dar contorno simbólico à relação, a relação sexual "não é fundável como relação" por deixar clara a dissimetria que o contrato gostaria de indicar como apagável. Isso porque não se trata apenas de um indivíduo, mas de um ser que fala e que, por meio da fala, estabelece outras relações com o gozo que não é apenas a que tem pretensão à universalidade. E é essa outra relação que as estratégias de dominação consentida pretendem domesticar, seja por meio do consentimento ou, como já vimos, por meio da violência. Mas sem um discurso, essa tentativa de localização não é possível. "O discurso determina funções" (Lacan, 2009, p. 120). Por essas funções determinadas por um discurso que o racismo e o feminicídio podem fazer sua entrada a partir do momento em que o liberalismo pretende definir não somente quem é livre, mas quem pode ser considerado um indivíduo para ser considerado como livre, como bem lembra Haider (2019).

Essa sombra em que as mulheres foram colocadas é a que as considera como um assunto privado, reduzidas a esposas e, assim, aos bens do homem. Ou, como Lacan (2009) complementa, valendo-se aqui de uma expressão marxista: a mulher seria um, entre outros, como o boi e o asno na Bíblia, um meio de produção. Ou seja, a mulher, como esposa, deve consentir em ser um bem privado para enriquecimento de alguns, sempre os mesmos desde que esse debate se instaurou em termos de indivíduos livres e proprietários. É dessa sombra do consentimento ao contrato que se trata. Pode-se romper um contrato que não se fez? As justificativas para a escravidão expostas por Pateman (2019) e Mills (2014) demonstram bem o cinismo dessa posição. Mas essa sombra, como diz Lacan, é articulada com a verdade que coloca a posição universalista em questão, pois a sombra não deixa de causar efeitos. E, por esses efeitos, para Lacan, é que devemos não nos restringir a pensar em termos de indivíduo – que, no liberalismo, não podemos esquecer, vai junto com a noção de propriedade privada –, mas remeter à noção de sujeito do inconsciente que seria importante para as revoltas, o que fica evidente na relação que os neoliberais têm com a psiquiatria biologizante a partir da década de 1970: um efeito colateral que pretende excluir a Psicanálise dos debates. O discurso que gosta de se valer da biologia para justificar ações no campo do laço social é também um discurso de dominação para evitar que outros sujeitos tragam novas luzes. E o fracasso dessa evitação é o que chamamos de sintoma. Colonizar os sintomas a partir de uma nova estratégia de consentimento à noção de indivíduo autônomo e responsável por seu fracasso.

Muitos diagnósticos colocam o sujeito numa categoria amorfa chamada transtorno. O transtorno se torna identidade do sujeito, que não se torna essa nova face do indivíduo livre, que é o sujeito empreendedor. Por conseguinte, a noção de sujeito aponta para as possibilidades de nomeação que não sejam anônimas, porque ela aponta para esse outro modo de gozo e possibilita que ela esteja nas sendas do laço social. De acordo com Lacan (2009, p. 137): "É próprio do nome ser nome próprio; mesmo para o que tenha caído entre outros no uso de nome comum, não é perda de tempo encontrar-lhe um emprego próprio". Ora, o que Lacan afirma aqui é que esse nome próprio que pode cair no uso do nome comum é algo que não torna esse gozo anônimo, mas que consegue circular no laço social sem a exigência que o indivíduo livre e proprietário exige ao impor a segregação de outros. Logo, reportar-se ao sujeito como nomeação e não como transtorno significa permitir a ele não ser submetido a um sistema de dispositivos que o responsabiliza por não ceder seu gozo ao Outro. Por isso, nomear é uma apelo não necessariamente de reconhecimento como indivíduo ou empreendedor de si – que seria manter o mesmo dispositivo de segregação que vem se expandindo –, mas apelo de que esses outros modos de gozo e de ser encontrem um outro que não passe pela exigência de um consentimento forçado do Contrato Social. E que não seja pelo caminho da histeria e de seu discurso, que é a tentativa de fazer do lado mulher um equivalente sobre todohomem, ou seja, tenta fazer existir a relação sexual, nem que seja por meio da reivindicação do reconhecimento. Ela, a histeria, denuncia essa prioridade do todohomem como universal, mas responde em uma lógica semelhante de mestria: de um lado, denuncia o caráter de semblante do mestre, mas por outro lado demanda uma mestria que a inclua.

Mas para chegarmos a pensar nessa questão do sujeito no neoliberalismo, é preciso pensar em como muda a estratégia para exigir o consentimento e a dominação que implicam tanto indivíduos livres quanto a propriedade privada a partir da década de 1970. Ela muda para uma estratégia de positivação da dominação que entendemos como novas maneiras de subjetivação e que acentuam as contradições das injunções do consentimento do liberalismo por uma mudança na maneira de organização do discurso como laço social. E isso passa por duas operações importantes: a financeirização da economia – mudando o regime do que vem a ser a propriedade privada – e a digitalização – mudando o regime do que o sujeito cede para o consentimento. A liberdade liberal requer sempre donos e isso não será diferente no neoliberalismo.

4

HÁ POSSIBILIDADE DE DIZER NÃO AO CONSENTIMENTO? OU DE COMO O NEOLIBERALISMO EXPANDE DISPOSITIVOS DE DOMINAÇÃO

Cheguei à UFSJ com um objetivo simples: ser professor de Epistemologia e de Psicanálise em uma universidade pública federal, uma demanda simples de alguém que não conhecia muito bem a institucionalidade, muito menos as questões que envolvem a sustentação de uma universidade pública. Meu objetivo era manter-me alheio a toda disputa política – a qual, talvez, acreditava que deveria se restringir à luta de manter firme a causa psicanalítica. No entanto, se essa demanda era simples, rapidamente descobri que para sustentá-la deveria ser a partir de um desejo decidido que aponta para uma insatisfação com o status quo, principalmente a guerra intestina dentro das universidades pelos parcos recursos devido aos cortes promovidos pela agenda neoliberal dos anos 1990. Dentro dessa lógica, os departamentos e os professores acabavam vivendo – e hoje estão revivendo – uma briga fratricida tanto por recursos – que deveriam ir para departamentos que tinham programas de pós-graduação stricto sensu, em detrimento dos demais – quanto entre professores – os que tinham doutorado (não era meu caso) defendiam regalias de horários e números de disciplinas; os que publicavam defendiam a aplicação da regra da famigerada GED[36], que reduzia salários de quem não duplicava; uma briga por ocupação de comissões de

---

[36] "Como o nome indica, a GED estimularia os docentes, faria com que se voltassem às atividades de sala de aula, de ensino, já que estas seriam mais valorizadas. Os valores da gratificação variavam de acordo com a titulação acadêmica e com a situação funcional do docente em atividade ou aposentado. O professor aposentado não recebia a GED em sua totalidade, mas apenas 60% de seu valor. O mesmo acontecia com os professores que, por licença maternidade, médica, para capacitação ou férias prêmio, não estavam realizando atividades de ensino, portanto, não lhes poderiam ser computados a carga horária em sala de aula [...] Em síntese, com a implantação da GED, uma série de critérios com o objetivo de aferir a produtividade do professor foi introduzida nas universidades públicas e permaneceram vigentes mesmo após a sua transformação em gratificação fixa em 2004. Outros mecanismos de avaliação foram introduzidos nas IFES e passaram a determinar o perfil do que é ser um docente produtivo, dando origem, dessa forma, a um novo ethos acadêmico. Nesse contexto, cabe destacar o surgimento de um processo crescente de alienação (ou perda de autonomia) do trabalho docente e de transformações essenciais em sua forma. A intensificação, a desqualificação e a desprofissionalização resultam

seleção de projetos de pesquisa para selecionar os números reduzidos, com frequentes acusações de injustiças (e aqui pouco importa se justa ou não, só a possibilidade já coloca em cena a falta de recursos) entre os docentes. O neoliberalismo não foi apenas uma política econômica, mas foi uma política bem sucedida, que levou a lógica concorrencial para dentro das universidades sem nem ao menos percebermos, gerando uma insatisfação generalizada que, quase sempre, não era endereçada aos lugares adequados.

Rapidamente, descobri que não conseguiria dar as aulas de Epistemologia e de Psicanálise com facilidade – havia donos de disciplinas em uma universidade pública –, o que me arrastou para uma defesa da Psicanálise e do serviço público para fora da sala de aula. A cada defesa da universidade pública ou da existência da Psicanálise dentro da universidade eu me afastava da sala de aula. Como resultado, em 18 anos acabei participando da criação de um Laboratório de Pesquisa – o Núcleo de Pesquisa e Extensão em Psicanálise, o querido NUPEP/UFSJ –; de um Programa de Atendimento a Crianças Autistas – o Pintando o Setting: Clínica do Autismo –; e do Programa de Pós-Graduação em Psicologia da UFSJ. Esses projetos, se por um lado são coletivos, por outro lado, surgiram dentro da lógica concorrencial do Departamento de Psicologia, em que foram discutidas as linhas de pesquisa e que áreas e docentes poderiam participar. Em decorrência desse embate e para manter esses espaços, acabei entrando na lógica da produtividade acadêmica, o que me rendeu academicamente nove anos de bolsa de produtividade (o que foi bom financeiramente). Mas não podemos nos enganar pensando que, a despeito dos resultados para a comunidade acadêmica e sanjoanense, ela foi resultado da lógica concorrencial. Livrar-me dela e deixá-la um pouco de lado (a lógica concorrencial) demorou um pouco.

Mas, para além do trabalho acadêmico, essa insatisfação levou-me também a ocupar lugares políticos dentro da universidade – participação em colegiados de curso de graduação e pós-graduação; vice-coordenação de curso de graduação; chefia do Serviço de Psicologia Aplicada; pró-reitoria adjunta de pós-graduação; assessoria especial da reitoria. Ocupar esses lugares acabou também por me afastar, em parte, do que era uma demanda inicial. Ademais, a insatisfação levou-me ao movimento sindical, em que fui membro da diretoria por dois mandatos (2005-2007; 2007-2009), movimentação que, de certo modo, assustou em parte o status quo da universidade. Também fui membro da Comissão de Assessoramento da FAPEMIG, a qual

---

das injunções legais, que ditam os procedimentos que têm como finalidades exclusivas o controle do trabalho docente (VIEIRA; OLIVEIRA, 2007)" (Santos, 2010, p. 1-4).

cheguei a presidir por um ano (2019). Esse caminho que coloca uma dupla vida para alguém que é professor, hoje é visto por mim como realmente uma insatisfação com um determinado *modus operandi* que sustenta um laço social e cujos consentimentos nem sempre são assumidos inteiramente.

Ao refletir sobre essas experiências e na ideia de liberdade, vemos que, se por um lado podemos ter uma ideia clara do que queremos, por outro somos levados por outros caminhos, o que prova que a ideia de um indivíduo que seria livre e plenamente consciente de suas escolhas, tal como o liberalismo defende, não é tão livre assim e, na maior parte das vezes, vê-se arrastado por outros caminhos cujo movimento é preciso entender. O importante entre a demanda e o desejo é que há um campo para a insatisfação, o que aponta, como vínhamos demonstrando até então, que não é simples dizer que o consentimento é a marca da liberdade: afinal, todos os atos pelos quais fui levado a assumir cargos foram consentidos, apesar de implicarem uma insatisfação com o desejo supostamente originário. Essa distância entre um e outro pode nos permitir avaliar que é possível haver momentos em que o consentimento forçado torna-se insuportável e formas de ação que não estão de acordo com os princípios da modernidade liberal – liberdade dos indivíduos em relação à autoridade e ao direito à defesa da propriedade privada – podem encontrar com outros desejos que levam o sujeito por outros caminhos. Haver outro caminho, por outro lado, como também vínhamos apresentando, é paradoxalmente considerado impossível para o liberalismo. É o paradoxo da liberdade desde que se vá defendê-la apenas por um caminho. Creio que minha história na universidade mostra que, por mais que queiramos, a insatisfação nos leva por outros caminhos e aponta para uma outra possível relação com a liberdade que não seja articulada somente com a noção de propriedade privada, pois já vimos seus produtos quando tratamos mais especificamente da questão da liberdade do voto, das mulheres, dos não brancos e, *en passant*, da loucura.

Isso é importante para o que abordaremos a seguir: se a noção de Contrato Social implica uma segregação e exige um consentimento dos segregados, em contrapartida, a insatisfação com isso pode levar a desejar um outro tipo de laço social ou, ao menos, conseguir conter esse laço social. Thompson (1998) aponta para essa questão ao verificar a necessidade de se fazer uma história a partir dos que vêm de baixo, dos costumes em comum. Assim, o autor demonstra que no início do século XVIII outros códigos estavam em jogo e que isso muitas vezes é lido como resquícios do passado, como algo folclórico a ser abandonado. Todavia, a defesa dos costumes é uma rebeldia contra a inovação do processo capitalista e "é quase sempre experimentada pela plebe como uma exploração, a expropriação de direitos de uso costumeiros, ou a destruição violenta de padrões valorizados de trabalho e lazer" (Thompson, 1998, p. 19). Nessa perspectiva, Thompson (1998, p. 21) afirma que boa parte da história social do século XVIII trata-se de "uma série de confrontos entre uma economia de mercado inovadora e uma economia moral da plebe, baseada no costume".

Se temos a possibilidade de contestação e de revolta por parte dos costumes, demonstrando que os princípios não recobrem toda a realidade dos sujeitos, é forçoso dizer que essas possibilidades de revolta, como relembra Chamayou (2020, p. 272, grifo do original), não se restringem ao século XVIII, mas ao século XX:

> "Não se pode compreender plenamente a história política do último século meio" - escreve Kapp em 1950, prolongando assim as análises de seu amigo Polanyi -, "enquanto não se perceber que se tratou de uma vasta revolta popular [...] contra a transferência de grande parte dos custos sociais de produção para terceiros ou para a sociedade". A história moderna e contemporânea das lutas sociais *e* ambientais poderia ser relida sob essa ótica como uma *revolta de externalidades*, cujos motivos, heterogêneos somente na aparência, encontram unidade numa raiz comum: a mesma rejeição, a mesma recusa de endossar os "custos sociais" da produção privada, de pagar pelo capital.

Essas revoltas serviam de contramovimento de autoproteção daqueles que eram desumanizados pelos princípios do liberalismo, que impunham limites à sua expansão. Isso posto, é importante então considerar que esse hiato permitiu que outros modos pudessem ser desejados. E isso acontece mesmo logo após as revoluções burguesas, e não eram contrarrevoluções para estabelecer o poder monárquico amparado no poder do rei e sem um poder constitucional. A resistência em ocupar um lugar cortado aos moldes dos princípios do liberalismo que situava inicialmente mulheres e não brancos como dados de natureza, e posteriormente os trabalhadores e massa da população em geral como não dignos de governança, demonstrava que havia um espaço entre a exigência de consentimento e os corpos que eles tentavam dominar. Mas se no começo havia uma resposta como resistência, ela não necessariamente conduziu a uma revolução. Tomemos os exemplos brasileiros e vamos nos valer de Löwy (2009).

No Brasil colonial, os quilombos[37] constituíram revoltas – não revolução, visto que não buscavam alterar o regime liberal ou uma ruptura radical – de resistência à escravização por racialização. Na primeira metade do século XX, o movimento sufragista das mulheres redundou no direito ao voto em 1932. As revoltas são importantes, pois elas podem propiciar revoluções, além de serem índices claros de insatisfação com os princípios de organização social. No entanto, como nos lembra Löwy, não podemos asseverar que tivemos revoluções no Brasil e, sim, revoltas sociais, entre as quais a Balaiada – no Maranhão – e a dos Malês – na Bahia –, ambas revoltas de negros em busca de liberdade. No campo político, temos a greve geral de 1917, comandada por anarcossindicalistas, e que não chegou a introduzir esse intervalo ou ruptura com o Regime, mesmo tendo sido influenciada por ideais revolucionários. Tal greve não levou em conta as condições materiais da sociedade brasileira e não tinha em suas fileiras homens não brancos ou mulheres, o que "foi um dos limites desse primeiro movimento operário brasileiro, que terminou com uma vitória parcial das reivindicações sindicais" (Löwy, 2009, p. 530). Outras revoltas que podem ser mencionadas são aquelas que eram realizadas por segmentos sociais, mas sem mobilização da massa. O Tenentismo, por exemplo, realizado por tenentes e militares de baixa patente, gerou a famosa Coluna Prestes. Já a resistência armada ao Golpe Cívico-Militar de 1964 foi protagonizada por sindicalistas e estudantes, além de partidários de esquerda que estavam na clandestinidade desde 1946. Nenhum desses movimentos conseguiu introduzir rupturas, inclusive as greves do ABC, que resultaram em uma transição sem traumas para os militares, mas com traumas ainda não curados para o país que ressurge de maneira transformada com o presidente eleito em 2018. Fica claro que todas essas revoltas eram resistências necessárias, pois apontavam que eram uma revolta como os corpos dos trabalhadores, das mulheres, dos loucos ou de não brancos.

---

[37] Sobre os quilombos, o tema é controverso. Nascimento (2021) vai falar em paz quilombola, apontando que, se por um lado não há uma ruptura definitiva por falta de poder bélico, por outro lado, força a economia colonial a negociar para não ter que entrar em guerra; Moura (2022) aponta que a resistência ativa dos negros por meio dos quilombos foi determinante para a abolição da escravatura e para pensar outros modos de arranjos sociais, inclusive com superabundância de produção econômica, por outro, tinha limitações frente à religião; Nascimento (2019) vai defender, a partir da resistência negra dos quilombos, os princípios do quilombismo que é uma revolução total do laço social brasileiro; Gonzalez (2020) vai apontar para o fato de que tudo que é considerado propriamente brasileiro é afro e que isso é um modo de revolução silenciosa. Creio que seria importante no cenário futuro fazer uma dialética mais consistente entre revolução e revolta tendo o caso brasileiro como estudo sobre o que impede que as revoluções se completem.

Mas se temos as revoltas por um lado, por outro, acreditamos que um conceito que pode nos ajudar a tentar entender, se bem delimitado, esse desejo ou sua contenção: revolução. E é a ideia de revolução em relação ao liberalismo que o neoliberalismo, ao atualizar os princípios liberais da liberdade individual e da propriedade privada, vai tentar solapar.

Para muitos pode parecer estranho um psicanalista lacaniano optar pelo significante revolução. Muitas vezes uma passagem do Seminário 17 (Lacan, 1992) é utilizada para fazer uma contraposição entre a Psicanálise e os movimentos revolucionários, principalmente os que tiveram inspiração marxista. Lacan, nessa passagem, reporta-se à astronomia para sustentar que a revolução é um termo ambíguo, pois pode significar o retorno ao ponto de partida. Um mês após sua intervenção em Vincennes, ele afirma que a aspiração só tem uma chance, que seria culminar em um mestre (Lacan, 1992, p. 196). Essas duas passagens, geralmente tomadas em conjunto, são lidas no sentido de que Lacan estaria contra revoluções e defenderia, fundamentado na Psicanálise, uma subversão, uma vez que o discurso psicanalítico seria o avesso do discurso do mestre[38].

Ao pensar dessa maneira, concordaríamos que toda revolução seria um retorno ao discurso do mestre que é, como já mencionamos, o discurso que sustenta que os lugares e os bens e serviços têm donos. Isso implica que não somente objetos, mas o que Mills (2014) chamou de humanoides podem ter dono ou, sob outra perspectiva, que somente alguns podem ser donos dos meios de produção, o que coloca um pouco de limite para a liberdade, de um lado, e amplia as condições de dominação por poucos de outro. No entanto, as facilidades não são coisas com que nos defrontamos quando trazemos a questão da liberdade liberal e as insatisfações em relação a ela. No discurso de Lacan, essa questão não é simples também. Há equívocos desde a tradução, até mesmo de isolar aquelas citações como definições peremptórias ou considerar que o sentido de revolução é unívoco nos autores que não são psicanalistas, como se isso não tivesse impacto sobre o discurso psicanalítico.

Froemming (2018), por exemplo, chama a atenção para um equívoco de tradução de uma passagem de *Radiofonia* (2003b) em que se atribui a Lacan a sentença de que a palavra revolução teria um sentido já ultrapassado em nossa época. Ora, em francês não é disso que se trata: é a conjugação do

---

[38] Além de esse ter sido o posicionamento deste que vos escreve, também podemos citar MILLER, J-A. Lacan e a política. **Revista Opção Lacaniana**, São Paulo: Eolia, n. 40, p. 7-20, ago. 2004. Disponível em: https://ebp.org.br/sp/revolucao-e-subversao-em-psicanalise-do-isso-gira-ao-isso-cai/. Acesso em: 20 ago. 2023.

verbo *dévoluer*, que pode ter sentido de atribuição ou de devolução, o que é bem diferente de afirmar que esse sentido foi ultrapassado. Dessa maneira, é preciso remontar a que Lacan está se reportando, tanto na lição do Seminário 17 quanto em *Radiofonia*.

Em *Radiofonia*, o que salta aos olhos à primeira vista é que Lacan está mais uma vez se referindo à ideia de que revolução é a revolução das órbitas e à passagem de Freud, em que aponta que se Nicolau Copérnico foi revolucionária ao retirar o homem em relação ao centro do Universo, Darwin, por sua vez, foi revolucionário ao tirar o homem do topo das espécies. A Psicanálise, logo, seria revolucionária por retirar o homem do centro de si mesmo. Lacan faz um percurso que vai de Copérnico a Johannes Kepler, de Kepler a Isaac Newton. Apesar do meu coração de epistemólogo ficar tentado a explorar esse caminho, vou resistir para não ser uma volta muito grande. A questão que está em jogo é a noção de centro em que Lacan faz questão de corrigir Freud ao afirmar que Copérnico pensa por círculos e diz que a verdadeira revolução estaria em Kepler, ao pensar por elipse. Isso significa que não há mais um círculo perfeito, que há eixos que podem se modificar e retirar qualquer pretensão de pôr o homem, como acontecia na física aristotélica, como aquilo em torno do qual a natureza giraria. Lacan deixa isso claro em sua *Nota para minha resposta para a pergunta IV*.

Porém, outras coisas também ficam claras tanto em sua resposta quanto em sua nota ao apontar que pretende falar do uso mítico da revolução copernicana em Freud. Mas o mais importante é que, para Lacan, a passagem de Copérnico a Kepler, do imaginário do círculo perfeito à articulação elíptica em termos matemáticos, que permitiu abrir o caminho para Galileu Galilei e Newton, é a possibilidade de definir que o impossível é o real. Lacan já havia tratado disso anteriormente nessa mesma questão: a gravitação de Newton não possui um centro em torno do qual as diversas massas, em sua atração, girariam, o que seria, assim, uma subversão dessa necessidade de ter um centro inamovível. Subversão é uma palavra sempre de peso nos textos de Lacan, pois ela nos leva a seguir o que se produz de real a partir do que o discurso diz que é impossível. Em outros termos: o real é impossível em função de um discurso que delimita o campo do possível. Mas o real como impossível é justamente o acontecimento que contraria o discurso. É nesse sentido que é possível haver mudanças e é nesse sentido que Lacan diz que essa noção não encontra lugar em nenhuma crítica de Kant, pois o que as Críticas da Razão de Kant querem assegurar é um a priori infenso à dúvida. Mas se o impossível é o real, é por não apenas apontar fraturas em um discurso, mas também traçar um caminho por onde outros modos de vida já se mostram possíveis.

Ora, tendo isso como pano de fundo, fica mais claro que não se trata apenas de uma questão epistemológica, mas de por quais princípios devemos ir para que uma revolução não caia no caminho de ser uma repetição ou seja retomada por uma mestria e que possa colocar no mesmo lugar aquilo que se rejeita. Lacan, no início de sua resposta, ao discorrer sobre o sentido contemporâneo de revolução, expõe também que se trata do que vem articulando sobre o discurso do mestre que, como estamos apontando desde o início, vem se articulando como um discurso de exploração do outro em nome da liberdade liberal como a única possível. Não à toa, ele remete aí à transferência do saber do escravizado para o mestre, com o Sol como metáfora de um centro ou um mestre em torno do qual a política giraria, como em Luís XIV. E segue com a crítica ao heliocentrismo de Copérnico, que não remete ao real como impossível, mas por "representar a imagem do significante mestre que permanece inalterado na medida mesma de seu encobrimento" (Lacan, 2003b, p. 419).

Nessa toada, para Lacan, se Freud recorre a Copérnico de maneira equivocada – pois este apenas teria substituído um centro por outro e não operado um descentramento como Kepler –, é por uma razão importante: a de rebaixar a soberba de todo monocentrismo que tem a pretensão de se constituir como uma unidade. E ele reporta, mais uma vez, nessa ideia de centralidade e de unidade, à ideia de uma unidade do indivíduo que se apoia em Kant e que "tradicionalmente se engatam a ontologia e cosmologia" (Lacan, 2003b, p. 422), ou seja, à organização do indivíduo e de sua relação com o mundo social e natural após a queda da teologia como reguladora das relações sociais.

Em outras palavras, Lacan está se reportando aqui aos princípios que organizam a vida após as revoluções burguesas, com base no que podemos chamar de revolução científica[39], que retira a centralidade teológica do pensamento da soberania, ou seja, a passagem do poder sustentado no patriarcado como origem em um Deus-Rei-Pai para o patriarcado como fraternidade, conforme vimos ao analisar o livro de Pateman (2019) sobre o Contrato Sexual. É nessa mesma toada que analisa que uma estrutura de

---

[39] Sobre esse assunto, vou deixar a modéstia um pouco de lado e sugerir a leitura de meus textos, *Psicanálise e Ciência* (2006) e *Sentido da Subversão do Sujeito pela Psicanálise* (2004).

discurso, se não for revelada, pode fazer com que uma Revolução, como a Francesa, acabe retornando ao mestre antigo, como ocorreu com Napoleão Bonaparte, que se tornou Imperador alguns anos depois.

E é aqui que começamos a encontrar, em Lacan, a modalização do termo Revolução, que nem sempre se dará no sentido de um retorno ao mesmo lugar. Para colocar uma pedra nessa engrenagem, ele apela a ninguém menos do que Marx e sua análise da estrutura do discurso do capitalista. Segundo Lacan, Marx reinsere no discurso do capitalista a mais-valia como algo que a estrutura desse discurso teria deixado de fora, a saber, a mais-valia. Nesse ponto, é interessante que Lacan coloca Marx e Freud em uma mesma sintonia. A mais-valia trata-se de um processo pelo qual o dono dos meios de produção se apropria do excedente produzido pelo trabalhador para ter lucro e, assim, continuar a exploração do trabalhador. Se remontarmos mais uma vez à questão que nos guia aqui – a da liberdade e da necessidade de consentimento para a exploração – vemos porque Lacan afirma que Marx vai restituir a mais-valia em sua análise: restituí-la é a maneira de nomear como o consentimento é uma escolha forçada que exige um consentimento a uma exploração indefinida.

Como lembra minha amiga Lustoza (2009), ao analisar o conceito de mais-valia, ela implica em cessão de um tempo a mais para a geração de um valor a mais agregado ao produto final de um trabalho, um tempo de trabalho que não é necessário para a sobrevivência do indivíduo, mas que é necessário para os donos dos meios de produção obterem ganho. É essa diferença de tempo disposto que Marx chamou de mais-valia "o valor a mais cedido compulsoriamente pelo empregado ao capitalista" (Lustoza, 2009, p. 45). Essa extração de um a mais do trabalhador é a exploração do trabalhador e a condição necessária de funcionamento do capitalismo. Alienar-se é deixar de considerar essa função que move o capitalismo. E, como diz Lacan (2003b, p. 423) sobre Marx, "é a partir do inconsciente e do inconsciente e do sintoma que ele pretende prorrogar a grande Revolução: é a partir da mais-valia descoberta que ele precipita a dita consciência de classe". Vemos que aqui não se trata apenas de uma crítica à ideia de revolução, mas de um alerta sobre como não considerar o aspecto estrutural em nome de qualquer centro, identidade ou, a priori, permite o retorno do discurso do mestre e não permite que a insatisfação se prolongue em uma revolução. Não é à toa que Lacan (2003b, p. 423) aponta para o inconsciente, pois "o inconsciente, como se vê, é apenas o termo metafórico para designar o saber que só se sustenta ao se apresentar como impossível, para que a partir disso, confirme-se ser real (entenda-se, discurso real)", ou seja, um discurso que se mostra por meio de outros caminhos e que aponta que não basta a boa vontade ou a autoconsciência do indivíduo para mudar um laço social. E aponta também para o sintoma, pois o sintoma, em Psicanálise, é uma formação do inconsciente que permite que aquilo que é impedido de se manifestar abertamente em um laço social – ou, para retomarmos uma primeira definição de Freud, é o retorno daquilo que não se pode dizer diante de uma autoridade – por ser um outro desejo que não o desejo em ação.

Žižek (1991) também atenta para essa questão ao acenar para a homologia fundamental entre Freud e Marx, em que ambos não se deixaram fascinar nem pelo conteúdo do sonho ou da mercadoria. Mas, como indica Žižek (1991, p. 131) sobre o sonho – que para Freud é a via régia para o inconsciente –, a pergunta é "por que o pensamento latente do sonho assumiu dada forma, por que se transpôs para a forma do sonho?". Como sabemos e Žižek explicita, o pensamento assume tal forma devido ao trabalho do sonho – condensação e deslocamento das representações que só adquirem valor e significância por essa articulação entre elas, ou seja, sem nenhum significado em si que permitiria uma tábua de interpretação dos sonhos. É a esse trabalho que Freud remete, à produção não somente de sonhos, mas também de sintomas. Trabalho aqui refere-se a uma falta de qualidades que Lacan remete, em *Radiofonia*, à questão da gravitação e das massas que só pode ser entendida pela matematização e não pelo imaginário de um centro em torno do qual tudo gravita. Repetimos: não se trata de um mero exercício de inteligência estéril, mas de uma questão princeps: há uma estrutura que coloca em cena, por outros caminhos, que remete a outros caminhos que não apenas o do mestre e que se articula sempre em torno da ideia do liberalismo no capitalismo.

É curioso que é justamente em relação aos sonhos e ao trabalho dos sonhos como estrutura que vai além da imaginarização da liberdade que Lacan, quatro anos mais tarde, irá declarar ser possível despertar e, consequentemente, ter uma revolução que aponte para outro caminho que não seja o do retorno ao mesmo lugar. Consoante com ele:

> Na lalíngua, lalíngua de que me sirvo, sonhar não tem somente essa surpreendente propriedade de estruturar o despertar. Ela estrutura também a oniro-volução (*rêve-olution*) e a revolução, se a escutamos bem, será mais forte que o sonho (Lacan, 2018, p. 176, grifo nosso).

Retomando *Radiofonia* e o sintoma, podemos então entender por que para Lacan é pelo sintoma que se pode prorrogar a revolução. Porque o sintoma aponta para o que há de estranho no seio da normalidade, aqui entendida como os princípios liberais do indivíduo livre e da propriedade privada. E, dando sequência a esse raciocínio, Žižek (1991) aponta para a contradição sintomática da ideia de liberdade quando coloca esses dois significante atuando em conjunto na estrutura do capitalismo. Em relação a isso, creio que é importante uma longa citação, uma vez que ela torna mais claro o que pretendemos dizer.

> O processo teórico elementar de Marx, o de sua "crítica da ideologia", é em geral sintomático: consiste em detectar o "ponto de esmagamento" (Miller, 1967) que é, *heterogêneo* a um campo ideológico e, ao mesmo tempo, *necessário* para que a totalidade desse campo se complete, para que o círculo possa se fechar. Esse procedimento implica, pois, uma certa lógica de exceção: toda universalidade ideológica - por exemplo, a da liberdade, da justiça e da equidade etc. - é "falsa", comporta necessariamente um caso específico que desbarata sua unidade, que desnuda sua falibilidade. Liberdade: essa é uma noção universal que compreende muitas espécies (liberdade de fala e de consciência, de imprensa, de comércio etc.); pois bem, existe, por necessidade estrutural, uma liberdade específica que subverte o conceito universal da liberdade: a liberdade da força de trabalho, a que tem o trabalhador de vender livremente no mercado sua força de trabalho. Essa liberdade é o próprio inverso da liberdade efetiva, porque, pela venda livre de sua força de trabalho, o trabalhador *perde* sua liberdade: o conteúdo efetivo desse ato livre de venda é a escravização ao Capital. E é precisamente essa liberdade paradoxal, a própria forma da escravidão, que completa e fecha o círculo das liberdades burguesas (Žižek, 1991, p. 139-140, grifo do original).

O sintoma ao mesmo tempo permite que o círculo se feche, criando a ideia de unidade, e aponta para a falha desse mesmo procedimento. A liberdade, nesse sentido, é uma liberdade amputada da própria liberdade para se configurar como a liberdade de um indivíduo e a propriedade privada que ele defende ao mesmo tempo em que é privado dela. Vender a força de trabalho remete à ideia de que todos são livres para consentir com essa venda, porém aponta também para a alienação necessária para que não haja contestação. A aposta no sintoma é para ver se ele leva essa insatisfação a níveis mais interessantes a ponto de desnudar a falsa unidade do indivíduo e de seu consentimento. Isso explica em parte porque esse questionamento sintomático da liberdade revela que essa falência à resposta inicial é a violência: desejar que a liberdade se articule com outro significante é desvelar a nudez do discurso do mestre como uma impostura[40]. Frente a isso, só resta a violência generalizada em nome da liberdade e dos princípios democráticos, como vimos na crise de 1954, que redundou no suicídio de Getúlio Vargas (a república do Galeão), no golpe cívico-militar de 1964 e na estranha tentativa de fechamento do Regime que vivemos em 2021, que leva ao presidente defender que ninguém deva ser imunizado contra um vírus, para o qual tem ainda medicamento, em nome da liberdade individual e do próprio corpo como propriedade privada.

Seguindo ainda em *Radiofonia*, vemos então Lacan passar dessa definição de inconsciente para o que podemos, retomando os termos políticos de Freud para pensar o aparelho psíquico, chamar de dimensão do conflito entre essa estrutura e seu fechamento como uma imagem de um indivíduo livre e unitário. Ele diz que o inconsciente "faz da negação sujeito" (Lacan, 2003b, p. 424), o que é uma definição interessante, pois aponta para sua noção de sujeito estar condicionado ou não a um determinado discurso e proveniente do desejo inconsciente que ganha corpo com o sintoma. Dizer não é poder recusar o que expressa o discurso. Lembra um pouco o operário de Vinícius de Moraes, em "Operário em Construção", que meu irmão Ricardo comprou e que sempre lia na adolescência. O operário, ao descobrir que ele tudo produzia, mas não usufruía dessa construção, tornou-se outro operário. É uma descoberta solitária, que se dá como um despertar e que permite a ele notar "que sua marmita/ era o prato do patrão/ que sua cerveja preta/ era o uísque do patrão/ que seu macacão de zuarte/ era o terno do patrão/ que o casebre onde morava/ era a mansão do patrão". Diante de tal descoberta, a introdução de um intervalo na repetição do cotidiano permitiu um fato novo "que a todos admirava:/ o que o operário dizia/ outro operário escutava". Escutava sobre esse outro mundo, sobre esse despertar de um sonho que permite levar ao não: "e foi assim que o operário/ do edifício em construção/ que sempre dizia sim/ começou a dizer não".

No entanto, na sequência dessa definição, Lacan afirma que um outro saber irá empenhar-se, distinto daquele que permite dizer não ao consen-

---

[40] "O pretexto de exorcizar o fantasma vermelho da subversão, utilizado por Getúlio para justificar o golpe do Estado Novo em 1937, se voltava contra ele, oito anos depois. No Brasil, o truque era velho. Mas, de forma surpreendente, sempre funcionava" (Neto, 2013, p. 475).

timento que, em relação a nosso problema, remete aos princípios liberais, "em condicioná-lo por aquilo que ele como significante mais repugna: uma figura representável" (Lacan, 2003b, p. 424). Em outras palavras, alguém reduzido ao imaginário de ser um indivíduo livre sem atentar para as contradições que o sintoma e o inconsciente trazem.

O interessante nessa questão trazida por Lacan é que essa abertura ao sujeito se dá de uma maneira bem interessante: pela introdução da dimensão temporal que introduz uma pausa na lógica do que chamamos anteriormente de repetição do cotidiano do trabalhador. Essa pausa, esse tempo, como diz Lacan, é o que divide o sujeito, sendo assim o caminho para o real e as formações do inconsciente. Mas é justamente na introdução dessa outra temporalidade para que permita que a falha inconsciente seja real que Lacan introduz o que ele chama de ato analítico. Diz Lacan (1992, p. 168, grifo nosso) sobre o ato analítico: "É aí que a visão, a pequena luzerna, o olhar que a análise trouxe, introduz-nos no que pode ser um encaminhamento fecundo não do pensamento, mas do ato. *E é nisso que parece revolucionário*". Ao ato analítico Lacan coloca não a subversão apenas, mas a aparência de ser revolucionário. Por mais que seja um parecer, aponta para a preocupação de Lacan de fazer avançar um discurso que não caia no campo do retorno ao mesmo, que ele já apontara em *Radiofonia*. E, para ele, a chave não estará no não que o sujeito introduz, apesar de ser um ponto importante por trazer à cena a insatisfação, mas sempre com os riscos do retorno ao mestre. "A chave está na indagação sobre o que cabe ao gozo" (Lacan, 1992, p. 168).

Em suma, nem sempre revolução significará o retorno ao mesmo lugar e entregar-se às vicissitudes do discurso do mestre que, a nosso ver, é se submeter à lógica dos princípios do liberalismo, que é colocar o outro para trabalhar para ele. No entanto, como nos lembra Löwy (2009, p. 12), para Marx, em *A luta de classes na França,* o sentido de revolução "não mais uma simples mudança na forma do Estado, mas uma tentativa de subversão da ordem burguesa". Ou seja, temos aí um sentido bem específico para revolução: não adianta ocupar o espaço do Estado e manter os princípios liberais intactos, principalmente a insidiosidade de se considerar o detentor único da liberdade e esconder que, para eles, ela é articulada à propriedade privada. E sobretudo sem levar em conta o quanto esses princípios pretendem, a partir da ideia de liberdade liberal, constituir subjetividades.

Nesse sentido, prefiro a definição dada por Löwy (2009, p. 15-18) de que a revolução é

> uma ação contra uma ordem que se tornou insuportável, visando à transformação dos excluídos, dos oprimidos, das classes subalternas em protagonistas de sua própria história, sujeitos de sua própria emancipação[...] a sequência descontínua dessas interrupções revolucionárias constitui a tradição dos oprimidos [...] sendo os antepassados martirizados fonte de inspiração para as gerações futuras.

Ora, o que vemos nessa definição é que a revolução não é propriamente algo que vai no sentido do discurso do mestre. Ela toma um sentido que Freud atribuiu à própria Psicanálise quando ele passa a palavra aos loucos e segue seus ensinamentos para descobrir a lógica de recalque do desejo de outra coisa. Contudo, ela também introduz algo que a nosso ver é ainda importante: ela introduz um tempo de interrupção em um regime de dominação, um tempo de suspensão que permite interrogação desses dois significantes do liberalismo: liberdade e propriedade privada. Como Lacan nos ensina, um sujeito é uma suspensão na cadeia significante que aliena o sujeito e que permite que possa advir um desejo decidido. É esse o sentido, inclusive, da subversão do sujeito: essa interrupção retorna para ele sob a forma não de uma resposta, mas de uma interrogação sobre seu desejo, que é sempre desejo de outra coisa.

Em outros termos, a definição de Löwy é interessante porque ela coloca em cena a noção de insuportável e visa à emancipação. Como vimos, no liberalismo, a díade liberdade-propriedade privada implica não reconhecer o insuportável para alguns e muito menos torná-los sujeitos de uma emancipação. E isso é importante se relembrarmos o que vimos nas seções anteriores sobre as contradições do liberalismo: a ideia de ser livre em relação a uma autoridade tirânica e à natureza coloca a questão do autogoverno. Mas o autogoverno não é o governo em que todos poderão participar: é a redução da democracia a seu aspecto eleitoral para conter realmente a participação de quem não era proprietário. Ora, nesse sentido, podemos entender os dois movimentos que Lacan estabelece ao pensar sobre a palavra revolução se aplicado a nosso problema e ao levantarmos a questão: a revolução liberal e burguesa é uma revolução? Podemos responder que sim e que não. Sim, pois estabeleceu uma mudança de regime que colocou o problema do que é uma vida em comum em cena e alterou as relações de poder no mundo. Não, pois retornou ao mesmo lugar, apontando para o estabelecimento de um lugar de mestria e da exploração de todos os outros colocados no lugar de escravizados, cujo saber é expropriado. Mas revolução a seguimos no sentido de Löwy.

Dessa forma, há uma questão importante a ser tratada pela Psicanálise: a necessidade de consentimento é a necessidade de que o outro explorado e o explorador tenham que estar de acordo não somente com os princípios, mas que seu corpo e desejo também ocupem esse lugar, pois o mesmo ato que institui o escravizado, institui o mestre. E é aí que os problemas começam: o corpo da mulher é um excesso por ser considerado um dado de natureza, porém a necessidade de consentimento não consegue lidar com esse excesso; o corpo não branco é um dado de natureza, mas também é semelhante demais ao nosso e precisa consentir com uma diferença mínima que o consentimento não consegue fazer para aceitar sua posição de subalternidade; o corpo do trabalhador é considerado uma engrenagem no mercado de trabalho, mas é preciso que ele consinta e consentir é não ser um elemento entre outros e o cansaço e as benesses que nunca chegam; os loucos variam entre ser e não ser dados de natureza, mas o conceito de alienação mental é remeter a uma razão escondida, a qual se deve resgatar para obter seu consentimento. É o espaço entre esse corpo e a exigência de consentimento que achamos que podemos pensar o outro sentido de revolução: ele aponta para esses corpos como sintomas ou verdades dos princípios liberais. Por isso, a nosso ver, revolução é no sentido de que os excluídos do lugar de indivíduos livres possam tomar a voz não apenas para si, mas também para uma análise do discurso que promove a segregação. Por isso, podemos concordar que a Psicanálise é uma verdadeira revolução: ela não aponta para um indivíduo livre e proprietário, ela aponta para o mal-estar que esses princípios proporcionam e para as diversas respostas que não passam por esse caminho e buscam outras saídas por meio da materialidade do inconsciente e de suas respostas: recalque, desmentido, foraclusão.

5

BOEMIA E LOUCURA: LIMITES DENTRO DA PRÓPRIA EUROPA AO CONSENTIMENTO

Escrever sobre liberdade, contrato e consentimento me faz recordar sobre como os discursos pretendem, de certo modo, exigir um consentimento para um corpo que deseja outra coisa. No caso, o meu mesmo. Estudar nem sempre foi um prazer. Minha irmã mais nova sempre herdava meus livros de exercícios, porque eu nunca quis resolvê-los. Numa época de grande crise econômica tributária da má política dos governos militares, era até uma economia doméstica. Nessa época, morávamos no melhor lugar do mundo – o Cachambi – ao lado de um bar que reunia a fina flor da botecagem, onde muitos bebiam, sorriam, brigavam e assim a casa era preenchida pelos sons que vinham da rua. Ao lado esquerdo ao bar, ficava uma calçada onde jogávamos bola. Ao lado direito de minha casa, outra calçada onde se jogava bola – basicamente a única diversão possível em uma rua ultramovimentada, além do jogo de pique, pipa e bicicleta. Dentro desse cenário, eu não estudava. Mas também não ia para a rua. Na tentativa desesperada de me fazer estudar, minha mãe colocava-me sentado em uma mesa, ao lado do tanque de roupas[41]. Enquanto ela lavava roupa, ficava de olho em mim, que só poderia sair após o dever de casa – ou lição, a depender do local em que o leitor foi alfabetizado – estivesse concluído. Quando ela percebia, eu estava brincando com as canetas, com os lápis, com a borracha ou desenhando no livro. O desejo de educar um corpo fracassava veementemente, a recusa em fazer os exercícios era a maneira de dizer sem palavras que eu poderia aprender, mas não seria por esse caminho – o que me rendeu muita chateação pelos anos escolares, até que, após uma reprovação, resolvi apenas prestar atenção às aulas para passar de ano e, assim, poder ter minha vida tranquila na rua. Descobrir que o que queriam – a escola como agente do laço social contemporâneo – eram as notas e não o estudo ou o aprendizado facilitou minha vida, mas com efeitos melhores – eu realmente passei a estudar por

---

[41] Sem contar que, por via das dúvidas, ela me matriculou na escolinha de futebol do Vasco para ver se eu me dava bem no jogo. Deu tudo errado lá também. Anos depois, eu já professor, ela me disse: de todos os meus filhos, o único que não apostaria que se tornaria professor era você. Pois é. Aqui estou.

essa via e, principalmente, aprendi que a escuta é uma arma potente para poder se posicionar. Fiz, sem o saber, o que o Luiz Antonio Simas chama de uma adequação transgressora. Um bom caminho torto para poder chegar à Psicanálise anos depois.

Essas lembranças são para mostrar que a construção de estratégias para que o sujeito dê seu consentimento podem fracassar de diversas maneiras. É curiosa a maneira como a escola é um agente importante para tentar buscar o consentimento: por meio de deveres ou lições. Um dever é a imposição de uma responsabilidade que muitas vezes impõe o assentimento aos estudantes; lição tem a conotação de uma pena a ser paga. Tanto um quanto outro revelam na atividade de ensino a necessidade da dupla injunção na constituição de uma subjetividade entre o dever e o consentimento como algo da individualidade liberal. Contudo, a insatisfação com a escola, a desatenção, escutar os sons da rua não é ser contra a escola. É, antes, apontar que não somente a escola precisa mudar, mas também que seu objetivo final, de certo modo, é detectado pela injunção que traz culpa aos sujeitos. Lembrar essas questões não é para colocar-me no lugar de vítima, mas para apontar como as questões atravessam uma história que se sustenta nos princípios liberais e de seus limites.

Essas lembranças das ruas e de seu povo remetem-me ao que Traverso (2018), em seu livro *Melancolia de Esquerda*, traz como polêmica[42] entre expoentes da esquerda a respeito da posição do boêmio e de seu ethos. Escolhemos começar por meio do boêmios por uma razão: é mais uma maneira de pensar que os princípios liberais eram questionados por corpos desejantes dentro da própria Europa, não apenas pelas mulheres e pelos trabalhadores, mas também por outros que encontram no vadear com o corpo maneiras de recusa aos consentimentos aos princípios liberais do indivíduo livre e da propriedade privada. Nem mesmo entre os brancos da Europa o consentimento é um consenso, como mostram o povo da rua e os loucos. Mas aqui nos interessa mais de perto a definição desse ethos do que propriamente a questão controversa dos boêmios:

---

[42] Traverso, em seu livro, traz uma análise interessante de autores como Marx, Leon Trotsky e Walter Benjamin sobre os boêmios: todos os três recusavam, de um lado, a figura do boêmio, cuja revolta poderia ir tanto na direção das classes trabalhadoras e da implantação do comunismo quanto na direção do fascismo por não ter um panorama sobre o que fazer após a derrocada do status quo burguês liberal. No entanto, de certo modo, todos os três adotaram, mesmo que de maneira não opcional, e sim forçados pelas circunstância políticas, o "estilo boêmio" (Traverso, 2018, p. 311) no sentido de serem expatriados, falidos, nômades sem endereço certo e em revolta com a desigualdade crescente trazida pelo capitalismo.

> Todos os traços fundamentais do ethos capitalista descritos por Marx Weber - disciplina de trabalho, ascetismo em relação às coisas mundanas, virtude e comportamento moderado, racionalidade produtiva, busca incessante pelo lucro - são o oposto do boêmio. Este despreza o dinheiro, possui morais antiprodutivas e antiutilitárias, existência precária e gosto por aventura, manifesta tendência ao excesso e desprezo pela respeitabilidade pundorosa da burguesia (Traverso, 2018, p. 260).

Como se fosse o avesso da burguesia, "polos positivos e negativos de um mesmo campo magnético" (Traverso, 2018, p. 255), a boemia só faz sentido de existência em relação à burguesia que surge do pensamento liberal. É preciso, todavia, especificar mais o boêmio. Ele é distinto do Dândi: este desdenha da burguesia, mas por manter uma ostentação imaginária de nobreza que não precisa trabalhar e repudia o trabalho, exibindo um "escárnio esnobe e perfeitamente aristocrático pelas massas e pelos locais das massas" (Traverso, 2018, p. 250). É um repúdio a todos, tanto ao burguês quanto ao boêmio, numa saudade de um mundo (o das dinastias monárquicas) que não volta mais. As massas, os cafés, os prostíbulos, a cidade são o lugar do boêmio, ou seja, a boemia consistia de todas as minorias excluídas da ordem burguesa, uma classe de:

> [...] párias sociais, seja de artistas, seja de conspiradores políticos. Defensores dos excessos, das liberdades sexuais e das drogas, era composta por exilados políticos, mulheres rebeldes, mestiços, artistas fracassados e incompreendidos, pessoas capazes de cometer crimes e que desprezam os valores da nação e da família (Traverso, 2018, p. 263).

Não à toa os boêmios parisienses participaram da Revolta Francesa de 1848: contra a ordem burguesa, podendo recorrer inclusive ao terrorismo em sua revolta contra o poder estabelecido. Claro fica, por outro lado, que as revoltas são a ocasião de os boêmios saírem das periferias e ocuparem, também, o centro da cena. Mas como as revoltas dos boêmios não são acompanhadas de um projeto de ocupação de poder, sua instabilidade econômica pode fazer com que também participem de revoltas reacionárias, o que explica suas participações nas revoltas fascistas na sequência da Primeira Guerra Mundial[43]. Por mais que os boêmios tivessem valores avessos à ordem burguesa, suas explosões violentas e suas participações

---

[43] Adolf Hitler, antes da Primeira Guerra, também era um frequentador da zona boêmia de Viena.

nas revoltas, de acordo com Walter Benjamin, eram revoltas sem desafiar a ordem e suas bases. Mas o interessante do povo da rua é a demonstração de que não é uma ordem de ferro a afirmação de que a única liberdade é a que se faz acompanhada da propriedade privada. E evidencia, por outro lado, a força do capitalismo liberal ao impor, pela força, o consentimento a agir do lado daqueles que exploram justamente por não cederem em relação a outra vida em comum. Mas mostram como é possível outro mundo e outro desejo. Esta tensão comprova que há espaço para revoluções.

A posição do boêmio, hoje e antes, é próxima à do louco. Claro que não afirmaremos que o louco tem "um gosto pela aventura" – afinal, como nos lembra Lacan (1998a), não fica louco quem quer. Todavia, nos é forçoso lembrar que os atos inaugurais da Psiquiatria entre o fim do século XVIII e início do século XIX – ou seja, na sequência das revoluções burguesas – referem-se à tentativa de inserção no domínio da Medicina especificamente e, mais geralmente, nos domínios da ciência, para distinguir com clareza aqueles que poderiam ser considerados loucos daqueles que foram confinados no Grande Internamento – vagabundos, prostitutas, fracassados, filhas desobedientes e até alguns loucos[44]. Com o ato psiquiátrico do final do século XVIII, todos os miseráveis que compunham a boemia deixaram o Hospital Geral, menos o louco, que ganhou o status de um objeto médico e um local específico para acentuar sua redução ao silêncio. Sabe-se hoje, apesar de formalmente, de muitos vagabundos e prostitutas que tenham deixado os muros do Asilo, como passa a ser chamado o local específico para loucos. Na prática muitos continuaram a ser internados, mas agora, com o diagnóstico de loucura, e não o reconhecimento de sua condição de miserável, revoltoso ou boêmio. É o que demonstra bem o livro de Daniela Arbex sobre o grande internamento no Hospital Psiquiátrico de Barbacena e que tem o sugestivo nome de *Holocausto Brasileiro*: uma tentativa de extermínio da loucura e de todos que não seguissem uma certa moralidade que propiciava principalmente a ideia de que filhas podiam ser consideradas propriedades privadas de seus pais e não poderiam engravidar antes do casamento. Esse é um dos exemplos mais claros de que a sexualidade feminina e o desejo eram considerados uma loucura e a loucura um perigo.

---

[44] "Durante um século e meio, em toda a Europa, o internamento realiza sua função monótona: as faltas são diminuídas, os sofrimentos aliviados. De 1650 à época de Tuke, Wagnitz e Pinel, os Frades Saint-Jean de Deus, os Congregados de Saint-Lazare e os guardiões de Bethlem, de Bicêtre e das Zuchthdusern declinam ao longo de seus registros as litanias do internamento: 'debochado', 'imbecil', 'pródigo', 'enfermo', 'espírito arruinado', 'libertino', 'filho ingrato', 'pai dissipador', 'prostituta', 'insano'. Entre todos, nenhum indício de alguma diferença: apenas a mesma desonra abstrata. O espanto pelo fato de doentes terem sido fechados, por ter-se confundido loucos com criminosos, surgirá mais tarde. Por ora, estamos diante de um fato uniforme" (Foucault, 1978, p. 94).

Em outras palavras, de todos aqueles que ofendiam – e ainda ofendem – a ordem burguesa[45] sustentada pelo discurso liberal, os loucos ficaram com o hospital psiquiátrico e os boêmios com a possibilidade de circulação, mas agora correndo o risco de cair nas mãos do sistema polícia-justiça por vadiagem. Não que a Psiquiatria não tenha tentado entrar nesta seara também, patologizando a vadiagem, a revolta da boemia e as mulheres. Como lembra Murat (2012, p. 24, grifo do original):

> Desconstruir o *logos* científico e moral praticado é pesar, primeiro, seus termos precisos e sua estrutura, à luz de um *corpus* teórico cada vez mais denso à medida que a psiquiatria se constitui como disciplina independente. É examinar também seus desvios e suas manipulações, como no caso da feminista Théroigne de Méricourt, tratada por um célebre médico católico e liberal pressionado a justificar *a posteriori* sua melancolia muito real *por* seu engajamento revolucionário. É ainda assinalar seus excessos e seus prolongamentos - como a nova denominação genérica da loucura elaborada com a maior seriedade após os acontecimentos de 1848 e denominada *morbus democraticus* ou doença democrática, cujo conceito será depois explorado por Charles Maurras na Action Française.

Antes de continuar, é preciso evidenciar o que estamos chamando de loucura. Seguindo o sentido de Freud, a loucura pode trazer sofrimento, mas não é uma doença ou um transtorno do qual deveríamos nos livrar. Freud, em seus primeiros textos sobre a Psicanálise, inclusive, demonstra a hipótese do pensamento inconsciente sem apelar para os sintomas como

---

[45] "O fato de os loucos terem sido envolvidos na grande proscrição da ociosidade não é indiferente. Desde o começo eles terão seu lugar ao lado dos pobres, bons ou maus, e dos ociosos, voluntários ou não. Como estes, serão submetidos às regras do trabalho obrigatório; e mais de uma vez aconteceu de retirarem eles sua singular figura dessa coação uniforme. Nos ateliês em que eram confundidos com os outros, distinguiram-se por si sós através de sua incapacidade para o trabalho e incapacidade de seguir os ritmos da vida coletiva. A necessidade de conferir aos alienados um regime especial, descoberta no século XVIII, e a grande crise da internação que precede de pouco à Revolução estão ligadas à experiência da loucura que se pôde ter com a obrigação geral do trabalho103. Não se esperou o século XVII para 'fechar' os loucos, mas foi nessa época que se começou a 'interná-los', misturando-os a toda uma população com a qual se lhes reconhecia algum parentesco. Até a Renascença, a sensibilidade à loucura estava ligada à presença de transcendências imaginárias. A partir da era clássica e pela primeira vez, a loucura é percebida através de uma condenação ética da ociosidade e numa imanência social garantida pela comunidade de trabalho. Esta comunidade adquire um poder ético de divisão que lhe permite rejeitar, como num outro mundo, todas as formas da inutilidade social. É nesse outro mundo, delimitado pelos poderes sagrados do labor, que a loucura vai adquirir esse estatuto que lhe reconhecemos. Se existe na loucura clássica alguma coisa que fala de outro lugar e de outra coisa, não é porque o louco vem de um outro céu, o do insano, ostentando seus signos. É porque ele atravessa por conta própria as fronteiras da ordem burguesa, alienando-se fora dos limites sacros de sua ética" (Foucault, 1978, p. 83-84).

formação do inconsciente, mas aos sonhos, aos atos falhos e aos chistes, ou seja, aquilo que é mais comum a todos como uma determinação pelo desejo que não passa pelos princípios que identificam o indivíduo livre como alguém idêntico a si. Desse modo, a loucura é algo que podemos considerar como uma maneira específica que mostra que a ideia de normalidade ou de sanidade precisa ser melhor referenciada. Por isso, tomamos de empréstimo do psicanalista espanhol Álvarez (2018), que define loucura como sendo multidimensional. Além disso, o autor coloca a questão do consentimento entre aspas e nos permite um diálogo com o louco que passa por outro caminho que não o do liberalismo:

> Como se trata de adotar uma posição ideológica, aqui se falará de loucura e de louco. Esta escolha se assenta em seis motivos principais. O primeiro enfatiza a irmandade entre o louco e o são no seio da condição humana, um amplo espaço comum no qual se reúnem apesar de suas evidentes diferenças. O segundo destaca que na loucura sempre há um grão de razão e lucidez, quer dizer, não há razão sem loucura, nem loucura sem razão O terceiro ressalta que a loucura é sempre parcial. O quarto sublinha a posição ativa do louco frente à passiva do doente, uma posição ativa que se baseia na capacidade de decidir sobre sua loucura. O quinto põe em relevo que a loucura convida ao diálogo e evita a compaixão. O sexto, talvez o mais importante, defende que a loucura é, antes de tudo, uma defesa necessária para sobreviver (Álvarez, 2018, p. 29).

Mas o ponto de maior convergência entre o louco e o boêmio não é o fato de eles poderem ser silenciados, mas de ambos apontarem para os limites do discurso do liberal e capitalista. Apontam para a verdade de um discurso ensandecido que tem a capacidade de calar a todos, seja fazendo com que sujeito ceda em excesso a esse discurso, seja fazendo com que ele recuse em excesso. O discurso como laço social estrutura o poder, o qual tem características de organização subjetiva. Comecemos a demonstração por Satner (1997).

Em seu livro sobre a Alemanha de Schreber, Satner (1997, p. 10) defende a tese de que:

> [...] as crises sucessivas que precipitaram o colapso de Schreber, as quais ele tentou controlar no ambiente delirante do que chamo de sua "Alemanha particular" foram basicamente as mesmas crises da modernidade para as quais os nazistas viriam a elaborar sua própria série de soluções radicais e ostensivamente "finais".

Essa tese de Satner tem a felicidade de trazer algumas direções para pensarmos as questões que se impõem a qualquer psicanalista ou mesmo a qualquer cidadão hoje: como caracterizar a crise que estamos vivenciando? Lembremo-nos de que a noção de crise é capital para o capitalismo. As direções são:

1. há homologia estrutural entre crise individual e crise social;
2. há uma dialética entre razão, loucura e social;
3. não estamos tratando de doenças, e sim de modos de mal-viver, como diria Milner (2005).

É por esse sentido de homologia estrutural entre indivíduo e sociedade, assim como da dialética entre razão, loucura e sociedade, que apontam para os modos de mal-viver, que podemos entender também a discussão trazida pela historiadora Murat (2012), ao analisar a importância da *História da Loucura* de Foucault. Em sua obra, "O homem que se achava Napoleão", ela indica que Pinel colocava no topo das causas da alienação e de sua manifestação sintomática os eventos da Revolução Francesa "que teriam provocado uma verdadeira epidemia de loucura" (Murat, 2012, p. 22). Mas se há um reconhecimento entre os eventos históricos e políticos e a loucura, há por outro lado uma prática de silenciamento da loucura ao tentar, via Psiquiatria, traduzir o que o louco não pode dizer ou diz por outros caminhos sintomáticos em termos eminentemente médicos. Será Freud quem fará o ato fundamental de calar-se diante dos sujeitos e passar a fala para eles. Conforme Murat (2012), Foucault faz um gesto similar ao, em vez de traçar a história da loucura, elaborar a arqueologia do silêncio, que pretende fazer do louco não alguém que faz parte da comunidade e cujo pensar aponta, como diz Álvarez (2018) e Colina (2001), os limites da razão e do social. Assim como nas revoltas, os que ficam às margens da sociedade podem assumir o centro, e a loucura também pode ser considerada uma margem que pode ser colocada, por outras análises, no centro do debate contemporâneo:

> Erigida [por Foucault] como observatório privilegiado do nascimento do indivíduo moderno, a loucura adquire daí em diante valor de paradigma, revelando a ambição de governos e o grande propósito do poder. A margem foi reconduzida ao centro de um debate, e esse debate, evidentemente, não é senão político, isto é, relativo aos assuntos do Estado e à organização da sociedade. Diga-me o que faz de seus loucos e lhe direi quem você é (Murat, 2012, p. 36).

Não podemos esquecer que Philippe Pinel, ao fundar a Psiquiatria, substituiu a designação de loucura pela de alienação mental, a qual não é sem razão de ser: um alienado é alguém que não teria alcançado ou teria perdido a liberdade individual. Não a teria perdido para um senhor tirânico como no feudalismo ou para a natureza, mas para as paixões. No entanto, e esse é um ponto importante na constituição da Psiquiatria nascente, o alienado teria ainda conservado parte de sua sanidade e por isso seria possível um tratamento que recuperasse esse indivíduo e, assim, a liberdade individual em relação às paixões. E, para isso, é preciso que o alienado consinta com o tratamento e consinta que sua loucura é um erro moral. Não é à toa que o tratamento proposto por Pinel é um tratamento moral, ou seja, dentro de uma orientação que envolve não somente uma correção pessoal, mas também uma correção com a sociedade que surge na sequência das revoluções burguesas que sempre exigem o consentimento aos princípios liberais da individualidade livre e autoconsciente de si e a defesa da propriedade privada. O alienado é aquele que não se submete inteiramente a esses princípios também.

Dessa maneira, a análise do campo de formação discursiva do eu não pode ser considerada de maneira separada do campo de formação do social; um não vai sem o outro. Se considerarmos as políticas que temos hoje e que perpassam por desmontes de direitos sociais, tais como o fim da Consolidação das Leis do Trabalho, o fim da Reforma Psiquiátrica, de empuxo à meritocracia, da "pejotização" das relações de trabalho, do fim da aposentadoria, vemos por outro lado maneiras de respostas situadas no campo da loucura como sendo ou a exacerbação desse projeto – transtorno do déficit de atenção com hiperatividade (TDAH) ou adolescentes em comportamentos de riscos – ou a deflação – autismo e depressão. Como pensar a estrutura de respostas mediante a crise que se apresenta? Sem ponderar a estrutura da crise, a loucura passa a ser patologizada; sem pensar a loucura, a crise passa ser considerada passageira e momento de transição para um bem-estar que não está no plano do capitalismo. Pensar um sem outro é escamotear as possibilidades de saída desse vínculo nefasto e nossa proposição deve ser: como enlouquecer sem ser encarcerado e promover rupturas em relação ao laço que pretende medicalizar o louco? E, como veremos mais à frente, há uma tentativa de reduzir essa dimensão da boemia e da loucura no mundo neoliberal, mudando a lógica de consentimento por meio do discurso do capitalista.

5.1 DA MEMÓRIA À HISTÓRIA

Trazer uma lembrança é também por que a revolução implica a dimensão temporal. Como vimos no final do capítulo anterior, a revolta implica um antes e um depois. As revoluções, definidas dessa maneira, implicam ruptura e apontam para outros desejos. Mesmo quando a revolução é um momento, um intervalo contra a exigência de consentimento com a exploração e posteriormente vencida pelas armas, sua história ainda anima os insatisfeitos. É a esse movimento já apontado por Löwy (2009) da revolução como um intervalo que introduz uma outra temporalidade e uma outra lógica de funcionamento social em ação que Traverso (2018) explorou em seu livro *Melancolia de Esquerda: Marxismo, História e Memória*. Seria um intervalo em que aqueles que não são escutados se fazem escutar, sejam eles não brancos, mulheres, trabalhadores ou loucos. A tese principal de seu livro é que um desejo revolucionário não pode fugir ao fardo do passado. Isso significa que não foge à autocrítica da história. E aqui é importante trazer algo fundamental para nós: a diferença entre memória e história. A tese de Traverso (2018) é que há, na atualidade, uma desarticulação entre memória e história e que isso é um problema para que a revolução seja novamente utópica, isto é, que seja a afirmação da realização de um impossível: um outro mundo sustentado em outro desejo que não se apresente articulado pelos princípios liberais. Se nesse momento posso relembrar de diversos momentos, não é por mera mnemotecnia, mas por querer um outro mundo diverso do de hoje. Acredito que a Psicanálise pode ajudar nesse despertar para outro mundo ou para um desejo revolucionário tal como analisamos no capítulo anterior.

Não fugir à autocrítica, a nosso ver, é voltar a encontrar um caminho que abra perspectivas naquilo que estamos debatendo desde o início deste livro: a de que a única possibilidade de pensar a liberdade é a liberdade liberal. A autocrítica seria feita no presente para retomar o passado, não para repeti-lo, mas para alçá-lo a outro ponto em que se possa apresentar uma perspectiva de futuro. Passado, presente e futuro são o que tece a possibilidade de história escrita para além de uma mera memória. Isso porque, quando ficamos restritos a um aspecto memorialístico, perdemos a oportunidade de pensar algo distinto do que encontramos no presente. Uma possibilidade, para seguir nosso vocabulário, de uma revolução.

Algo que, de acordo com Traverso (2018), perdeu-se após a queda do Muro de Berlim em 1989, uma queda em que houve, segundo ele, uma inflação do tema da liberdade, mas em contraposição à ideia de igualdade de condições de uma vida em comum. Nesse sentido, ainda de acordo com ele, as revoltas que aconteceram pós-1989 nos países da Europa Oriental e na dissolução da União Soviética não geravam novas utopias que guiassem as ações por meio de novas ideias. Ao contrário,

> [...] em vez de projetarem no futuro, essas revoluções criaram sociedades obcecadas pelo passado. Por toda Europa Central museus e instituições públicas foram erigidos para resgatar o passado nacional sequestrado pelo comunismo soviético (Traverso, 2018, p. 33).

A falta de utopia também teria paralisado as revoluções da Primavera Árabe de 2011. Sem um outro horizonte que não seja o resgate do passado que teria sido interrompido, vemos por meio dessas revoltas o retorno do que há de mais retrógrado em termos de liberdade: a liberdade liberal. Essa falta de um horizonte que aponte para o futuro e permita a construção de uma história que articule o presente com o passado e o futuro incorre em possibilidades reacionárias contra qualquer desejo de revolução. No excesso de passado, como aponta Frosh (2018, p. 27) ao analisar o texto de Žižek sobre esses movimentos que pretendem encontrar na memória e no passado um objeto puro que iria retomar seu lugar no mundo:

> Há um presságio de uma potencial reemergência fantasmagórica do objeto perdido que talvez ameaçadoramente, talvez de forma promissora, possa remodelar radicalmente a cena psicossocial e política contemporânea [...] A luta contra o apartheid pode ser um exemplo disso; assim como, entretanto, pode ser o ressurgimento da fabricação de mitos nacionalistas e a violência subsequente do colapso dos Estados Soviéticos do Leste Europeu.

Essa falta de utopia pode levar as revoltas a qualquer direção. Não podemos esquecer que hoje a África do Sul pós-apartheid é dirigida por um governo extremamente reacionário e neoliberal. E, nessa perspectiva, fica clara a citação de Žižek que Frosh traz em algumas páginas adiante: a falta de utopia, a ideia de que a liberdade liberal se impõe por si mesma. Essa afirmação de falta de alternativa tem que passar pelo esquecimento de outros desejos, como o dos boêmios e dos loucos que apontam os limites dessa liberdade – assim como de culturas não brancas ou das mulheres – e por sua condenação moral. Mas uma revolução que não presta atenção a esse elemento de memória sem história nos leva a participar de uma ideia de liberdade que limita justamente a revolução.

> "Para tornar as coisas absolutamente claras", ele escreve, "o que está errado com a nostalgia pós-colonial não é o sonho utópico de um mundo que eles nunca tiveram (tal utopia pode ser completamente libertadora), mas o modo como esse sonho é usado para legitimar a atualidade de seu oposto, da completa e irrestrita participação no capitalismo global" (Žižek *apud* Frosh, 2018, p. 72-73).

Nesse movimento, sexo e raça também já não são vistos como marcas de uma opressão histórica contra a qual o movimento negro e o feminismo haviam lutado e se tornaram opressões atemporais, ou seja, sem história.

> Na era pós-Guerra Fria, as democracias liberais e as sociedades de mercado proclamam a vitória do feminismo com a realização da igualdade jurídica [que não se realiza como vemos na diferença de salários entre homens e mulheres para desempenharem a mesma função] e a conquista da autodeterminação individual (a saga do business moderno) [o princípio do indivíduo livre do liberalismo pautando a ação de revolta de maneira insidiosa mais uma vez e a contendo]. O fim das utopias feministas engendrou uma variedade de políticas de identidades regressivas (Traverso, 2018, p. 34).

Como diria Brown (2019), o sexo pode servir hoje para várias coisas, menos para emancipar.

A emancipação não acontece sem uma esperança antecipatória. Essa antecipação, que Lacan chamava de momento de concluir, é o que inspira um ato revolucionário. Mas em uma época de constante aceleração, de um presentismo de instantes que não se articulam em um tempo, o futuro já não está aí como horizonte. A insatisfação não se torna revolucionária e um mundo sem utopia acaba olhando apenas para trás, hipostasiando a memória e impedindo o sujeito. Como indicaria Freud a propósito da histeria e de seus sintomas: o sujeito sofre, principalmente, de reminiscências. Desse modo, a partir da década de 1990,

> [...] a memória do Gulag apagou a da revolução. A memória do holocausto suplantou a do antifascismo; a memória da escravidão eclipsou a recordação das vítimas do anticolonialismos: a recordação das vítimas parece não poder viver com a de suas esperanças, de suas lutas passadas, de suas conquistas e de suas derrotas (Traverso, 2018, p. 45).

Nesse sentido, a memória não é mobilizada para lutar no presente em vista de um futuro, ela é evocada por si mesma. Miller (2005, p. 133), inclusive, ao escrever com certo gosto sobre a morte do homem de esquerda, irá afirmar que este era alguém que sempre apontava as histórias de suas derrotas e de suas revoltas e que hoje ninguém ligaria mais para essas histórias heroicas e trágicas. E sua conclusão é de que a esquerda estaria morta, o que combina bem com seu apoio ao ultraliberal Emmanuel Macron, quando poderia ter apoiado Jean Luc Melenchon.

A hipostasia da memória, hoje, não permite que as lutas das revoluções perdidas sejam para assimilar e transmitir uma experiência, um cair e renascer, um morrer para outro poder prosseguir.

> O segredo do metabolismo da derrota - melancólico mas não desmotivador, exaustivo mas não sombrio - está precisamente na fusão entre o sofrimento causado por uma experiência catastrófica (derrota, repressão, humilhação, perseguição, exílio) é a persistência de uma utopia como um horizonte de expectativa e de perspectiva histórica (Traverso, 2018, p. 126).

No entanto, consoante com Berardi (2019), o presentismo e a aceleração temporal impedem que haja uma possibilidade de se pensar o futuro, o qual não é mais para uma vida em comum, mas para um consumo ilimitado que provoca necessariamente o que ele chama de inércia política. Nessa perspectiva, acabamos encurralados na lógica de equiparar todos os erros como se tivessem a mesma origem, o famoso dois lados em que se pretende colocar na mesma régua da lembrança da vítima a equiparação entre nazismo e comunismo. Ou a equiparação que vivemos no Brasil em 2018, em que se dizia que era uma escolha muito difícil optar em votar em um acusado de ser miliciano e um ex-ministro da Educação e intelectual. Nesse sentido, mais uma vez, o liberalismo se apresentaria como única alternativa possível. E essa única alternativa possível nos trouxe ao pior que poderia haver nos últimos anos.

Assim, o passado deixa de ser uma era de revoluções e passa a ser reduzido a uma era de violências. Em vez de lutas nas quais muitos desejaram e morreram, tudo se reduz a vítimas. Ninguém mais é chamado a mudar o mundo, e sim apenas a evitar os erros do passado. "A lembrança das vítimas substitui a lembrança dos derrotados - só restaram vítimas e algozes" (Traverso, 2018, p. 140). E esquece-se de que muitas das vítimas foram os derrotados por desejarem um outro mundo distinto daquele que exigiam deles o consentimento com a exploração – não brancos, mulheres, trabalhadores, boêmios e loucos.

A memória já não conta como uma possibilidade de compartilhar uma experiência, como diria Benjamim. Ela já não é uma memória revolucionária que relembraria o futuro, já não serve como fundamento de uma decisão (Traverso, 2018). Submetidas a uma temporalidade acelerada, não há meios de a memória e a história se articularem. Temos apenas momentos justapostos em que a conexão entre elas é cada vez mais precária. A desarticulação entre as duas impede que seu mediador possa advir, a saber, o sujeito do inconsciente, pois somente o sujeito pode partilhar de uma experiência com o Outro a partir de uma memória que não seja apenas o sinal de uma intimidade, mas que possa pautar decisões no campo do social. Mas, apesar dessa ruptura, por caminhos que somente a lógica do inconsciente pode esclarecer, encontramos, no horizonte da subjetividade da época, os sintomas dessa ruptura, em que vamos encontrar mais uma vez o laço não analisado entre a memória e a história. Se enfrentamos uma dita epidemia de autismo, um uso exacerbado de metilfenidato para a concentração de pessoas cada vez mais diagnosticadas com déficit de atenção e a repetição indefinida de que no ano de 2020 a depressão foi a segunda maior causa de incapacitação para o trabalho, é porque algo tenta se demonstrar aí onde a palavra está cada vez mais sendo subtraída. Falamos da palavra porque é por meio dela que a memória pode reatar o laço com a história, como bem demonstrou Freud em 1914.

E é interessante fazermos um pequeno desvio pela teoria temporal de Freud, pois ela aponta como é possível reatar algo para além da memória. Além disso, nos dá um caminho possível para o desejo que não consente em consentir na posição de explorado.

Freud escreveu em 1914 um dos artigos mais importantes para a Psicanálise e que ainda hoje continua atual na orientação da clínica psicanalítica. Já em seu título, estabelece três atividades referente ao tempo e à memória como fundamentais para um tratamento psicanalítico: *Lembrar, Repetir e Perlaborar*. Desde o início de seus trabalhos, Freud estabelece a relação com a memória e o tempo como um ponto nevrálgico para se pensar o inconsciente e o sujeito que é seu efeito. "As histéricas sofrem de reminiscências" (Freud, 1895); "O sistema inconsciente é um sistema de traços mnêmicos" (Freud, 1900); "o recalque gera lembranças encobridoras" (Freud, 1897); "sem amnésia de qualquer tipo não há histórico da doença neurótica" (Freud, 2017c, p. 54); "o inconsciente não conhece o tempo" (Freud, 2017b). Se por um lado a relação entre o inconsciente e o tempo que atualiza o trabalho de esquecimento daquilo que é insuportável para o sujeito, por outro lado o sintoma é a atualização daquilo que não pode ser dito e enfrentado por trazer mais sofrimento. Freud estabelece, então, que uma psicanálise é uma experiência temporal como condição para que o sistema que produz o sintoma possa ser desmontado.

Entretanto, precisamos ter claro que essa experiência temporal, se a princípio é dividida em três modalidades indicadas no título do texto, ela pode, em contrapartida, ser distinguida em duas dimensões. Se o lembrar e o repetir em análise apontam para situações que, a partir da experiência linguageira da associação livre, acontecem em uma análise, a perlaboração é um trabalho para lidar justamente com o conteúdo que emerge. Podemos definir, então, que a primeira dimensão é sobre as maneiras como aquilo que foi esquecido emerge; a segunda, o que fazer com *isso*. Afinal, a tarefa não é apenas lembrar, mas desmontar o sistema que faz com que o sujeito afaste da consciência aquilo que é insuportável para ele e que retorna de maneira transformada ou em lembrança encobridora, ou em sintoma, ou em atuações, sendo esta última a mais explorada por Freud nesse texto.

O que é digno de nota é que a dimensão temporal do tratamento psicanalítico é a associação livre. Ou seja, a liberdade está no fundamento da práxis psicanalítica. No entanto, o que se demonstra é que, se de um lado há o convite a associar livremente, na sequência da associação o sujeito vai descobrindo que não é tão livre assim. A estrutura do laço social, de certo modo, o atravessa, e como sempre é repetido a partir de Lacan, a subjetividade da época demonstra que não se trata propriamente de uma liberdade de fazer o que bem entender, mas a liberdade conjugada com uma série de outros significantes. Por outro lado, o que se revela no encadeamento associativo é que se o sujeito é preso aos significantes da época, essa mesma época encontra limites em um desejo de outra coisa. É esse tensionamento entre falar o que bem entender, ser atravessado pelos significantes da época que limitam essa liberdade e levam o sujeito a se deparar com uma repetição e que, por outro lado, levam o sujeito a tratar essas questões a partir de um ponto inapropriado pelos significantes da época, apontando para os limites desse significante. Essa tensão se realiza no sintoma. O interessante é vermos que esses significantes de época são a liberdade e a propriedade privada e como eles se atualizam em um discurso como laço social, que é o que veremos no capítulo seguinte. Também é interessante anotar aqui justamente que a liberdade, quando tomada pelo desejo, aponta para uma série de impasses, sejam eles do indivíduo, sejam eles sociais. Tal distinção, na verdade, para Freud (1996b, p. 81), não existe, como ele mesmo afirma em *Psicologia das Massas e a Análise do Eu*: "a psicologia individual, nesse sentido, ampliado mas inteiramente justificável das palavras, é, ao mesmo tempo, também psicologia social".

Freud aponta que as lembranças esquecidas muitas vezes são apenas desinvestidas libidinalmente para não trazerem sofrimento, ou são substituídas por lembranças encobridoras como forma de, ao mesmo tempo, esquecer-se do conteúdo e lembrar-se de modo transformado daquilo que é impossível simplesmente esquecer. Há também outras lembranças que emergem sem o sujeito saber de onde, com o claro intuito de serem uma defesa que encubra as lembranças que comportam o sofrimento. Seriam lembranças que ocorreriam espontaneamente e que, se em uma conversa comum elas são afastadas como obstáculos ao curso do pensamento, na análise, por meio da associação livre, elas demonstram-se como índice daquilo que se queria escondido, mas que retorna por meio de transformações do que Freud chamou de processo primário do inconsciente. O lembrar e o esquecer só podem acontecer por uma articulação entre os significantes em torno de um núcleo traumático. É justamente para dar um destino a esse núcleo traumático que se tenta traduzi-lo por meio de significantes.

No entanto, Freud demonstra que a repetição, diferentemente da lembrança, é uma modalidade de resistência denominada por ele de atuações. Isso significa que o sujeito realiza em ato o que não consegue lembrar por palavras – outro nome para as significantes. Por isso, elas são índices de resistência ao trabalho analítico de trazer as lembranças à cena, substituindo-as pelo que posteriormente foi conhecido como *acting-out* ou passagem ao ato. É uma modalidade de defesa mais bem sucedida, mas com o retorno muito mais impactante: o esquecido é atuado mesmo que o sujeito não lembre por significantes. A repetição, na maioria das vezes, faz calar o sujeito, porém sem fazer com que o sujeito livre-se inteiramente daquilo que ele afastou de si. E, nesse aspecto, Freud aponta para um fato interessante: o sujeito entrega-se à obsessão da repetição que se estende por todas as atividades da vida do sujeito, ou seja, há uma satisfação libidinal com essa repetição sem lembrança. Muitas vezes, ressalta Freud, o convite à associação livre que pode fazer o sujeito chegar perto do conteúdo recalcado faz com que as resistências aumentem a repetição e as atuações do sujeito. O repetir é para não colocar em palavras o que a lembrança, por sua vez, permite.

Um outro aspecto interessante da repetição é que, se ela é uma atuação, sua dimensão temporal é a do momento. Ela não se articula, necessariamente, em uma sequência, mas repete sempre o mesmo em momentos isolados. Essa característica da repetição traz à tona a dificuldade em análise em passar do que é do momento para o que permite o sujeito a fazer pausa e a colocar em questão a razão desse repetir incessante. Se o pausar permite estabelecer um intervalo que propicia a relação entre as representações, instaurando assim a possibilidade do lembrar na dinâmica diferencial entre lembrar e esquecer, a repetição é o traumático vindo à cena por meio de atos sem essa diferenciação entre representações. Os intervalos revolucionários, por sua vez, trazem à tona toda uma gama de insatisfações, com o fato de algo não poder vir à luz: o questionamento consciencial dos princípios de mestria que, no liberalismo, são a liberdade individual e a propriedade privada. A estrutura é a mesma e, assim como o sintoma, a força revolucionária passa por uma apropriação dos significantes por um outro desejo em ação. Sem desejo não há possibilidade de se pensar os efeitos da necessidade de consentimento em se colocar na posição ambígua de não ser considerado um indivíduo livre como outros e, ao mesmo tempo, a exigência de consentir com esse lugar.

Mas, como apontamos anteriormente, se o lembrar e o repetir são duas modalidades da memória na dimensão do que pode emergir, a perlaboração é da ordem de uma pergunta inescapável: o que fazer? Freud usa um termo interessante em alemão para se referir a essa dimensão: *arbeit*[46], que significa trabalhar ou laborar. O perlaborar, então, é um trabalho que se faz por meio daquilo que pode emergir após a superação das resistências que fazem com que o sujeito esqueça-se do que é insuportável, tenha lembranças encobridoras ou sintomas ou, mais dramaticamente, atue por meio das repetições. Mas Freud deixa claro que não basta remover as resistências e lembrar-se do que foi recalcado. Aqui gostaríamos de citar Freud (2017a, p. 161, grifo do original) textualmente:

> Precisamos dar tempo ao paciente, para que ele se aprofunde na resistência que até então lhe era desconhecida, para *per-laborá-la*, superá-la, na medida em que ele a ela resistindo, continua o trabalho com a regra analítica fundamental [a associação livre].

---

[46] Como lembra a tradutora Claudia Dornbusch: "Quanto ao terceiro termo, trata-se do que talvez ofereça a maior dificuldade. De fato, o léxico relativo a *arbeiten* (trabalhar, laborar) é particularmente rico. [...] *Durcharbeiten* deriva do verbo *arbeiten*, ou seja, 'trabalhar', 'laborar'. Quando esse verbo tem uma conotação transitiva direta, ou seja, quando o trabalho é realizado em algo ou alguém, há no alemão a possibilidade de matizá-lo com o prefixo *be-*. Nesse caso, *bearbeiten* significaria algo próximo de 'elaborar'. Entretanto, Freud usa aqui o prefixo *durch-*, muito próximo do *through* na língua inglesa. Quer dizer, há aqui a noção de um atravessamento que perfaz uma ação. Além disso, *durcharbeiten* designa uma ação que vai do início até o fim" (Freud, 2017, p. 162, grifo do original).

Em outras palavras, o tempo para elaboração da resistência não é o mesmo da atuação; a atuação é da ordem do imediato e a perlaboração do que emerge, coloca um tempo de suspensão até que uma conclusão seja possível[47]. Ela demanda tempo para que algo possa sair da dimensão da memória ou da atuação para poder fazer parte da história produzida pelo sujeito em torno desse real recalcitrante que o levou à análise. Mais uma vez podemos citar Freud a respeito dos efeitos de convidar o sujeito a associar livremente e o que emerge, seja por meio das lembranças, seja por meio da repetição na transferência:

> Seria como quiséssemos habilmente a invocar um espírito do submundo para que venha à superfície, para depois mandarmos ele de volta, sem ao menos lhe fazer uma pergunta. Nesse caso, teríamos apenas chamado o recalcado à consciência para que ele, amedrontado, fosse novamente mandado embora (Freud, 2015, p. 171).

Os demônios da insatisfação não conseguem ser novamente domesticados. Creio que a questão contemporânea seja como evocar novamente esses demônios, como veremos nos capítulos seguintes, e entender por que eles estão recusando serem evocados.

Tratamos aqui de memória e história. Esses são os nomes que podemos dar às duas dimensões das quais tratamos anteriormente: memória – em que está em questão o esquecer, o lembrar e o repetir – e história – em que está em cena o poder de articular e transmitir algo para além das defesas contra o que pode dividir o sujeito – como duas dimensões temporais do tratamento analítico em que o sujeito se vale das três modalidades para passar de uma à outra. Não há novidade nessas nomeações, uma vez que é à história que Lacan vai remeter ao abordar os *Escritos Técnicos de Freud* sobre o tratamento do sintoma:

> O sintoma se nos apresenta inicialmente como um traço, que nunca será mais que um traço, que nunca será mais que um traço e que ficará sempre incompreendido até que a análise tenha ido suficientemente longe, e que tenhamos compreendido seu sentido. Também se pode dizer que, assim como a *Verdrängung*, não é *Nachdrängung*, o que vemos sob a volta do recalcado é o sinal apagado de algo que só terá seu valor

---

[47] Vemos aqui Lacan bem próximo de Freud, afinal, seu sofisma do tempo lógico não aponta para essa conclusão: o instante de ver e o momento de concluir são diferentes do tempo para compreender; e as atuações não são um curto-circuito entre o instante de ver e o momento de concluir? A cada leitura de Freud vemos como foi importante esse retorno a Freud de Lacan.

no futuro, pela sua realização simbólica, a sua integração na história do sujeito (Lacan, 1986, p. 186, grifo do original).

Ora, será que não podemos ver essa movimentação entre memória e história no laço social contemporâneo? Sim, mas como? Com uma afirmação peremptória: o neoliberalismo, como modalidade do laço social do capitalismo contemporâneo, engendra a ruptura entre as dimensões da memória e da história de maneira inaudita. Como, então, pensar a possibilidade do sujeito como pausa nos instantes da repetição indefinida se o próprio discurso contemporâneo tenta impedir sua emergência e a articulação entre a memória e a história? E quais são os efeitos disso sobre o sujeito, uma vez que a dimensão da memória se hipostasia sobre a história?

Traverso (2018) afirma que a esquerda sempre foi melancólica no sentido em que ela nunca esquece suas derrotas nas revoluções: é relembrando as derrotas que a esquerda sempre encontra elementos para se repensar e preparar as lutas do presente para um futuro sem desigualdades. O que ele chama de melancolia é um laço entre memória do passado e escrita da história que permite uma leitura do presente. "Se a história no curto prazo é feita pelos vitoriosos, no longo prazo a vantagem do conhecimento vem dos vencidos", lembra Traverso (2018, p. 76) citando Reinhart Koselleck. No entanto, para Traverso, esse laço entre memória e história, essa lembrança das derrotas para pensar o futuro – a melancolia, no sentido que ele traz aqui, leva à utopia como guia das ações – foi perdido em 1989 na queda do Muro de Berlim e o fim da experiência comunista na União das Repúblicas Socialistas Soviéticas (URSS). Não foi a derrota de uma revolução, foi uma derrota da subjetividade e da historicidade do sujeito. O neoliberalismo já havia se tornado hegemônico, e a subjetividade se constitui como empreendedora de si e individualista. Sem horizonte de saída, muitos pensadores de esquerda tornaram-se neoliberais, como demonstra a guinada de Fernando Henrique Cardoso na presidência do país. Sem memória das derrotas, já não há mais palavras para a construção de um futuro. Esse silêncio se impõe como discurso contemporâneo que Lacan denominou de discurso do capitalista. É o que veremos no próximo capítulo: como as revoltas da década de 1960 geraram uma séria preocupação em setores liberais e o estabelecimento de um discurso que mobilizasse dispositivos que esfacelariam essa dimensão temporal para coibir as revoltas e o desejo de outro mundo. E com isso, o neoliberalismo aparece como discurso que implica a ampliação da falta de limites – de produção, de tempo dispensado para produzir, de perspectiva, de individualismo, de consumo – dos princípios do liberalismo e coloniza a própria subjetividade na busca do consentimento. Se abrirmos a experiência temporal como experiência histórica, o sujeito do inconsciente pode advir e recuperar a utopia de um outro futuro.

Maio de 1968: a rebelião jovem dos anos de 1960 ocorreu em todo o mundo "sob a forma de movimentos pacifistas, movimentos terceiro-mundistas, iniciativas de contracultura, experiências de vida comunitária (urbana ou rural), tentativas de antipsiquiatria etc." (Löwy; Sayre, 2015, p. 203).

6

NEOLIBERALISMO E A LIBERDADE DE IR E VIR... DO CAPITAL!

Já contei o ano em que nasci e agora vou contar onde: nasci no Rio de Janeiro. Eu me mudei aos 27 anos de idade para São João del-Rei, em 2002. Época do fim do governo Fernando Henrique Cardoso. Para quem estava ainda terminando o doutorado e queria ser professor de universidade federal, a opção era buscar posto de trabalho no interior, pois ou não havia concursos nas capitais ou eram escassos e a concorrência com outros colegas que estavam na estrada profissional há mais tempo reduzia minhas chances. Em 2000 meu irmão já havia deixado o Rio de Janeiro e ido para São Paulo atrás de emprego na área de Ciências Atuariais, que se concentram nos grandes escritórios de bancos na capital paulista. Meus primos e tios por parte de pai já haviam se mudado para Rio das Ostras e Macaé atrás das oportunidades, apesar dos riscos de privatização na década 1990 abertas pela Petrobrás e a captação de petróleo na região. Meus pais, por sua vez, casaram-se no Rio de Janeiro – minha mãe mora lá até hoje, meu pai está enterrado lá – mas foram para a capital fluminense na década de 1950. Minha mãe saiu do sertão mineiro, foi para o Paraná e daí para a Baixada Fluminense e Zona Oeste do Rio; meu pai saiu do interior do Sergipe e se mudou para a Zona Oeste. É relevante destacar que a Zona Oeste não era nem mesmo subúrbio nessa época, sendo mais zona rural dentro da cidade do Rio de Janeiro, a parte mais afastada do Centro da cidade.

Como se vê, desde a década de 1950 eu e minha família temos migrado dentro do país[48]. Aproximamo-nos e afastamo-nos em função desse movimento migratório. Essas migrações, é importante comentar, não são voluntárias, mas uma escolha forçada pelos momentos pelos quais passou o país. Meus pais migraram pelo movimento de industrialização do país da

---

[48] E quem me conhece, sabe de minha aversão a viagens, embora tenho passado os últimos 20 anos na estrada, seja para visitar meus parentes e os de minha companheira, seja para cumprir compromissos como assessor da reitoria da UFSJ ou para participar de câmaras de assessoramento, como a Ciências Humanas e Educação da FAPEMIG, da qual fui presidente no ano de 2019. Morar no interior e ser acadêmico nos torna também uma outra espécie de migrante: o migrante acadêmico!

década de 1940 e pela falta de investimentos para combates às secas nos sertões; eu, meus irmãos e meus primos migramos devido ao movimento neoliberal de falta de privatizações e diminuição de postos de trabalhos, seja na iniciativa privada, seja no serviço público. Claro que se eu quisesse ser apenas psicólogo e não professor, ou trabalhar na máquina de moer carnes que eram as faculdades particulares no Rio de Janeiro, eu poderia. Mas com isso vinha um ponto importante: era questão de urgência de sobrevivência ter um emprego e um mínimo de garantia. O capitalismo neoliberal que precarizou as universidades públicas na década de 1990 e criou uma série de universidades particulares empurrou-me para fora do Rio e para uma cidade diferente, sem conhecer ninguém tive que construir laços e uma carreira profissional (no que acho que fui bem-sucedido, seja lá o que isso signifique). Acho que me tornei um psicólogo melhor por conhecer uma realidade diferente (e uma cidade de onde não saio mais para centro urbano nenhum!) de uma cidade urbana, mas foi uma escolha forçada: de um lado, por conta das condições socioeconômicas que me obrigaram a migrar – ou que obrigam sempre as mesmas famílias a migrarem devido às condições de sobrevivência com a falta de políticas públicas; de outro, por não ceder do desejo de ser um professor universitário de uma universidade pública federal.

Ser migrante dentro de seu país, por outro lado, mostra-nos um lado interessante em nossa questão sobre a liberdade. Se todos são livres para ir e vir, essa circulação encontra limites para o migrante. Ele não é um turista, que está de passagem, ele é alguém que vai habitar com os locais e disputar espaços, sejam de empregos, sejam de posicionamentos políticos. Também serão alvos de acusações de degeneração dos costumes. Quando cheguei a São João del-Rei, havia um programa de rádio em que a locutora a todo momento acusava os "forasteiros da FUNREI"[49] de tudo de errado que acontecia em uma cidade de mais de 300 anos... Ou, ainda, que os forasteiros vêm tomar postos de trabalho. Ou, ainda, os preços diferenciados para os docentes da UFSJ, com a justificativa: "você pode pagar esse preço". Embora a receptividade em geral seja boa, essa desconfiança ainda perpassa as relações entre os que vêm de fora e os que são considerados de dentro.

Mais fundamental é o estabelecimento devido ao lugar de nascimento como lugar de pertencimento, o estabelecimento de um nós e eles. "Quem realiza tal gesto se alça à condição de sujeito soberano que, ao fantasiar uma suposta identidade de si com aquele lugar, reclama direitos de propriedade"

---

[49] Antiga sigla da UFSJ antes de ser alçada à condição de universidade.

(Di Cesare, 2020a, p. 18). Aqui encontramos um modo muito próprio de se pensar a ocupação e a localização de algo que fica ambíguo na definição dos princípios liberais: de um lado sempre se apresenta como a afirmação inalienável da individualidade livre; de outro, apresenta a construção da soberania para os Estados e para as nações, além do estabelecimento de fronteiras. Contudo, a ideia de fronteiras não é contraditória à ideia de indivíduo livre? Mais ainda: como vimos na seção anterior, não foi a distinção entre indivíduos e não indivíduos, entre civilização e barbárie que serviu de justificativa para a expansão colonial e a divisão de diversas regiões em colônias europeias que seriam exploradas pelo capitalismo emergente?

> Essa contradição é ainda mais evidente no caso das democracias que, se por um lado surgiram historicamente proclamando os Direitos do homem e do cidadão, de outro fundamentam a soberania sobre três princípios: a ideia de que o povo se autodetermine, seja autor e destinatário das leis; o critério de homogeneidade nacional; a premissa do pertencimento territorial. São particularmente os dois últimos princípios que se opõem à mobilidade (Di Cesare, 2020b, p. 27).

Ora, acreditamos que o primeiro também se opõe à mobilidade, pois o povo ao qual as leis se destinam é o povo homogêneo da identidade nacional. Com minha experiência, essa identidade nacional também se fragmenta em quem é do lugar dentro da nação e quem é fora, sendo a ideia de povo ou de nação significantes que ao mesmo tempo aproximam e segregam. No entanto, com o estrangeiro, como a pandemia de covid-19 revelou, há o despertar da desconfiança com o além das fronteiras. Tanto que a primeira medida de muitos países foi o fechamento de fronteiras; o infeccioso não era apenas o vírus, mas o estrangeiro que o trazia. Uma verdadeira guerra comercial se deu em busca de insumos de saúde que são produzidos, em sua grande maioria, em países asiáticos, fruto da maneira pela qual a economia de mercado vem se conduzindo nos últimos anos com o processos de financeirização e busca de lugar com cada vez menos direitos trabalhistas para a produção da maioria dos produtos, de *gadgets* a vacinas. Antes da pandemia, as guerras nos países da África, derivadas da exploração de riquezas naturais por empresas europeias, ou as guerras e invasões a países do Oriente Médio, patrocinadas em nome da democracia liberal, geraram uma onda migratória de pessoas das ex-colônias, as quais eram barradas na entrada das ex-metrópoles.

Nesse ponto encontramos um acréscimo importante às contradições do liberalismo que se mostram bastante evidentes nessa relação entre liberdade e propriedade privada: enquanto de um lado a noção de propriedade privada acaba levando à construção de fronteiras para o usufruto da liberdade, ela precisa de expansão para se manter. É o aspecto ilimitado do capitalismo que necessita não somente da propriedade privada, mas também de mercados consumidores (livre mercado) dos livres individuais que precisam, para melhor consumirem, serem defensores da liberdade liberal como a única possível, criando, assim, as fronteiras como mais uma estratégia para garantia do viés securitário do liberalismo. E essa questão se expande com o neoliberalismo: de um lado, a construção de uma ideologia securitária da liberdade individual em que o próprio corpo é uma propriedade privada individual – o que constitui uma série de fronteiras, não apenas entre nações, mas também entre indivíduos (como vimos em outro momento, a máxima da democracia contemporânea é o "não me toque", mas também a xenofobia crescente). De outro lado, a defesa intransigente da liberdade de mercado que não precisa respeitar as fronteiras quando a renda se torna cada vez mais financeira no neoliberalismo, o que impacta a noção moral do liberalismo e do indivíduo. Mas o que é a financeirização da economia e por que a denominamos de neoliberalismo? Gosto muito da definição a seguir, de Chesnais (2005, p. 26):

> Mais importante ainda, a partir de 1996 viu-se, apesar dessas crises, a consolidação nos Estados Unidos do que os autores denominaram "regime de acumulação com dominância financeira", "regime de crescimento patrimonial" ou ainda "neoliberalismo", quer dizer, um sistema de relações econômicas e sociais internas e internacionais cujo centro é a finança e que está apoiado nas instituições financeiras e políticas do país hegemônico em escala mundial.

Meu apreço por essa passagem é porque ela traz elementos que permitem definir o neoliberalismo e as consequências para a liberdade liberal e suas contradições. Primeiramente porque demonstra a articulação entre a dominação financeira no capitalismo para crescimento patrimonial, ou seja, de propriedades, com o que é conhecido como neoliberalismo. Ora, neoliberalismo é articulado diretamente com a nova etapa do liberalismo, que tem em seu centro a noção de financeirização do capital. Isso é importante, porque se o liberalismo implica uma noção de indivíduo livre, qual o impacto da financeirização sobre essa noção ou sobre o que vimos chamando de subjetividade da época?

Antes de continuar, uma nota histórica: o que hoje é conhecido como neoliberalismo, ficou famoso sob a marca de Consenso de Washington. Mas muitos neoliberais negam a existência do neoliberalismo ao asseverarem que apenas existe liberalismo. Longe de ser um ardil de poucas pessoas reunidas em Washington, o dito Consenso foi um evento acadêmico em que foram avaliadas as melhores medidas que resultaram no crescimento de países entre o fim da década de 1970 e o início da década de 1990. Nesse aspecto, os neoliberais têm em parte razão quando criticam certa narrativa que toma o Consenso de Washington como um plano maquiavélico de tomada de poder. Mas o interessante é a consideração feita pelos pesquisadores de *think tank* neoliberais[50] sobre o neoliberalismo: ele seria uma invenção de autores marxistas e não uma doutrina econômica ou uma ideologia. Em suma, seria uma crítica injusta a medidas que foram implementadas no México e no Chile na década de 1980 e que foram condensadas em dez medidas estabelecidas por um autor americano em um evento acadêmico. Isso significa apenas que o que ficou conhecido como Consenso de Washington não foi algo estabelecido por organismos internacionais, como o Fundo Monetário Internacional (FMI), nem imposto por algum governo imperialista. Em suma, o neoliberalismo não existiria. Ou, se existisse, nada teria a ver com o liberalismo.

O interessante nesse tipo de análise é que se consideram as dez medidas apenas como um resumo de algo que já era realidade nos países que a haviam adotado na década de 1980, ou seja, é apenas um fato econômico sem interferência política alguma. Nessa mesma linha de argumentação, apontam que a aplicação dessas medidas na América Latina na década de 1990 não foi imposta, mas adotada deliberadamente pelos governantes desses países. A consideração de que se trata apenas da economia como uma realidade que se impôs é o maior exemplo de subjetivação ideológica perpetrada pelo neoliberalismo. Aqui encontramos realmente o que vínhamos abordando sobre o liberalismo: é um regime que sempre, insidiosamente, tenta se passar como se não fosse um regime político, como um dado de natureza. Sua alienação é tão grande, que parece ignorar os dados históricos do que aconteceu não somente com os países da América Latina, mas com todos os países periféricos. Alguns exemplos da participação política em alguns países da América Latina e na Grécia estão listado a seguir:

---

[50] Disponível em: https://mises.org.br/Article.aspx?id=835.

1. Chile era uma ditadura militar na década de 1980. Hoje se sabe que foi uma ditadura implantada com o apoio direto dos Estados Unidos[51]. Os economistas que propuseram as privatizações e os planos de austeridade fiscal e de capitalização da previdência eram conhecidos como Chicago Boys. Daí não se pode desconsiderar esse evento político no planejamento da economia chilena na década de 1980: era decorrente da luta da Guerra Fria dos Estados Unidos contra a ameaça do comunismo que derrubou Salvador Allende no início da década de 1970. Para Hayek (1981), às vezes, ditaduras são necessárias para salvaguardar o livre mercado.
2. A ajuda financeira oferecida à Argentina e ao Brasil na década de 1990 pelo FMI foi condicionada por ajuste fiscal, privatização dos ativos públicos e abertura do país ao capital estrangeiro. Não foi apenas uma medida tomada em nome da economia. Não custa lembrar que a economia foi dolarizada e o câmbio foi mantido irreal até 1998 para que o candidato neoliberal pudesse se manter no governo do Brasil. Em 2000, a Argentina simplesmente quebrou em decorrência da financeirização e da dolarização de sua economia.

E é a isso que chamamos de neoliberalismo. É uma política econômica que defende a máxima liberalização dos mercados e o fim das fronteiras internacionais para o fluxo de capitais. Mas, para se sustentar, precisa também ser uma razão discursiva que deixe ao sujeito a alienação de que esse movimento econômico é o único possível, mesmo ignorando toda a articulação que o tornou possível. E aí passamos para um neoliberalismo moral e subjetivo que tenta constituir o sujeito dentro dessa lógica. Mas como alguém que não detém os meios de produção ou os controles das empresas financeiras pode emular esse comportamento de investimentos desregulados? Investindo no mínimo que lhe resta, seu corpo, como um ativo de capital. Isso coloca o sujeito em concorrência contra outros que, se ganham entre si, perdem no conjunto por não serem grandes investidores. Como um sujeito pode responder a uma lógica que demanda de si uma auto-vigilância em nome de um futuro distópico? Distópico porque ele é apenas promessa de um gozo de uma concorrência, tal como o presente. Nenhum outro mundo possível se apresentaria como possível. Aqui devemos relembrar a máxima de Margareth Thatcher: a economia é o método, o que nos interessa é a alma. E esse trabalho de constituição subjetiva neoliberal existe

---

[51] Disponível em: https://www.scielo.br/pdf/topoi/v19n38/2237-101X-topoi-19-38-58.pdf.

desde a década de 1970. Manter a questão somente no âmbito econômico é apenas para truncar o debate e não permitir que possamos fazer críticas e demonstrar os efeitos sobre o sujeito e sobre as formas de mal-viver que assolam hoje os serviços de saúde e de educação pelo mundo.

A financeirização da economia é a estratégia central para a promoção do neoliberalismo. Para entendê-la, vejamos como Dowbor (2017) a analisa a partir de seu conceito de capital improdutivo[52]. Para ele, estamos na era do capital improdutivo. Improdutivo porque os lucros não são feitos para gerar novos investimentos em bens e serviços, mas para um capital especulativo que não gera produtos, nem bens e muito menos empregos. E se há essa característica do neoliberalismo, devido a esse teor do capitalismo a partir da virada da década de 1970 para 1980. Seria uma inversão entre produção e financeirização: a especulação não é para gerar condições de produção de bens e serviços, e sim a produção para sustentar um crescimento exponencial do próprio capital financeiro. Ou, na definição de Chesnais (2005, p. 37), seria:

> [...] um capital com traços particulares. Esse capital busca "fazer dinheiro" sem sair da esfera financeira, sob a forma de juros de empréstimos, de dividendos e outros pagamentos recebidos a título de posse de ações e, enfim, lucros nascidos da especulação bem sucedida. Ele tem como terreno de ação os mercados financeiros integrados entre si no plano doméstico e integrados internacionalmente. Suas operações repousam também sobre as cadeias complexas de crédito e dívidas, especialmente entre bancos.

Um capital especulativo, que não sai do campo financeiro para a produção de bens e serviços, mas que se reduz às operações feitas por bancos ou instituições e que se organiza em torno de juros e dívidas é um capital que não conhece fronteiras, é um capital livre dos custos com os bens e a matéria-prima para a produção. Mais ainda: é um capital livre para circular para além das fronteiras, por ser interconectado internacionalmente. Curiosamente, os capitais financeiros se tornam livres enquanto os corpos são cada vez mais segregados, como vimos no sistema de migrações que o capitalismo acaba implicando. Se pelos princípios do liberalismo o indivíduo

---

[52] "A lógica da acumulação de capital mudou. Os recursos, que vêm em última instância do nosso bolso (os custos financeiros estão nos preços e nos juros que pagamos), não só não são reinvestidos produtivamente nas economias como sequer pagam impostos. Não se trata apenas da ilegalidade da evasão fiscal e da injustiça que gera a desigualdade. Em termos simplesmente econômicos, de lucro, reinvestimento, geração de empregos, consumo e mais lucros – o ciclo de reprodução do capital –, o sistema trava o desenvolvimento. É o capitalismo improdutivo" (Dowbor, 2017, posição 1330).

é livre e autodeterminado, em contrapartida é regido por um Estado-nação, ele se submete ao governo. Então, como fica a correlação com um capital que não depende de uma existência, mas é volátil a ponto de não ter um mecanismo próprio de controle? É a isso que estamos chamando de sustentação estrutural do neoliberalismo e que se inicia, conforme Dowbor (2017, posição 185, grifo nosso), nos anos 1980:

> A partir dos anos 1980 o capitalismo entra na fase de dominação dos intermediários financeiros sobre os processos produtivos – o rabo passa a abanar o cachorro (*the tail wags the dog*), conforme expressão usada por americanos – e isto passa a aprofundar a desigualdade.

Chesnais (2005) dirá que muitos chamaram esse movimento de tirania dos mercados. E, como ele lembra, para haver uma ditadura é necessário haver um golpe, que ele localiza em 1979, ano no qual há uma liberação dos mercados dos títulos da dívida pública e alta do dólar, assim como das taxas de juros realizada pelos Estados Unidos. Essa liberação possibilitou que não houvesse mecanismos de regulação de mercados de juros, o que torna toda e qualquer dívida impagável, uma vez que as taxas de juros não eram mais reguladas pelos Estados, podendo ser aumentadas ao sabor das instituições financeiras, principalmente para os países periféricos. Os efeitos sobre os países em desenvolvimento, que tomaram empréstimos nessa época, foi devastador e:

> [...] a dívida tornou-se uma força formidável que permitiu que se impusessem políticas ditas de ajuste estrutural e se iniciassem processos de desindustrialização em muitos deles. A dívida levou a um forte crescimento da dominação econômica e política dos países capitalistas sobre os da periferia [...] Nos países da OCDE, como nos países periféricos, a dívida pública alimenta continuamente a acumulação financeira por intermédio das finanças públicas (Chesnais, 2005, p. 40-41).

Destaca-se nessa passagem a mudança na estrutura da dominação no neoliberalismo, a qual não altera os princípios do liberalismo, mas muda de dispositivo com a modificação da estratégia: não mais – ou não somente – uma dominação por causa apenas da natureza do corpo da mulher ou dos não brancos ou dos trabalhadores, mas da dívida como elemento central do ajuste estrutural que nada mais é que outro nome para a abertura de mercados internos a investidores externos e diminuição do Estado. E esse impacto se dá em consequência da dívida pública para a dívida privada, uma vez que:

> [...] a dívida pública gera pressões fiscais fortes sobre as rendas menores e com menor mobilidade, austeridade orçamentária e paralisia das despesas públicas. No curso dos últimos dez anos, foi ela que facilitou a implantação das políticas de privatização dos países em desenvolvimento (Chesnais, 2005, p. 42).

Será em relação à centralidade da dívida que Lazzarato (2014) desenvolverá seu trabalho sobre o homem endividado, tomando como ponto de partida a dívida dos alunos universitários americanos, que passarão a vida pagando pelo estudo universitário, criando, assim, um sistema em que o tempo de vida é restrito apenas para pagar para alguém viver enquanto os credores podem usufruir do tempo para outras coisas que não seja o trabalho. O tempo é, assim, uma medida importante para a análise do capitalismo neoliberal e a dívida se torna uma maneira de colonizar o tempo dos sujeitos.

A austeridade é a outra estratégia que anda com a dívida, pois quem está endividado não pode deixar de arcar com o contrato que assinou. Como vimos apontando, a dominação pode mudar da estratégia para localizar aqueles que não poderão mais ser considerados dignos de serem chamados de indivíduos livres. Afinal, que liberdade pode comportar uma dívida da qual não se tem controle sobre seus juros e para a qual se deve trabalhar indefinidamente para saldá-la? Consideramos, por isso, a financeirização uma mudança importante em relação ao liberalismo, que denominamos neoliberalismo: no mesmo movimento que defende os princípios da liberdade individual articulada com a propriedade privada, desloca e amplia a dominação para um endividamento que é amplo, geral e irrestrito. Acreditamos que vivemos um novo Contrato Social, o contrato financeirizado. Não é um contrato que exclui o Contrato Sexual ou Racial, mas que se articula a eles e passa a se impor também à classe média. A consequência dessa desregulamentação, como veremos, será uma radicalização da segregação e um enfraquecimento do laço social que chamamos, em Psicanálise, de discurso do capitalista.

A concentração de renda em pouquíssimas pessoas enquanto outros morrem de fome é indício de que um capital que não produz, mas que rende por meio de um sistema especulativo que não é controlado. Ao contrário, que regula agências reguladoras nacionais por meio da dívida pública. São papéis que geram papéis ou que levam à máxima de que dinheiro serve para gerar dinheiro no mais alto grau: sem os inconvenientes da produção, da matéria-prima, dos salários, etc.

A era do capital improdutivo é também a era do ilimitado. Se o crescimento econômico foi exponencial nas décadas de 1980 e 1990, também foi a destruição do meio ambiente e das mortes por fome e miséria. Também é ilimitada a concentração de renda. Essas relações são estruturais e não pontuais. Ser estrutural não significa que elas não conheçam a história; significa que se não alterarmos essa estrutura, iremos perpetuar alguns discursos, mesmo que defendam que estão trabalhando para sua mudança. Desse modo, de um lado a interrogação sempre será sobre qual estrutura esse aumento exponencial se sustenta; por outro, por que o sujeito se aliena completamente a esse discurso a ponto de se tomar como objeto desse mesmo discurso.

Mas se retomarmos o tema da concentração de renda, podemos notar que a financeirização implica uma outra maneira de se pensar quem pode ser considerado indivíduo livre nessa nova etapa da aliança entre liberalismo e capitalismo denominado neoliberalismo. É o que o movimento Occupy Wall Street denominou de 1%. Longe de ser apenas o slogan de um movimento[53], dados do próprio Banco Mundial demonstram cruamente essa realidade. A meu ver, esse crescimento desordenado de concentração de renda é, ao mesmo tempo, causa e consequência de um novo Contrato Social no neoliberalismo.

---

[53] Vivemos hoje, apesar do real desse 1%, uma situação em que a própria subjetivação toma o neoliberalismo como uma realidade inamovível. A advertência de Žižek em 2011, no olho do furacão do Ocuppy, é explicada por esta subjetivação: "Isso, é claro, não significa que os manifestantes deva ser mimados e adulados - hoje, se é que isso é possível, os intelectuais devem combinar o apoio integral aos manifestantes com uma distância analítica fria e não paternalista, começando por sondar a autodesignação dos manifestantes como 99% contra o ganancioso 1%: quantos dos 99% estão prontos para aceitar os manifestantes como sua voz e até que ponto?" (Žižek, 2012, p. 23). Muitos não se identificam como os 99% – mesmo dentro desse movimento em que muitos defendem ainda princípio liberais – ou aqueles que fazem realmente parte desse 99% são subjetivamente constituídos para tomá-lo como uma natureza.

Figura 1 – A pirâmide da riqueza global

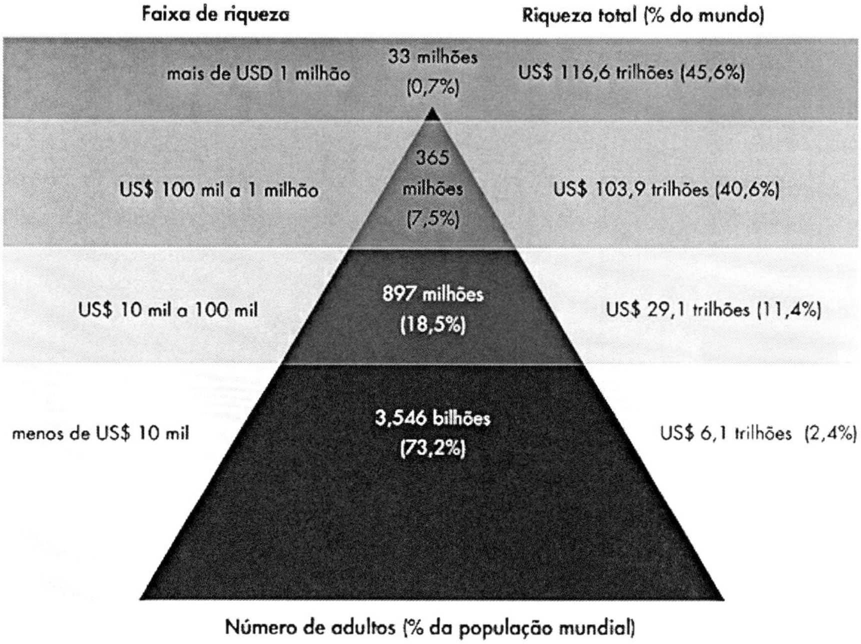

Faixa de riqueza	Número de adultos (% da população mundial)	Riqueza total (% do mundo)
mais de USD 1 milhão	33 milhões (0,7%)	US$ 116,6 trilhões (45,6%)
US$ 100 mil a 1 milhão	365 milhões (7,5%)	US$ 103,9 trilhões (40,6%)
US$ 10 mil a 100 mil	897 milhões (18,5%)	US$ 29,1 trilhões (11,4%)
menos de US$ 10 mil	3.546 bilhões (73,2%)	US$ 6,1 trilhões (2,4%)

Fonte: Davies, Lluberas e Shorrocks (2016)

Esse gráfico deixa bastante claro que, enquanto 1% vive da financeirização da economia, ou seja, de aplicação e especulação de excedentes que produzem cada vez mais excedentes que não se converterão em serviços ou bens, 99% deve viver para a sustentação dessa produção de um capital especulativo. Por isso chamamos de um novo Contrato Social que amplia o campo de dominação.

Mas outra coisa que essa pirâmide ajuda a elucidar não é apenas a questão da concentração de renda, é também o discurso de que falta recurso para investimentos em políticas públicas; o que falta é a reorientação desses recursos. E, para que isso possa ocorrer, esta é nossa tese: é necessário pensar em outro tipo de discurso que não seja o do capitalista em sua vertente neoliberal. E, como lembra Brown (2019), o neoliberalismo não tem a mesma face em diversos países – sendo mais vinculado a uma social democracia na Suécia e aos Chicago Boys no Chile ou no Brasil atual –, quando considerado globalmente, ele reproduz a concentração de rendas entre os países.

A dinâmica entre produção de demanda que gera investimento produtivo fazendo a economia girar acaba sendo interrompida por um processo que é improdutivo e acarreta justamente aquilo que os apoiadores do livre mercado defendem: que a livre concorrência e a autorregulação geram equilíbrio por si mesmas e crescimento para todos. Desse modo, como vemos com as políticas de austeridade – dedicaremos algumas linhas a esse significante mais adiante – demonstram como isso é falso: enquanto os países são estrangulados por políticas de austeridade para colocarem suas contas em dia para em seguida investirem, eles acabam cada vez mais endividados. E aí entramos em mais uma contradição própria ao capitalismo: entre quem produz e quem se apropria do excedente, que Marx chamou de mais-valia, mas com uma característica própria que foi bem colocada por Dowbor (2017):

> Gera-se uma clara clivagem entre os que trazem inovações tecnológicas e produzem bens e serviços socialmente úteis – os engenheiros do processo, digamos assim – e o sistema de intermediários financeiros que se apropriam do excedente e deformam a orientação do conjunto. Os engenheiros do processo criam importantes avanços tecnológicos, mas a sua utilização e comercialização pertencem a departamentos de finanças, de marketing e de assuntos jurídicos que dominam nas empresas, e acima deles os acionistas e grupos financeiros que os controlam. É um sistema que gerou um profundo desnível entre quem contribui produtivamente para a sociedade e quem é remunerado.

Desse modo, a financeirização da economia, quando altamente concentrada, gera uma receita que é impossível de ser transformada em demanda, por não conseguir se transformar em gastos, visto que são cifras astronômicas que só podem, por isso, ser reaplicadas em outros produtos financeiros. Assim, a economia produtiva passa a ser referenciada pela economia financeira. E, quando discorremos sobre economia produtiva, não se trata apenas dos bens e serviços que podem ser investidos, mas também de toda a série de salários indiretos – serviços públicos, como educação, saúde, segurança, etc. – como até mesmo a flexibilização das garantias[54].

Se isso fica evidente por um lado, por outro é preciso, ainda, esclarecer como esse processo de geração de um capital improdutivo serve apenas para

---

[54] Uma diferenciação econômica é necessária aqui para o público da Psicologia e da Psicanálise em geral. Renda, riqueza e salário indireto têm sentidos econômicos distintos. Renda: grana para nosso gasto privado. Riqueza: patrimônio acumulado como bens e serviços. Salário indireto: acesso a políticas públicas de saúde, educação, segurança, assistência social, o que pode compensar a diferença salarial.

gerar mais capital, sem contrapartida possível para o campo da produção. Ele serve apenas para especulação financeira. Liberar-se dos entraves da produção é não ter que arcar com estoques, gastos com empregados, desgastes de equipamentos, que diminuem a margem de lucro. Dowbor (2017, posição 26) apresenta uma ilustração interessante que demonstra bem o crescimento exponencial e que traz consequências marcantes:

> Um exemplo simples ajuda a entender o processo de enriquecimento cumulativo: um bilionário que aplica um bilhão de dólares para render módicos 5% ao ano está aumentando a sua riqueza em 137 mil dólares por dia. Não dá para gastar em consumo esta massa de rendimentos. Reaplicados, os 137 mil irão gerar uma fortuna ainda maior. É um fluxo permanente de direitos sobre a produção dos outros, recebido sem tirar as mãos no bolso.

Esse exemplo é de matar. Literalmente, uma vez que a falta de serviços públicos implica mortes dos vulneráveis, como ficou explicitado dramaticamente na pandemia. Afinal, quem pode dispor desse tipo de investimento irá relançar esse lucro em novos sistemas de aplicações, sem geração de produtos, serviços ou políticas públicas?

> O pobre gasta, o rico acumula. O gasto do pobre gera demanda e uma dinâmica econômica mais forte, enquanto a acumulação de papéis financeiros apenas drena a demanda e a capacidade de investimento produtivo. Em suma: sem processo redistributivo, aprofundam-se os dramas ambientais, sociais e econômicos. Não se trata apenas de justiça e de decência moral. Trata-se de bom senso quanto ao funcionamento do sistema (Dowbor, 2017, posição 37).

Isso implica não apenas o que se pode acumular, mas também o impacto que isso tem no funcionamento do sistema que, a princípio, é disfuncional. Mas que, a nosso ver, é funcionalmente disfuncional, pois somente com o aumento de desigualdade se pode manter o sistema de enriquecimento. E para se manter, sub-repticiamente, o discurso próprio a uma economia passa para a própria constituição de subjetividade. Da mesma maneira que para e economia neoliberal não há somente uma condição para a economia ser eficaz, também ela afirma que apenas assim o bem-estar poderá acontecer: com a liberação dos mercados e da concorrência. Com sua autorregulação, tanto a economia quanto as demais esferas passam a ser articuladas em torno da ideia de que essa é a única alternativa possível. Todas as outras descartadas como equívocos, ideologia ou doença, como bem definia Von Mises (2010, p. 106): "o capitalismo seria o único sistema possível de organização social para se atingir o bem social"; e se alguém se posiciona contra o capitalismo defendido pelo liberalismo é devido a uma *atitude mental patológica* em que o sujeito deixa de fazer uso da razão (Von Mises, 2010), deixando-se levar pela inveja e pelo ressentimento[55].

É aqui que podemos encontrar as contradições desse Contrato Social financeirizado e seu impacto sobre a liberdade. De acordo com Amartya Sen, a pobreza é uma falta de escolha porque não se pode escolher o tipo de vida, mas é justamente do retorno às liberdades individuais que o neoliberalismo emerge na década de 1970. Com a diferença, como estamos vendo, da financeirização da economia que aumenta o contingente do que Standing (2013) chama de precariado.

Que diabos de liberdade é essa que não me permite escolher ter a vida de que preciso? O livro de Schrecker e Ambra (2015) sobre as epidemias do neoliberalismo nesse sentido é exemplar. Como escolher ter uma alimentação saudável se o acesso aos alimentos saudáveis não é possível nos bairros periféricos? Ou como comprar em outro bairro se as linhas de transporte são precárias, as pessoas moram em bairros periféricos que deixam como opção de circulação na cidade apenas a rota casa-trabalho-casa? Ou a gentrificação dos produtos orgânicos que não são ultraprocessados?

Se a liberdade fica, mais uma vez e cada vez mais, restrita como dado de realidade, outro aspecto do neoliberalismo fica no entre dois de outro significante do neoliberalismo: a liberdade não é somente individual, é também a liberdade de uma concorrência generalizada, em que a falta de intervenção do Estado para os direitos civis seria o melhor para o autodesenvolvimento da sociedade a partir da economia. No entanto, o que encontramos quando temos um capital financeiro especulativo e ilimitado e a concentração de rendas é que para os grandes investidores não temos mais, no topo da pirâmide, a concorrência:

---

[55] "O que o liberalismo afirma, repetimos, não é de modo algum, que o capitalismo seja bom, quando considerado de um determinado ponto de vista. O que o liberalismo diz é, simplesmente, que para a consecução dos objetivos que os homens têm em mente, somente o sistema capitalista se mostra adequado, e que toda a tentativa de se chegar a uma sociedade socialista, intervencionista, socialista agrária e sindicalista se revelará, necessariamente, malsucedida. Os neuróticos que não puderam suportar esta verdade chamaram a Economia de funesta. Mas a Economia e a Sociologia, por nos mostrarem o mundo como ele é, não são mais funestas do que outras ciências como, por exemplo, a Mecânica, por nos ensinar a impraticabilidade do moto perpétuo, ou a Biologia, por nos ensinar a mortalidade de todos os seres vivos" (Von Mises, 2010, p. 110-111).

> Em geral, nas principais cadeias produtivas, a corrida termina quando sobram poucas empresas que, em vez de guerrear, descobrem que é mais conveniente se articular e trabalharem juntas, para o bem delas e dos seus acionistas. Não necessariamente, como é óbvio, para o bem da sociedade (Dowbor, 2017, posição 430).

Ou, ainda, quando cita a pesquisa da ETH de 2011, que analisa a arquitetura das grandes corporações transnacionais e como elas não somente controlam os fluxos financeiros (Dowbor, 2017). Ela nos mostra que as corporações pouco competem, pois, na verdade, formam grandes conglomerados em que uma tem participação nos Conselhos diretores de conglomerado das outras e por onde os capitais circulam de um país a outro, de um paraíso fiscal a outro, sem controle dos Estados. Se, como vimos, a lógica liberal sustentou a expansão do capitalismo a partir da narrativa de levar a civilização aos lugares bárbaros pelos Estados Nacionais, no neoliberalismo as corporações acabam ocupando esse papel, com os Estados sendo um aparato de vigilância securitária por meio de seus exércitos, e por meio de manter em seus territórios paraísos fiscais sem regulamentação estatal, sendo os maiores o estado de Delaware, nos Estados Unidos, e a City, de Londres. Achar que paraísos fiscais existem somente nas ilhas do Caribe não passa de mais uma artimanha do Contrato Racial, agora a serviço do contrato financeirizado.

> A estrutura da rede de controle das corporações transnacionais impacta a competição de mercado mundial e a estabilidade financeira. Até agora, apenas pequenas amostras nacionais foram estudadas e não havia metodologia apropriada para avaliar globalmente o controle. Apresentamos a primeira pesquisa da arquitetura da rede internacional de propriedade, junto com a computação do controle que possui cada ator global. Descobrimos que as corporações transnacionais formam uma gigantesca estrutura em forma de gravata borboleta (*bow-tie*), e que uma grande parte do controle flui para um núcleo (*core*) pequeno e fortemente articulado de instituições financeiras. Este núcleo pode ser visto como uma "superentidade" (*super-entity*), o que levanta questões importantes tanto para pesquisadores como para os que traçam políticas (Dowbor, 2017, posição 462, grifos nossos).

Podemos afirmar que esse é um dos grandes paradoxos do capitalismo neoliberal e devemos nos perguntar se é a livre concorrência que permitirá a realização da liberdade e a evolução – sim, evolução é a palavra que utilizam e quando tratarmos dos transtornos psiquiátricos exploraremos como esse conceito se entranha já no liberalismo e como ele acaba tendo valor para um dos dispositivos do neoliberalismo, a saber, a ideia de transtorno em Psiquiatria – da sociedade, por que essa concentração de renda na mão de poucos conglomerados – as chamadas Bigs: Big Pharma, Big Tech etc.? A concorrência é dedicada a quem? Para qual discurso? Ora, lembremos aqui de outro estudo interessante sobre a lista dos sobrenomes dos ricos de Florença desde 1427 até 2011[56]: simplesmente não mudou em 500 anos! Por isso, essa contradição deve ser apontada: a concorrência leva à noção de sociedade de risco, mas quem corre o risco em um sistema de concentração de renda em poucas mãos? Quem é realmente o concorrente?

Essa concentração de renda também leva a outra característica ilimitada do neoliberalismo: a exacerbação do uso da violência por um Estado securitário. O Estado neoliberal se vale da violência de estado de diversas formas, desde o princípio subjacente ao neoliberalismo até a violência explícita de extermínio de outros modos de gozo. Dessa forma, como argumenta Honesko (2020, posição 304-308):

> Parece não se tratar mais de um pacto social, mas de algo como a criação, por meio da intervenção de uma força de autoridade (uma espécie de fundamento místico do sistema que tem na concepção do homem como "o animal que segue normas" seu ponto de sustentação), do campo concorrencial no qual se manifesta a liberdade e em que nenhuma intervenção de matriz "coercitiva-coletivista" pode ter lugar, a não ser o gesto instaurador, o gesto fundacional (o Estado, representando a segurança, como regulador mínimo do campo de tensões da concorrência).

A primeira violência é de fundamento: não haver pacto significa que não há possibilidade de questionamento em torno dos modos de laço social, mas uma autoridade jurídica vazia de Contrato Social que não pode ser em momento algum questionado. Uma força de autoridade cuja mera função seja garantir a concorrência acaba resvalando para o uso da força quando há o questionamento desse princípio regulador. Dois exemplos claros dessa tendência ao uso da força contra a expressão de uma liberdade que não seja a da concorrência nós encontramos tanto em Von Mises (2010) quanto em Hayek (1981). É apropriado citar os dois porque, para eles, em momentos

---
[56] Disponível em: https://papers.ssrn.com/sol3/papers.cfm?abstract_id=2856359.

de questionamentos da liberdade econômica, convém se valer tanto do fascismo (Von Mises)[57] quanto de poder ditatorial (Hayek)[58] ou de justificativas de que as democracias liberais estão em risco e, por conseguinte, é necessária uma intervenção militar de organizações ou de países, como as que aconteceram no Afeganistão ou Iraque.

É forçoso apontar que não se trata meramente de uma idiossincrasia de Von Mises ou Hayek, ou de governantes de turno dos países centrais. Trata-se de extração de consequências lógicas das premissas: em um sistema em que um pacto social seja apenas para garantir a concorrência para sustentar um capital financeirizado, a premissa por uma autoridade formal que preconiza essa concorrência generalizada só pode se sustentar por meio da adoção da violência. O Chile, citado como exemplo por Hayek (1981), demonstra isso muito bem desde 2019, quando emergiu a crise por causa dos limites das políticas neoliberais: a violência do governo se revelando por desaparecimentos, torturas, estupros, mutilações, entre outros, em busca da manutenção da ordem. Se no Chile as políticas neoliberais incorrem nessa contradição, isto também é forçoso considerar: não é por contingência de um país, é por lógica. Assim como é por lógica a análise que Honesko (2020) faz dos dois maiores divulgadores das ideias de Hayek no Brasil e seus laços com a ditadura brasileira[59]. Por isso, o uso da força e do poder estatal para difusão do ideário que defende o Estado mínimo. É pertinente perguntar: mínimo para quem ou em que situação? Em seu aspecto securitário, ele é máximo: garante pela força a segurança do contrato financeirizado, deixando intactos

---

[57] "Não se pode negar que o fascismo e movimentos semelhantes, visando ao estabelecimento de ditaduras, estejam cheios das melhores intenções e que sua intervenção até o momento, salvou a civilização europeia. O mérito que, por isso, o fascismo obteve para si estará inscrito na história. Porém, embora sua política tenha propiciado salvação momentânea, não é do tipo que possa prometer sucesso continuado. O fascismo constitui um expediente de emergência. Encará-lo como algo mais, seria um erro fatal" (Von Mises, 2010, p. 77).

[58] "¿Qué opinión, desde su punto de vista, debemos tener de las dictaduras? Bueno, yo diría que estoy totalmente en contra de las dictaduras, como instituciones a largo plazo. Pero una dictadura puede ser un sistema necesario para un período de transición. A veces es necesario que un país tenga, por un tiempo, una u otra forma de poder dictatorial. Como usted comprenderá, es posible que un dictador pueda gobernar de manera liberal. Y también es posible para una democracia el gobernar con una total falta de liberalismo. Mi preferencia personal se inclina a una dictadura liberal y no a un gobierno democrático donde todo liberalismo esté ausente. Mi impresión personal — y esto es válido para América del Sur — es que en Chile, por ejemplo, seremos testigos de una transición de un gobierno dictatorial a un gobierno liberal. Y durante esta transición puede ser necesario mantener ciertos poderes dictatoriales, no como algo permanente, sino como un arreglo temporal" F. Hayek. Entrevista para *El Mercurio*, em 12 de abril de 1981 (Honesko, 2020, p. 10).

[59] Os dois responsáveis diretos do ingresso do pensamento de Hayek no Brasil têm em seus currículos, e na formação de suas fortunas, tanto financiamentos públicos quanto parcerias econômicas com estímulos públicos que, ademais, foram efetivados justamente no momento de restrições das liberdades públicas no Brasil: a ditadura militar. (Honesko, 2020).

seus beneficiários e deixando aos outros o risco de sofrer todos os tipos de violência: desde a fome e a segregação em comunidades vulneráveis até a violência do Estado em seu estado puro. Estado mínimo não é sem Estado; é Estado sem direitos sociais ou sem a possibilidade de se pensar um laço social que não passe necessariamente pela tensão entre liberdade e propriedade privada que gera todo o sistema de exclusão que tem um fio contínuo entre o liberalismo e o neoliberalismo. É nesse sentido que concordamos com a qualificação de Honesko (2020, p. 54) para a concorrência:

> É preciso dar à concorrência seu nome: stasis, a guerra civil, na qual – sob o argumento do não direcionismo e do não intervencionismo que garantiriam o afloramento espontâneo e natural da verdadeira liberdade e da verdadeira ordem natural das instituições – a intervenção da violência do governo se dá, nos rincões coloniais do planeta, não mais na forma-polícia mas na forma-milícia[60]: contra o próprio estado, contra qualquer projeto coletivo.

É essa a leitura que Honesko faz do liberalismo – aqui pouco importando se neo ou não – em que a liberdade tem um sentido muito restrito e que pode, paradoxalmente, conviver com a escravidão, tal como aconteceu na luta da independência nos Estados Unidos: amparados em princípios liberais, os países fundadores que lutavam contra a tirania da Coroa britânica tinham escravizados. Aqui entra em cena o processo de desumanização que pode atravessar a história do liberalismo, como vemos em torno da noção da dívida pública que raramente é perdoada para o Terceiro Mundo ou para os países da Europa mediterrânea – como a Grécia –, mas foi perdoada para a Alemanha na Segunda Guerra Mundial. Por quê?

Como lidar? Como gerir? Como escapar aos efeitos dessa concentração econômica que, conforme vimos, não deixa de ser política e não deixa de ter efeitos sobre os sujeitos a partir do que podemos chamar, parafraseando Lacan, de uma moral de ferro. É o que Dowbor (2017) chama a atenção sobre o debate que se seguiu à crise de 2008: os temas como austeridade, dívidas públicas e irresponsabilidades dos governos assumiram a cena pública do debate, deixando de lado as instituições financeiras. Esses temas são interessantes porque, para tentar lidar com a crise, evocaram-se os temas morais do neoliberalismo, como nos demonstra Graeber (2016). Os temas morais pretendem não somente encontrar culpados, mas também estabelecer como princípio inexorável ser consentido pelos sujeitos. Ser austero, pagar

---
[60] Qualquer semelhança com o governo brasileiro não é mera coincidência.

as dívidas e ser responsável por sua miséria, como se a questão estruturante do discurso nada tivesse a ver com a crise. Ao individualizar as crises sobre atores do governo, abandona-se a estrutura discursiva do neoliberalismo que se sustenta pelo capital especulativo. Não é à toa que rapidamente as empresas que foram socorridas já estava dividindo os lucros entre seus acionistas; ou que, na crise do coronavírus de 2020, os ricos ficaram mais ricos, mesmo com a crise tendo incidido muitas vezes sobre a produção. "Lembremos que o dinheiro sendo imaterial – hoje apenas sinais magnéticos – e a conectividade sendo planetária, o 'território' deixa de existir como limitante de atuação" (Dowbor, 2017, posição 574).

Se o território deixa de ter esse aspecto de limitação, por outro lado, esse ilimitado que a financeirização comporta não deixa de implicar limites. Afinal, se na lógica da liberdade neoliberal a tônica se dá não apenas na propriedade privada, mas também na livre concorrência, não podemos deixar de notar que onde há competição, há dois aspectos inexoráveis. O primeiro é que as relações entre os indivíduos dão-se apenas de maneira estratégica, deixando de lado qualquer lógica de compromisso que não passe pela estratégia para atingir determinado objetivo. Como lembra Berardi (2019), não temos contato, e sim conexões, no sentido de algo fluido por uma série de significantes. O segundo aspecto é que onde há competidores, há vencedores e perdedores. E onde há vencedores e perdedores, temos a perspectiva de que os vencedores façam de tudo para contenção de que novos vencedores advenham. E aí vemos que o ilimitado é referente à acumulação, à destruição do ambiente e aos sujeitos vulneráveis. Mas para o controle do fluxo de capitais há limites bem claros. Conforme aponta Dowbor (2017, posição 786):

> Também temos uma visão mais clara sobre os traders, 16 grupos que controlam a quase totalidade do comércio de commodities no planeta, com raras exceções sediados na Suíça. Esses grupos são responsáveis pelas dramáticas variações de preços de produtos básicos de toda a economia mundial, como grãos, minerais metálicos e não metálicos, e energia – ou seja, o sangue da economia do planeta. Lembremos ainda que os dados do Crédit Suisse para 2016 mostram que oito famílias detêm um patrimônio igual ao da metade mais pobre da população mundial, resultado direto dos mecanismos financeiros, e o 1% mais rico controla mais da metade da riqueza mundial, ou seja, 1% tem mais patrimônio que os 99% de comuns mortais.

E segue mais adiante na análise dessa concentração e limitação:

> O que vemos neste pequeno levantamento de uma dúzia de grupos? Primeiro, evidentemente, o imenso poder de um número tão restrito de corporações que controlam o sangue da economia mundial, sob forma de grãos, petróleo, minérios, energia, sistemas de transporte, com a infraestrutura financeira correspondente e o gigantesco sistema especulativo complementar dos derivativos. Não se trata de "mercado" no sentido de livre mercado, cada um concorrendo para servir melhor (a chamada competitividade), mas sim de sistemas de pedágio onde os usuários finais das commodities têm pouco a dizer, e os países de origem dessas commodities menos ainda. Derrubar um ministro ou até um governo não é aqui nenhuma novidade (Dowbor, 2017, posição 1524).

Ora bolas, que concorrência em um sistema tão grande de concentração? Nossa questão é que o mesmo dispositivo que gera tal concentração – a financeirização da economia em capital improdutivo – é o mesmo que sugere que a liberdade seja a liberdade de concorrência. Na ponta, nos processos de subjetivação, esse paradoxo não é somente um cinismo de alguns – embora também seja –, mas sim a dupla injunção que Freud chamará de superegóica: um empuxo a gozar da renúncia, a correr riscos, mesmo que o resultado seja sempre que nunca é suficiente: o ilimitado da culpa aqui recai sobre o sujeito. Um aspecto importante a ser destacado na questão da subjetividade concorrencial e que, a nosso ver, é importante é que ela se restringe, no sistema ilimitado de acumulação neoliberal, como dispositivo para os sujeitos. Para os grandes conglomerados, trata-se de um jogo ou de uma festa. "A partir de um certo ponto, o dinheiro deixa de ser o objetivo. O interessante é o jogo" (Aristóteles Onassis). Desse modo, a financeirização implica, necessariamente, um sistema de subjetivação pela dívida e pela austeridade para a maioria da população. A austeridade e a dívida a ser saldada funcionam como significantes que organizam uma exigência de consentimento ao modo do que Freud e Lacan irão denominar como obscenidade do supereu e seu aspecto voraz e ilimitado. Por isso concordamos com Dowbor (2017, posição 1602) que a definição de liberdade no neoliberalismo ou no capital improdutivo quebra qualquer regulação de sistema:

> A liberdade de ação deste poder, porém, envolve a quebra de qualquer tentativa de regulação do sistema que, nos "trinta anos de ouro" (entre 1945 e 1975), assegurou um razoável

equilíbrio entre o mundo empresarial, o Estado e a sociedade civil. Nas últimas décadas, o que se observa é uma poderosa ofensiva no sentido da captura dos sistemas políticos que poderiam apresentar um contrapeso: os governos, o Judiciário, a mídia, os organismos internacionais, as organizações da sociedade civil, a opinião pública. Manipular as regras do jogo era um passo. Um segundo passo é a apropriação das próprias instituições que definem as regras do jogo. Mudar a lei pode ser muito mais eficiente do que contorná-la. E quando quem já é mais forte passa a ser o dono da caneta, tudo é possível.

Qualquer definição de liberdade no neoliberalismo que ignore essa definição é mera retórica. Daí a permanência; qual liberdade e para quem? E, mais ainda, essa apropriação não é apenas das instituições, mas também da própria subjetividade por meio da dívida:

> Em termos de mecanismos econômicos, na fase atual, é central a apropriação da mais-valia já não apenas nas unidades empresariais que pagam mal os seus trabalhadores, mas cada vez mais por sistemas financeiros que se apropriam do direito sobre o produto social por meio do endividamento público e privado (Dowbor, 2017, posição 1860).

A dívida como fator moral – e, consequentemente, de subjetivação, pois implica necessariamente a responsabilidade – e a precarização dos empregos com a narrativa da concorrência – mais uma vez aparece somente para quem não está no campo das grandes corporações, que jamais se responsabilizam pelos erros que colocam o sistema econômico em questão. Essa maneira expansiva e ilimitada do capitalismo neoliberal quebra o laço entre emprego, produtos e lucro. E, desse modo, não é ao mercado que os governos, por meio da dívida pública, devem prestar contas, e sim a esses especuladores que concentram o poder econômico e, consequentemente, o poder político. A cidadania – ou a vida em comum em que a diferença é possível, com todas as contradições possíveis e, ainda assim, passíveis de serem apontadas – é abandonada em nome do atendimento aos mercados. Introduz-se uma dupla injunção: não se investe no comum porque os mercados ficam nervosos; mas se os mercados ficam calmos, não se investe em políticas comunais porque senão seria algo que não é possível.

Como controlar o que não tem controle? A noção de discurso do capitalista nos permite enxergar melhor esse descontrole ilimitado e dá conta dessa sujeição consentida a transferir as rendas para um minúsculo grupo. Claro que há uma zona cinzenta em que a ação cínica individual ainda está em jogo; em que os dispositivos são mobilizados para manter a governamentalidade; mas há uma situação estrutural a partir da qual o cinismo individual e os dispositivos são mobilizados para a escolha do pior.

Ainda sobre endividamento, outro aspecto do cinismo é o dito "resgate" de bancos e empresas financeiras, quando eles colocam todo o sistema em questão. Mas por que essa preocupação não acontece com os milhões de pessoas endividadas cujo perdão poderia fazer com que milhões de dólares voltassem para o consumo e produção de bens e serviços? O que justifica essa contradição de ajudar quem já não precisa em função de suas irresponsabilidades, mas, por outro lado, ser implacável tanto com pessoas quanto com países periféricos? É que a dívida é um elemento importante para a transferência de renda dos mais pobres para os mais ricos. O caso de uma dona de casa aposentada, de mais de 70 anos, que perde sua casa por causa de uma dívida de R$ 700,00 é emblemático do sistema: o que uma casa de uma dona de casa agrega ao patrimônio de uma empresa financeira a não ser por esse imóvel ir a leilão e gerar em torno de R$350.000,00? Não há produção, não há perdão, há apenas a necessidade de fazer com que dinheiro gere mais dinheiro por meio do dispositivo da dívida. A moralidade do discurso do pagamento da dívida é cínico, porque ele pega grande parte da população, mas não aquela que gera a desigualdade social e os desequilíbrios econômicos. Essa é a outra vertente dessa razão cínica.

A dívida é um problema moral, mas seus efeitos sobre a economia são claros: retenção do crescimento econômico. É nesse cenário que aparece o outro sistema perverso que vem com a dívida: a austeridade. E, para sustentar subjetivamente essa lógica, a concorrência e o futuro distópico do neoliberalismo. Afinal, perguntamos mais uma vez: de que liberdade se trata, quando temos desregulamentação em um sistema político pouco representativo? E essa é mais uma contradição, agora em termos do que Dowbor (2017) vai chamar de governança: se os megabancos e megaconglomerados financeiros operam globalmente, mas as gestões que tentam controlar essas operações são nacionais, a governança desse ilimitado é praticamente impossível. Daí mais uma contradição: como uma regulação dispersa por mais de 200 países pode conter uma ação unificada e não regulada por nenhum país, principalmente quando operam por meio de *offshore*? Realmente, aqui encontramos o sentido da liberdade do neoliberalismo: pode tudo para a concentração de renda. Um exemplo simples. Meu cartão de crédito é do Banco do Brasil, banco semipúblico e sempre ameaçado de ser privatizado integralmente. É o que parece. No entanto, não podemos esquecer que quem opera meu cartão de crédito é uma dessas grandes bandeiras internacionais de crédito, como Visa, Mastercard, etc. Ou seja, meu sistema de crédito não é necessariamente regulado apenas pelas leis brasileiras e os recursos que gasto não são investidos nem no Brasil e muito menos na pequena cidade em que vivo como servidor público. Um sistema transnacional acaba influenciando a parte mais discreta de nossa vida, mesmo para aqueles que não têm cartão, que passam a ser invisibilizados, devido a essa expansão para as práticas de consumo cada vez menores, com a popularização da máquina de crédito para ambulantes. Por meio dos sistemas de cobrança de sistemas digitalizados com lucros repassados para esses grandes conglomerados financeiros, o capital financeiro se alia à digitalização. O dinheiro como expressão digital nos torna reféns desses processos de digitalização. E aqui entra o dispositivo de convencimento como processo de subjetivação com controle cada vez maior de nossos dados como criação de modelos de comportamentos[61].

Acerca do travamento da economia em decorrência dos diferentes tipos de endividamento, Hudson (2013 apud Dowbor, 2017, posição 2518, grifos nossos) afirma que:

> Pagar as dívidas imobiliárias, empréstimos estudantis, dívidas no cartão de crédito, dívidas empresariais, dívidas de governos estaduais, locais e federal, tudo isto transfere renda e cada vez mais propriedade para banqueiros e donos de títulos (*bond holders*). Esta "deflação por endividamento" (*debt deflation*) trava o crescimento econômico ao encolher os gastos em bens e serviços e, em consequência, em novos investimentos em capital e emprego.

Durante a crise de 2008, os lucros dos aplicadores de finanças cresceram; na crise que resultou no golpe parlamentar, os lucros cresceram; durante a pandemia, com a produção parada pelas medidas sanitárias e pela política de teto de gastos, o lucro deles cresceu. Que mercado é esse em que, com toda a economia do país estagnada, o dito 1% continua acumulando riqueza por meio de um capital improdutivo, apenas por acúmulo do que podemos chamar de ficção do dinheiro financeiro?

---

[61] Joel Kurtzman – *The Death of Money*: How the Electronic Economy has Destabilized the World's Markets and Created a Financial Chaos (New York: Simon & Schuster, 1993) – ajudou bastante na compreensão do desgarramento (*decoupling*) entre a economia do "dinheiro" e a economia "real" (Dowbor, 2017).

É assim que podemos entender o conceito de ilimitado trazido por Aléman (2017). Cremos que na ideia de ilimitado podemos considerar que não teremos, em primeiro lugar, uma solução nacional sem considerar que esses conglomerados são transnacionais. Ou seja, se sustentam em um discurso que, formalmente, é indiferente às nações em sua expansão, mas é deferente a algumas nações desde que elas possam ser exploradas. Mas, mesmo assim, as respostas das nações exploradas e a ampliação da exploração para o centro do poder mundial aponta para esse ilimitado.

Esse é um dos problemas da liberdade do neoliberalismo que devemos atacar, que é o liberalismo econômico para poucos, como apontamos anteriormente. Mas há outra dimensão: por que nos sujeitamos a essa merda? Uma resposta possível a partir dessas contradições é o que podemos chamar de duas séries de injunções do neoliberalismo que, a nosso ver, quando conjugadas, constituem a subjetividade da época neoliberal. São elas, de acordo com o que depreendemos da leitura de Dowbor (2017) – do ponto de vista econômico – e de Dardot e Laval (2016) – do ponto de vista sociopolítico, e que se articulam em torno do que chamaremos de responsabilização: 1) econômica: austeridade e endividamento; 2) sociopolítica: concorrência e individualização.

Tais injunções visam a um gozo futuro. Mesmo que a injunção seja sobre o gozo hoje em uma vertente hedonista, é interessante ver que esse gozo hedonista só se sustenta pela repetição ao modo de adições. A financeirização, por outro lado, também acaba contaminando o campo da produção para sustentar essa ficção ilimitada, daí a produtividade incessante da fantasia ideológica do empreendedor de si: se ele coloniza o sono, traz para um campo a lógica da concorrência no qual ela não faz sentido, em que a própria vida se torna administrativa, mas para sustentar essa lógica de produtos como elementos de especulação. Se a financeirização tira o sono de alguém, não é do 1%. Dormindo, vence. Acordado, vence mais ainda. E o empreendedor? Bom, a este resta produzir até não poder mais. Dormir e acordar não fazem parte do seu ritmo de vida. É a esse ardil que a flexibilização proporcionada pelo neoliberalismo leva.

Para um psicanalista, uma expressão como empreendedor de si o faz levantar as orelhas. Nenhum sujeito se autoengendra. E se é o próprio sujeito que é objeto de investimento, sabemos que isso o faz investir cada vez menos no Outro como laço social que implica a alteridade. O outro em si, que foi a marca do inconsciente, se apaga. Mas se a subjetividade contemporânea é a do empreendedor de si, encontramos aí um isolamento do sujeito em que a defesa de si assume o caráter de violência. Assusta-nos, mas não surpreende, o grau de violência atual em que vivemos: se o sujeito se autoengendra, se ele é seu único objeto de investimento, o que resta como possibilidade de laço é a violência em que qualquer movimentação do Outro passa a ser interpretada como um ataque ou um roubo desse lugar precioso. *"My precious"*, de *O Senhor dos Anéis*, é uma boa imagem dessa subjetividade de época que é anotada como empreendedor de si. Mas vejamos como o ilimitado, então, compõe com a noção de liberdade na subjetividade contemporânea. É aqui que podemos aportar alguma contribuição da Psicanálise.

7

UMA LIBERDADE LIBERAL É ILIMITADA

A família de Andrea, minha companheira, tem uma casa de praia no município de Anchieta, no estado do Espírito Santo. Ela fica no alto, sendo a parte de baixo uma área de proteção ambiental, o que dá uma visão panorâmica de 180 graus do mar. Do lado direito vemos a poucos quilômetros o porto da Samarco, mineradora que explorava minérios para a Vale e era subsidiária da Billiton na Austrália. Esse mesmo município recebia royalties do petróleo por ter em suas águas uma plataforma de exploração do pré-sal, que também se avista no horizonte nos dias de poucas nuvens. Anchieta é um município pequeno de 23.894 habitantes e foi fundado por um dos padres catequizadores – o famoso Padre Anchieta, conhecido pelos católicos como o Apóstolo do Brasil – dos povos originários. É um dos municípios mais antigos do país. E, se com Anchieta a colonização explorou por meio do epistemicídio da cultura dos povos originários, hoje, no neoliberalismo, essa cidade foi também vítima de seu ilimitado. Víamos da varanda os incessante ir e vir de diversos navios cargueiros que levavam os minérios que vinham de Mariana e eram pelotizados na região. Minérios que iam principalmente para a China. É curioso que a cidade na qual vou descansar das pesquisas sobre o neoliberalismo está diretamente afetada por seu ilimitado também.

A antiga caseira era casada com um pastor que trabalhava na Samarco, subsidiária da Vale. Perdeu o emprego quando a Samarco fechou as portas para conter os danos para a imagem da empresa e teve que se "reinventar" como motorista particular de van. Em 2020, durante a pandemia do novo coronavírus, tendo que trabalhar como empreendedor particular devido à política do governo brasileiro que defendia que o distanciamento social afetaria a economia e isso seria pior do que a contaminação por um vírus para o qual não havia nem cura, nem doença, Charles, o marido da caseira Adriana, contraiu o vírus e morreu. A troca de um emprego devido à falta de regulação e limites do neoliberalismo, a precarização dos direitos trabalhistas e a ideia difundida de que a liberdade é a liberdade de ser empreendedor mostram que o ilimitado mata.

Como podemos definir a liberdade e sua articulação com o ilimitado neoliberalismo? Que lógica de consentimento ela exige? E que alternativa podemos ter? Comecemos essa última análise com base no texto de Brown (2019) sobre as ruínas do neoliberalismo. Sua tese central é de que o neoliberalismo precisa desmantelar as ideias de sociedade e de política e, para isso, precisa também mudar a ideia de subjetividade. Para fazer a análise desse desmantelamento, ela reúne tanto a análise neomarxista que demonstra que o neoliberalismo "visava desmantelar as barreiras aos fluxos de capital [e, portanto, à acumulação de capital] representada pelos Estados-Nação e neutralizar simultaneamente as demandas redistributivas do Sul recentemente descolonizados" (Brown, 2019, p. 30), como vimos no capítulo anterior, quanto a análise foucaultiana segundo a qual esses princípios de liberalização que impactam os governos desde a década de 1990 também:

> [...] tornam-se princípios de realidade que saturam e governam cada esfera da existência e reorientam o próprio *homo economicus*, transformando-o de um sujeito de trocas e da satisfação das necessidades (liberalismo clássico) em um sujeito de competição e do aprimoramento do capital humano (Brown, 2019, p. 31, grifo do original).

Ora, o que ela aponta é que entre as duas interpretações há menos diferenças e mais aproximações. Afinal, o dispositivo da financeirização e da concorrência, da defesa da propriedade privada atravessam não apenas a composição de um novo modo de compor o governo, mas também de compor a si mesmo como um governo de si, isolados uns dos outros.

E para que se possa passar do campo da gestão econômica predatória para o campo da subjetividade no neoliberalismo, a ideia de liberdade é central. Como lembra Harvey (2014, p. 17), ninguém assumiria a defesa disso que Foucault chama de empreendedor de si se não houvesse uma sedução discursiva de que os princípios do livre mercado e da livre concorrência possam gerar o bem-estar social não por intervenção estatal, mas por conta da natureza própria do mercado: "o pressuposto de que as liberdades individuais são garantidas pela liberdade de mercado e de comércio é um elemento vital do pensamento neoliberal e há muito determina a atitude norte-americana para com o resto do mundo". Não somente do governo dos Estados Unidos, mas também dos diversos indivíduos que são atravessados por esse discurso. Ser livre é ser livre de uma coação do Estado e deixar o mercado agir como um dado de natureza.

Nesse sentido, como lembra Han (2018), o impacto não é apenas sobre os governos e os processos de acumulação de capital, é um processo que incide também sobre a própria constituição do eu. Mas uma liberdade dessa ordem não deixa de trazer as próprias contradições, pois se se livra de coerções externas, por um lado, "submete-se agora a coações internas, na forma de obrigações de desempenho e otimização" (Han, 2018, p. 9). Estar livre de supostas coações externas – supostas, pois elas são articuladas por um discurso que atravessa o sujeito –, mas estar sempre sendo instado a produzir indefinidamente em um processo de competição com os outros leva a uma cobrança excessiva, a "uma autoprodução ilimitada" (Han, 2018, p. 15) e passa a considerar a si mesmo como responsável por qualquer fracasso e não esse discurso que o atravessa. Trata-se de uma liberdade coagida. "Assim, o automonitoramento se assemelha cada vez mais à autovigilância. O sujeito contemporâneo é um empreendedor de si mesmo que se autoexplora. Ao mesmo tempo é um fiscalizador de si próprio" (Han, 2018, p. 85).

Essa autoexploração ilimitada leva às mortes, como no caso de Charles. Leva ao adoecimento, seja ele psíquico, como apontei em conjunto com Christiane Matozinho em *Pandemia e Neoliberalismo: a Melancolia contra o Novo Normal* (2021), ou doenças biomédicas, como apontaram Schrecker e Bambra (2015) em *Doenças do Neoliberalismo.*. Essa liberdade com raiz liberal não leva apenas à falta de garantias, leva também a um processo de autoexploração e, até mesmo, à fadiga. Isso porque ele rompe também com algo que é importante na tessitura do sujeito, que é a experiência temporal como uma experiência ritmada. Não é à toa que um dos ataques das reformas trabalhistas no mundo seja ao tripé estabelecido por Paul Lafargue, genro de Marx, em *O Direito à Preguiça*, que divide o tempo em tempo de trabalho (8 horas); tempo de lazer (8 horas) e tempo de descanso (8 horas). O prejuízo a essa experiência ritmada temporal geralmente também é acompanhado pela sedução de que os indivíduos farão seu próprio horário. Mas o resultado é uma indefinição em que o tempo de trabalho se introduz em todas as esferas da vida. A experiência da pandemia foi exemplar nesse sentido para aqueles que se viram, de uma hora para outra, obrigados a transformar suas residências em lugares de trabalho, tendo uma amostra grátis do que acontece com as populações mais vulneráveis e sem os direitos sociais garantidos.

A pandemia apontou para a questão dos mais vulneráveis que já eram vítimas do que é conhecido como capitalismo 24/7 (24 horas por semana em sete dias da semana) e demonstrou que esse processo está em expansão para diversas categorias trabalhistas. Dal Rosso (2017, p. 15) demonstra como a sedução por jornadas flexíveis – logo, sob a marca de uma maior liberdade para o sujeito – tem impactos sobre o trabalho que seria o capital "movendo um mecanismo que converte tempo de não trabalho em tempos de trabalho, trazendo para a esfera de controle do capital horas laborais que estavam sistematicamente fora de sua dominação, ativando o processo de subsunção real". Nessa perspectiva, a flexibilidade é uma liberação como um ardil que captura o sujeito em um processo de exploração. A consequência dessa elevação das horas de trabalho não é apenas sobre a carga horária, mas também sobre processos de produção indefinida, tentando subordinar processos que seriam fronteiras de resistência a essa lógica, como o sono e o sonho.

Crary (2014, p. 81) explora essa consequência, valendo-se do conceito deleuziano de sociedade do controle, que "é caracterizada pelo desaparecimento de brechas, espaços e tempos abertos". Isso porque esse fim de ritmo oferece aos sujeitos a ideia de um tempo de resposta sempre imediato. Assim, dormir é um elemento que deve também ser controlado, pois é um momento em que há um desligamento da experiência de produtividade indefinida e ilimitada, aí introduzindo um mínimo de limite. É um efeito dos processos de digitalização e de imagens sendo oferecidas a todo momento. Os canais de *streaming* colocam à disposição um conjunto de filmes e séries para os sujeitos "maratonarem" a qualquer momento. Mas o efeito em relação ao sono dá-se também em relação aos sujeitos ao perturbarem a possibilidade da produção inconsciente dos sonhos, como lembra Freud. Crary (2014, p. 117), apesar da ótima análise, faz uma leitura simplista quando afirma que "para Freud, o sonho era motivo de inquietação tanto quanto os estados de transe, e seu trabalho nesse campo é um leito de Procusto no qual ele tentou domar o que estava além de seu controle e compreensão".

Ora, para Freud, o sonho desempenha duas funções: a primeira é que é o guardião do sono. Sonhamos porque queremos manter nosso estado de sono. E isso porque a formação do sono é a via régia para o inconsciente. Via régia para o trabalho do sonho como sendo o trabalho do desejo. O que o desejo introduz na dinâmica dos sujeitos é um ponto de detenção e de insatisfação. Mas também o desejo é uma maneira de apontar para um outro mundo possível e para uma perspectiva de um outro futuro. O desejo é um caminho para reintroduzir o que essa flexibilização do tempo como marca da liberdade liberal tenta impedir como processos de subjetivação em uma liberdade coercitiva. Futuro que, nas palavras de Berardi (2019), está impedido. E impedido, de acordo com Traverso (2018), por termos perdido a historicização da memória pela falta de utopia. É pelo sonho que podemos pensar em outro modo de liberdade e acreditamos que a Psicanálise permita isso.

Mas antes de passarmos para essa análise, vejamos como Brown (2019) analisa esse processo de destruição promovido pelo neoliberalismo. Para tal, ela retoma o argumento que ficou popularizado na boca de Thatcher, mas que foi tematizado por Hayek: o de que a ideia de sociedade é uma abstração, uma vez que somente existem indivíduos e suas famílias. Mas, mais do que isso, o problema da sociedade, para Hayek, segundo Brown, é que ela seria um conceito mal formulado que introduziria duas mistificações, a saber, a personalização – indivíduos conhecidos entre si diriam que personificam o conjunto de indivíduos e gostariam de dirigi-los ao falar em nome deles em defesa do laço social – e o animismo – que é a tentativa de achar que processos de evolução da sociedade tal como ela se organiza são resultado de uma ação de algumas pessoas. Essas duas proposições levariam ao totalitarismo e à coerção das liberdades individuais e uma intervenção estatal ilimitada para garantir a justiça para a diminuição das desigualdades sociais. "Personificação e animismo também leva à crença de que a sociedade é mais do que os efeitos de processos espontâneos e que pode portanto ser manipulada ou mobilizada como um todo; esta é a base do totalitarismo" (Brown, 2019, p. 43).

O aspecto central na posição de Hayek é a noção de que a civilização opera por processos espontâneos que não podem ser orientados nem pela razão, muito menos pela vontade. Deixar a sociedade funcionar espontaneamente não é, necessariamente, um laissez-faire, mas, sim, reconhecer que há uma organização própria da sociedade na qual qualquer intervenção seria da ordem da violência e do cerceamento das liberdades que poderiam mudar a sociedade de maneira espontânea. Como lembram Dardot e Laval (2016, posição 861), isso não remete necessariamente ao que é chamado de darwinismo social[62], que pretende ler os movimentos sociais e subjetivos como dados de uma adaptação evolutiva em que os mais fortes, em concorrência, fariam os indivíduos se adaptarem para os melhores sobreviverem. Essa ideia seria erroneamente atribuída a Darwin e à teoria da origem das espécies. No entanto, essa teoria evolucionista é anterior a Darwin e se

---

[62] "A leitura da resenha deste livro pelo próprio Spencer prova a presença indiscutivelmente ativa nesta obra escreveu dez anos antes da publicação de *A origem das espécies*, do 'darwinismo social' cujo Spencer é o iniciador e que se difundirá pela Europa após 1860. [...] ele afirma que quando um governo tenta impedir a miséria resultante da competição e da 'luta entre a vida e a morte', ele cria na verdade muto mais miséria protegendo os incapazes" (Tort, 1996, p. 14, grifo do original).

sustenta em um autor que é importante e cuja influência raramente é dita: Herbert Spencer. Enquanto na teoria darwiniana o que importa é que o processo de adaptação ocorre ao acaso e daí decorre o que ele chama de seleção natural, na teoria evolucionista o aspecto central é dado à lei do mais forte. Conforme Tort (1996, p. 5):

> Regulada e reflexo de uma experiência de relações históricas e sociais de sociedades liberais contemporâneas, o spencerianismo individualista e competitivo, filosofia moderna do "progresso" por adaptação complexificadora, competição, triunfo dos indivíduos melhores adaptados e a desqualificação "natural" dos menos aptos, penetrou tão intimamente os substratos ideológicos e comportamentais destas sociedades que pode se passar hoje como referência explícita de seu fundador.

Spencer, a partir disso, argumenta que o papel do Estado seria defender os princípios liberais da propriedade privada, os indivíduos e aplicar a justiça. Mesma preocupação de Hayek, conforme aponta Brown. Essa espontaneidade, na verdade, é equivalente a um dado de natureza de que qualquer tentativa de manejá-la seria ir contra o que poderíamos chamar de leis naturais. E isso se sustenta, segundo Hayek (*apud* Brown, 2019, p. 44), amparado em dois pilares "que surgem 'espontaneamente', evoluem e se adaptam 'organicamente'": a moral e o mercado que, eles sim, revelariam a verdadeira face da justiça. Afinal, a moral e o mercado propagam uma possível conduta para grandes populações sem a necessidade de uma intencionalidade. Tanto a moral quanto os mercados não necessitam de um projeto prévio. Uma vez que se situam no campo das regras e não dos resultados, elas conduzem a uma ordem moral sem a necessidade de criá-las.

Por isso a importância dos valores tradicionais. E, por isso também, que ao contrário do que muitos podem pensar, o neoliberalismo não é avesso à tradição e muito menos ao conservadorismo moral; ele é seu epígono. Desse modo, tanto o mercado quanto a moral, por serem espontâneos, comparecem da maneira como Deenen (2019) colocou: como algo que carece de dúvidas por ser incontestável. Ideológico é querer contestar esses dois fatos da natureza social e humana. O que se deve saber é quais são as regras e aplicá-las, bem ao estilo de uma tecnocracia econômica ao gosto dos economistas neoliberais ou que promovem sentidos brutos, como apontou Lacan em *O triunfo da religião*, que é ao gosto, por exemplo, dos neopentecostais, os quais adotam a ideologia do sucesso, do consumo, da produtividade e da competição (Lacerda, 2019; Mariano, 2014).

Somente com o respeito às regras evolutivas a civilização pode avançar por meio de um jogo que tem vencedores e perdedores. Essas regras precisam ser conhecidas e aplicadas universalmente. Universalidade das regras e a lógica do jogo estão no centro da compreensão dos acordos entre os indivíduos no neoliberalismo. Estranho jogo, que faz uma falsa símile de uma falsa ideia de que tanto o mundo social quanto o mundo animal se reduzem à luta pela sobrevivência do mais forte. Então, por meio desse jogo de regras claras e universais se deve deixar para trás os fracassados, os vencidos e o acaso.

> Deste modo, ele descreve o "jogo" que fará avançar a civilização, satisfará necessidades [*wants*], dispersará informações, terá a liberdade [*liberty*] como característica e que será totalmente "não projetado", ao mesmo tempo que pode ser aperfeiçoado (Brown, 2019, p. 47, grifo do original).

Nesse sentido, qualquer um que se colocar contrário aos pilares da civilização que seriam espontâneos, que deseje não entrar em um jogo em que sua própria sobrevivência está em questão, mesmo que denuncie a falácia desse aspecto evolutivo – e, porque não, a justificativa por outros meios de projetos imperiais tanto sobre países quanto sobre regiões de países ou de sujeitos – são pessoas consideradas dotadas de um "primitivismo social e intelectual" (Brown, 2019, p. 47), por se agarrarem a uma ilusão fatal de que a igualdade deveria realmente ser um princípio civilizatório. E esses que são iludidos ou primitivos podem ser tutelados, seja por meios de violência direta – as ditaduras – seja por meio da violência simbólica: não deixando espaço para que os sujeitos possam pensar outros mundos possíveis. É nessa violência que o projeto neoliberal se arroga também, como demonstra Foucault, ao construir subjetividades segundo a lógica do empreendedor de si.

Mas essa proposição, a nosso ver, não deixa de implicar uma contradição ao colocar no centro da evolução civilizatória a competitividade. A competitividade só pode ser dentro da moral e dos mercados econômicos. A competitividade entre modelos de moral (não sustentar uma moral misógina como dado de evolução demonstrado muito bem por Mckinnon (2021) em seu livro *Genética Neoliberal*) que redunda ainda na permanência do Contrato Sexual (que considera o corpo da mulher no campo da propriedade privada) ou de modelos econômicos (por exemplo, considerar não apenas a economia como meritocrática ou como acumulação dos mais fortes, mas também, como elaborou Bataille (2016), como dispêndio, em que a lógica da acumulação dá lugar à lógica do dispêndio e do princípio da perda[63]). Uma competitividade que é regulada é ainda uma competitividade? Quando analisamos a centralidade da financeirização da economia como dispositivo central da acumulação do neoliberalismo, vimos que as condições do jogo não são as mesmas para todos, uma vez que, ainda mais, há concentração de renda na mão de poucos. Vimos que a ideia de que não há outras regras é para evitar, justamente, outro regramento social.

Paradoxalmente, para que a justiça e a liberdade de competir sejam possíveis no livre mercado, não pode haver como concorrente outros projetos que critiquem os princípios liberais. Aléman (2017, p. 29) nos aponta isso de maneira extremamente perspicaz quando afirma que o neoliberalismo "precisa fazer desaparecer o 'conflito' para submergir tudo no consenso neoliberal". Um consenso sobre princípios que precisa abrir mão da noção de conflito é algo interessante, pois aponta para alguma direção à qual não devemos renunciar para pensar outros sujeitos: não há planificação do sujeito, não há um sujeito transparente a si mesmo, mas um sujeito que traz a centralidade do conflito traz também a necessidade de pensar outros princípios. Contra a competitividade, o conflito. E é o conflito que encontramos, desde Freud na organização do inconsciente e na estrutura do sintoma, como veremos mais à frente, pois antes precisamos voltar a analisar como esse consenso se estrutura principalmente em nome da liberdade como liberdade individual no livre mercado.

Brown (2019, p. 48) mostra então como o neoliberalismo considera, no sentido moral, que qualquer demanda por igualdade é uma política da inveja, como é a ideia de taxar as grandes fortunas, que seria inveja de quem não conseguiu acumular riqueza no jogo competitivo (ouvi esse argumento inclusive de meu cunhado). Politicamente, desmantelar os salários indiretos, que são as políticas públicas de seguridade, saúde, educação e lazer, em nome de que cada um é responsável pelo investimento em si mesmo (ouvi esse argumento de colegas do departamento que defendiam menos concursos públicos para aumentar os investimentos nos professores já contratados); legalmente, a partir de ocupação do Estado para passar leis que contrariam qualquer proposta de igualdade (não é exatamente o que o governo Bolsonaro

---

[63] "Enquanto classe que possui riqueza, tendo recebido com a riqueza a obrigação do dispêndio funcional, a burguesia moderna se caracteriza pela recusa de princípio que ela opõe a essa obrigação. Ela se distinguiu da aristocracia pelo fato de só ter consentido em *dispender para si*, no interior dela mesmo, isto é, dissimulando seus dispêndios, na medida do possível, aos olhos de outras classes" (Bataille, 2016, p. 28, grifo do original).

fez com toda a legislação ambiental e de demarcação de terras indígenas); a valorização de pautas conservadoras, como a tradição que mantém a comunidade unida em vez de reconhecimento de desigualdades sociais em suas diversos matizes (racial, de gênero, capacitista, transfóbico etc.). Todas essas proposições visam ao que é conhecido como "desmassificação", que é a valorização das famílias e dos indivíduos contra a ideia de sociedade e de igualdade que pode levar ao que eles chamam de autoritarismo e coerção da liberdade. Mas o que seria essa desmassificação?

Em primeiro lugar, era um projeto mais intervencionista do que o liberalismo clássico por se dar não somente sobre o Estado, mas também sobre a economia e o próprio sujeito. Desse modo, se há alguma diferença entre o liberalismo clássico e o neoliberalismo é que a ideia de um Estado mínimo não é sem intervenção. A intervenção é para a manutenção dos pilares morais e do mercado para que o jogo socionatural do capitalismo possa se manter, nem que para isso, como lembra Hayek, seja melhor uma ditadura liberal do que uma democracia socialista (embora prefiram democracias liberais, que são as mesmas que promovem desigualdades). O receio dos neoliberais – ou ordoliberais[64] da escola de Friburgo – era que sem essa intervenção o capitalismo pudesse gerar "uma força social desindividualizada e até mesmo desterritorializada, propensa a se revoltar contra ele brandindo demandas por um Estado Social ou uma revolta socialista" (Hayek *apud* Brown, 2019, p. 49).

Essas preocupações deram-se a partir da década de 1930, mas ganharam corpo na década de 1970, como demonstrou Chamayou (2020). Com receio de uma sociedade ingovernável, fruto das revoltas anticoloniais na África e na Ásia e das revoltas trabalhistas nas fábricas da década de 1960[65], era preciso criar condições para que até mesmo os governos de Estados Nacionais se curvassem aos mercados financeiros como resposta "à crise de governabilidade: a regra de mercado" (Chamayou, 2020, p. 359). E assim, o mercado não devia ser apenas:

> [...] aquilo sobre o que a política não devia avançar, mas também aquilo a que ela devia se subordinar a partir de então. O mercado passava, assim, do ponto de vista da política governamental, do status do objeto limite ao de sujeito limitador da ação (Chamayou, 2020, p. 359).

---

[64] Recomendamos a leitura de Dardot e Laval para uma história mais completa da neoliberalismo.

[65] "O perigo é político: o trabalhador corre o risco de deslocar a sua frustração participando de movimentos sociais ou políticos radicais" (Chamayou, 2021, p. 42).

O acordo entre governantes, operadores e empresários foi para modificar esse estado de coisas por meio de um dispositivo denominado na década de 1970 por um autor em defesa aberta ao neoliberalismo, curiosamente, de micropolítica.

Mas ao contrário da micropolítica traçada por Foucault como uma crítica dos dispositivos cotidianos de poder, a micropolítica do britânico Madsen Pirie era positivada como uma estratégia de fazer as reformas neoliberais sem os custos políticos de dilapidar o capital político por implementar reformas que não seriam populares, como fazer com que os sujeitos pagassem por sua educação e saúde ou abrissem mão de suas aposentadorias. A preocupação era como fazer com que os indivíduos consentissem em renunciar direitos ou preocupação ou projeto de igualdades. Por isso, ele define essa micropolítica positivamente como:

> [...] a arte de gerar circunstâncias nas quais os indivíduos serão motivados a preferir adotar a alternativa privada e nas quais as pessoas tomarão individual e voluntariamente decisões cujo efeito cumulativo propiciará o advento de coisas desejados (Pirie *apud* Chamayou, 2020, p. 370).

A lógica dele é de que não se deve entrar no embate de ideias – chega a chamar Hayek de soporífero, embora compartilhe dos princípios de suas ideias – contra a esquerda e aprender com Che Guevara e Lênin que a ação precederia a teoria, ao que Chamayou (2020, p. 371) comenta de maneira jocosa: "curioso nascimento de um estilo bolchevique-liberal na política reacionária".

Essa micropolítica, positivamente, não reduz nem elimina os serviços que eram oferecidos pelo Estado de Bem-Estar de uma vez toda, o que levaria a uma revolta dos sujeitos. Ela pretende fazer as reformas em um tempo mais longo, usando de expedientes como a privatização dos serviços – eles não deixam de ser oferecidos, passam a ser terceirizados. Mas eles não são eliminados de todo do campo da política pública, eles passam a ser precarizados a ponto de que se passa a ideia de que os serviços privados são melhores (a privatização da Vale do Rio Doce na década de 1990 ou das empresas de comunicação estatais no Brasil seguiram de perto essa lógica) e, com isso, reorientando as demandas para o setor privado. Fazendo isso, não se muda apenas a lógica do governo, mas impactam diretamente as subjetividades que passam a se conformar com essa oferta discursiva: "convertendo as antigas reivindicações políticas em demanda de mercado, esperava-se descarregar, não apenas orçamentária, como também politicamente, o Estado da pressão público" (Chamayou, 2020, p. 375).

Os próprios indivíduos, como empreendedores de si e como consumidores, tornam-se inteiramente responsáveis por si mesmos por meio das escolhas entre as ofertas no cardápio do consumo para, diante de pequenas escolhas sem opções de ver o conjunto do projeto, fazer com que a realidade neoliberal se imponha. Curioso neoliberalismo que defende regras universais com um dirigismo estratégico. Por isso, trata-se de uma micropolítica: ela recua até aos indivíduos e a suas escolhas sem que possa ser pensado se elas não querem escolher outro mundo. E nessa individuação, outra estratégia também é apresentada, levando em conta o fator tempo: as reformas no sistema público de bem-estar seriam feitas sempre pensando não na alteração dos regimes de empregabilidade: planos de demissões e aposentadorias voluntárias com indenizações medianas ou mudança no regime de admissões, prometendo que a alteração será para os novos funcionários (reforma da previdência do serviço público que retira direitos dos próximos funcionários públicos). "Mais do que comprar das pessoas seu próprio futuro, é possível prometer-lhes que conservarão suas vantagens de longo prazo sob a condição de sacrificar os novo ingressantes" (Chamayou, 2020, p. 382). Dividir para dominar, por que lutar por direitos e traçar um compromisso transgeracional? Destrona-se não somente o laço social, mas também a possibilidade de atuação política. E para isso, a ideia da liberdade de cada um é fundamental.

Retomando então a análise de Brown (2019, p. 49) sobre o neoliberalismo contra a massificação – no que a micropolítica neoliberal foi a ação exitosa – a desmassificação neoliberal "visava combater a proletarização por meio da empreendedorização (logo, da reivindicação) dos trabalhadores, por um lado, e da realocação dos trabalhadores em práticas de autoprovisão familiar, por outro". Se não existe sociedade, apenas massas amorfas que podem começar a exigir condições que contrariam a moral e o livre mercado, por outro lado existiria o indivíduo. Logo, a mudança de regimes de governo não pode ser desacompanhada da mudança de regime de subjetividade. Regimes econômicos, no fundo, se convertem em regimes morais e regimes morais conduzem os regimes econômicos. Por isso, conforme Brown (2019), a desmassificação acaba no limite, convertendo-se em empreendedorismo em que o sujeito é inteiramente responsável pelos investimentos para manter a si e a sua família como capital humano. A consequência do empreendedorismo é a transformação de suas posses em material de trabalho e em fontes de capitalização, ou o que é conhecido como "uberização" da economia e das subjetividades por meio das plataformas digitais – também conhecido como capitalismo de plataforma –, impactando a construção de estratégias coletivas e alteritárias de enfrentamento às desigualdades e transformando a experiência do tempo em uma experiência ou de produção constante, uma vez que só recebe quem produz, ou em ocupações sem perspectivas de futuros por serem de curto prazo. A consequência é que um sujeito que trabalha em um tempo indefinido o faz apenas para sua mera sobrevivência e a dos seus familiares, sendo aí contraditório com o conceito de que ele cuida de sua família, já que a última coisa que faz é conviver com ela! Ou, por outro lado, extrai-se uma segunda consequência, que é delegar à família o cuidado de seus dependentes. Aqui, a experiência do tempo presente torna-se apenas fragmentária, sem perspectiva de futuro algum para as novas gerações, visto que sempre dependerão do auxílio ou do apoio da família. A série *Round 6* explora bem essa situação: o personagem principal é um ex-empregado de uma fábrica privatizada que vive de bicos e apostas e depende de sua mãe para comprar um presente para a filha, sendo sua alternativa para saldar uma dívida impagável se submeter a um jogo cuja própria vida pode perder a qualquer momento. Ou, ainda, há o exemplo de Jair Bolsonaro no início da pandemia, ao defender que não se deveria ter *lockdown* para não comprometer a economia – como se tivesse sido a pandemia a responsável pelos resultados pífios da economia brasileira. Para ele, não é o Estado e sim as famílias que devem cuidar de seus idosos[66]. É a curiosa preocupação com a família que exige o consentimento às leis morais e de mercado, embora essas mesmas leis não permitam aos sujeitos terem condições de se manterem ou uma perspectiva de futuro. Quer maior exemplo de uma exigência superegóica que requer não somente uma renúncia, mas também o gozo com a renúncia consentida?

É com esse pano de fundo, articulado a essas estratégias, que a liberdade neoliberal acaba entrando em cena também de maneira paradoxal e superegoica, pois a liberdade de mercado deve se converter também na estrutura da liberdade do próprio indivíduo contra a ideia de uma sociedade ou de laço social que contraria as leis espontâneas da evolução dos grandes grupos por meio da moralidade e da livre concorrência dos mercados. Mas o argumento nesse aspecto é *sui generis*: se não há sociedade, se há somente indivíduos e famílias, não faz sentido falar em "poder social que gera hierarquias, exclusão e violência, tampouco há subjetividade nas condições de classe, gênero ou raças" (Brown, 2019, p. 53). Se não há hierarquias, aqueles

---

[66] Disponível em: https://catracalivre.com.br/cidadania/cada-familia-que-cuide-dos-seus-idosos-diz-bolsonaro-sobre-flexibilizar-isolamento/.

que afirmam sua existência e querem planejar a economia, não permitindo que ela se expanda espontaneamente a partir da concorrência, é que querem introduzir hierarquias e, assim, controlar a livre iniciativa dos indivíduos. E se não há poder social, qualquer crítica é resultado apenas dos perdedores do jogo da sobrevivência humana.

O resultado é um paradoxo que vai, ao mesmo tempo, afirmar uma total liberdade individual da vontade – você pode ser o que você quiser –, mas, se você quiser construir um ambiente que não seja excludente, que não seja equitativo, você está indo contra as leis de mercado. Mais uma vez chamamos isso de uma interpelação superegóica, uma vez que para ser livre é preciso se submeter a uma ordem inexorável que não o permite gozar plenamente dessa total liberalização, mas com um *granus salis*: ela tende ao ilimitado na precarização do laço social:

> [...] a liberdade arrancada do social não se torna apenas ilimitada, mas exercida legitimamente sem preocupação com o contexto ou as consequências sociais, sem restrição, civilidade ou cuidado com a sociedade como um todo ou com o indivíduo dentro dela (Brown, 2019, p. 55).

Isso permite que o discurso de defesa da liberdade seja um discurso que ataque qualquer possibilidade de laço social. É a expansão da lógica do contrato que sempre coloca um excedente em relação aos que podem ser considerados indivíduos – homens brancos donos de propriedade – para o âmago desses mesmos indivíduos que não consideram ninguém além da lógica concorrencial. E, como já afirmamos anteriormente, dentro da lógica concorrencial só há adversários a serem derrotados, impedindo, assim, até mesmo a formação de um laço social que não seja precário, o que leva a uma individualização exacerbada, a um isolamento em que, em nome de uma autonomia plena, todos se tornam iguais por desejarem ser únicos. A massificação vai retornar, mas agora não em nome de uma possibilidade de crítica às desigualdades, mas por um direito à diferença de uma insígnia.

Continuemos antes de analisar essa noção de insígnia. O que Brown (2019) vai trazer como análise real dos pilares neoliberais de Hayek é que qualquer crítica a essa liberdade ilimitada e imoderada, qualquer crítica a posições que são claramente anti-igualitárias, como posições homofóbicas ou racistas, rapidamente são consideradas como tentativa de coerção à liberdade individual e de expressão, esta se tornando o direito inalienável de poder fazer e falar o que bem entender em detrimento das consequências que uma opinião possa ter nos corpos dos outros. "Liberdade sem sociedade é puro instrumento de poder, despida de preocupação com os outros, o mundo ou o futuro" (Brown, 2019, p. 58). E como lembra Lacan (1985c), a realidade é abordada por aparelhos de linguagem, que também são aparelhos de gozo. Essa aparelhagem neoliberal da liberdade é um modo de ampliar as desigualdades e a violência. São outros modos, mais uma vez, de voltar à lógica dos contratos sexuais e raciais, ampliando-o para todo e qualquer indivíduo. Uma aparelhagem ilimitada leva a uma irresponsabilidade com o Outro. É um modo de impedir os sujeitos de pensarem novos futuros para si e para os outros. E sem futuro, não há nada a fazer a não ser repetir sempre o mesmo dispositivo de autoexploração perpetrado pelo neoliberalismo. Assim, explode a raiva e a violência de uns contra outros, uma vez que não há outra possibilidade além dessa liberdade ilimitada. Com isso temos:

> A redução da liberdade à licença pessoal não regulada no contexto de repúdio ao social e do desmantelamento da sociedade faz ainda outra coisa: consagra como livre expressão todo sentimento histórica e politicamente gerado de arrogação (perdida) baseada na branquitude, masculinidade, nativismo, enquanto nega que estes sejam produzidos socialmente, desatrelando-os de qualquer conexão com a consciência, compromisso ou consequências sociais (Brown, 2019, p. 58).

Se não tenho um compromisso com Outro, posso livremente defender a liberdade, mesmo falando ou cometendo as maiores atrocidades em nome de liberdade de expressão como manifestação de um certo sadismo. Não é à toa que a campanha dos partidos de extrema-direita falam em movimento de libertação contra o que eles identificam como pautas sociais que retiram dos sujeitos a capacidade de serem o único interesse na sociedade. Essa é a liberdade que autoriza a violência, sendo transformada em ira contra qualquer política de inclusão social.

"Essa raiva, por sua vez, torna-se a expressão consumada da liberdade e americanidade, ou da liberdade e da europeidade, ou da liberdade e o Ocidente" (Brown, 2019, p. 58). E retornamos, assim, mas em um nível de extensão de segregação, aos princípios do indivíduo como sendo o indivíduo capaz de autogoverno e dono de propriedades privadas que pode – e vai – cometer violência contra todo aquele que recusa esses princípios. Lacan já havia pressentido isso ao abordar a escalada do racismo em 1974, em sua intervenção em *Televisão*.

É essa liberdade o que está na base não apenas das invasões neocoloniais, mas também na maneira de impedir aos sujeitos outros modos de pensar e, como sinaliza Aléman (2017, p. 15), "esta é precisamente a novidade do Neoliberalismo: a capacidade de produzir subjetividades que se configuram segundo o paradigma empresarial, competitivo e gerencial de sua própria existência". Se com a financeirização – o que Hayek chama de mercado – o ilimitado se expande para além das fronteiras nacionais, com o que ele chama de moralidade, esse mesmo ilimitado se expande para a constituição da própria subjetividade em busca de que a liberdade estaria em risco para buscar o consentimento a se constituir como subjetividade neoliberal. Creio que isso é o que permite, em parte, responder à pergunta colocada pelo próprio Aléman (2017, p. 35) e que, acreditamos, precisamos retomá-la incessantemente: "como é que os sujeitos aceitam isso?". Reabrir essa questão é colocar novamente em suspensão essa tal liberdade neoliberal em nome de uma liberdade que possa, enfim, ser emancipatória.

8

COMO PÔR TRAVAS NA SUBJETIVIDADE NEOLIBERAL

Se, como vimos, o neoliberalismo conjuga a gestão dos governos e do governo de si como horizonte da subjetividade da época, será que estamos, então, condenados a repetir sempre essa liberdade não emancipatória, essa liberdade que não permite pensar outros mundos que não aquele organizado pelos princípios liberais e neoliberais? Se a resposta for sim, não temos mais nada a fazer a não ser nos deixar levar por essa onda de conservadorismo e violência que estamos vivendo tanto no Brasil quanto em outros lugares do mundo. Mas será que podemos afirmar que não temos apenas a subjetividade da época, como nos aponta Lacan, mas também sintomas da época, que são diferentes de acordo com a mudança dos princípios organizativos? Desse modo, uma liberdade que se conjuga com os significantes da propriedade privada, da individualização da responsabilidade e da competitividade ilimitada acaba constituindo um modo de laço social precário. Todavia, será que somente essa liberdade é possível? Mas antes, mais uma nota sobre minha vida acadêmica, agora referente aos estágios e à pesquisa em Psicanálise na UFSJ.

No ano de 2003, lancei o primeiro edital de supervisão de estágio para Atendimento Clínico Psicanalítica de Adulto no âmbito do Serviço de Psicologia Aplicada. Os estágios em clínica psicanalítica no âmbito da universidade têm uma dupla função: oferecer condições de fala para muitos que não estariam em situação de cernir o mal-estar que os perturba; proporcionar formação clínica inicial para os estudantes. Naquele mesmo ano, no âmbito departamental, estávamos às voltas com duas propostas que acabaram se tornando frentes de batalha: a abertura de um laboratório de Psicanálise, que foi aprovado apenas no final do ano sob o nome de Núcleo de Pesquisa e Extensão em Psicanálise (NUPEP-UFSJ), o qual, em 2023, completará 20 anos e cuja história pode ser acompanhada pelas seguintes produções: Calazans *et al.* (2008); Calzavara *et al.* (2019) e com muita reação contrária à sua abertura. A ideia era que os psicanalistas entrassem em um dos dois laboratórios já existentes – o Laboratório de Psicologia e Saúde Mental, onde se reuniam os professores de Psicologia Comportamental e Experimental; o Laboratório de Psicologia e Intervenção Psicossocial, onde se reuniam os psicossociólogos. Como entendíamos que não fazíamos nem psicologia experimental e que nossa noção de laço social é bem distinta da psicossociologia, recusamos a oferta. O trabalho de convencimento de abertura de um terceiro laboratório foi enorme. Mas a abertura do NUPEP-UFSJ foi importante para darmos formalização e integração entre pesquisa, extensão e formação acadêmica conjugada à ética da Psicanálise, dando condições a mim de ampliar minhas produções e ao grupo uma consistência teórica-clínica.

A outra ação foi a proposta de abertura do curso de Mestrado em Psicologia. A divergência aí era se o nome do Programa deveria ser Psicologia ou Psicossociologia. Os defensores da primeira proposta afirmavam que Psicologia englobaria as diversas perspectivas do Departamento de Psicologia; os defensores da segunda proposta advogavam que uma proposta com nome genérico não passaria e que a Psicanálise poderia ser um subtópico em uma linha de pesquisa. Impasse criado e com poucos psicanalistas doutores, então, a proposta foi sem os psicanalistas e acabou reprovada (não por isso, mas pela produção incipiente dos docentes do departamento). A segunda proposta de curso de mestrado foi bem-sucedida, mas também não foi sem percalços para os psicanalistas. Naquele momento, havia também duas propostas: uma de que haveria duas linhas de pesquisa; outra de que haveria três linhas de pesquisa. Os defensores da primeira proposta afirmavam que seria mais fácil aprovar um programa com apenas duas linhas de pesquisa que conjugavam o mesmo nome de seus laboratórios por serem mais consolidados; os defensores da segunda proposta eram basicamente os psicanalistas, que não teriam o nome de sua práxis reconhecida no programa. Depois de muitos embates, definiu-se pelas três linhas de pesquisa com o nome de cada laboratório. Elas perduraram até meu mandato como coordenador do Programa de Pós-Graduação, quando propus a redução para duas linhas de pesquisa sem os nomes dos laboratórios, mas que partissem das pesquisas desenvolvidas pelos docentes, por entender que assim teríamos menos conflitos por identificação de linhas de pesquisa em grupos, tanto teóricos quanto políticos.

Concomitantemente a esses embates internos, acompanhamos de perto os desdobramentos da aprovação da Lei nº 10.216, de 6 de abril de 2001, que institucionalizava a reforma psiquiátrica brasileira. Dentro dessa perspectiva, era proposta a desinternação e o fim dos maus-tratos contra a população que apresentava não somente o que genericamente podemos chamar de loucura, mas também que qualquer comportamento ou desejo considerado desviante ou para as famílias ou para a sociedade. Infelizmente, alguns setores do campo psi interpretaram a reforma psiquiátrica como a necessidade inelutável do fim da clínica. Muitos foram convidados à UFSJ para dizerem que a clínica era ora autoritária, por conta dos manicômios, ora burguesa, por atender a burguesia em consultórios. Ou, ainda, considerada como afastada do mundo concreto, por achar que existe indivíduo sem sociedade. Apontar que não há, necessariamente, uma antinomia entre crítica social e clínica, muito menos em Psicanálise, foi uma tarefa árdua, principalmente pela consideração inócua sobre o que é a clínica psicanalítica, por um lado, e sobre a distinção entre sujeito do inconsciente e indivíduo, por outro. Mas salta aos olhos que essa crítica à clínica, no frigir dos ovos, era também uma crítica à atividade formativa desenvolvida pelos psicanalistas na UFSJ, principalmente por meio do Serviço de Psicologia Aplicada. Serviço com mais de 60 anos de atividade – inclusive foi fundado antes do curso de Psicologia, que data de 1972. Até seu nome era resultado de questionamentos, pois se fosse chamado de clínica escola reduziria a Psicologia à clínica, embora praticamente o que é desenvolvido em suas dependências seja a prática clínica[67]. E uma prática clínica desenvolvida como um serviço aberto.

    Chamamos a atenção para essa coincidência de momentos de falas, tanto intradepartamental quanto no social, para destacar não apenas a ignorância sobre a práxis psicanalítica e sua história – só de lembrança, podemos citar a criação das clínicas públicas já na época de Freud e sua análise do mal-estar na civilização a partir da fala daqueles que eram considerados loucos; o interesse sobre a psiquiatria inglesa por Lacan durante a Segunda Guerra Mundial; a participação de psicanalistas em diversas clínicas inovadoras, como Bonneval, em que não se tratava de modo algum de um modelo manicomial; e, principalmente, da fina análise sobre a estrutura do laço social proporcionado por quase dez anos por Lacan ao tentar pensar o discurso da histeria, do analista, do universitário, do mestre e do mestre

---

[67] Entre 2018 e 2019, uma portaria nomeada pela Reitoria indicou-me para presidir uma comissão para tentar construir um projeto integrado para que o Serviço de Psicologia Aplicada pudesse ser uma porta de entrada do Serviço Único de Saúde (SUS). Esse projeto visava integrar as diversas práticas da Psicologia – não apenas a clínica, mas também a escolar, a social, a do trabalho, etc. – e transformá-lo realmente em um serviço. O trabalho ficou um tempo interrompido e durante a pandemia impossibilitado de ser retomado. Até o momento não conseguimos concluir esse trabalho.

contemporâneo, que é o discurso do analista. E se a Psicanálise é uma práxis clínica, é porque suas análise partem da noção de sintoma e de como sua apresentação depende da época. É importante declarar, e se questionar, por que alguns, em um momento de libertação da lógica manicomial, tentaram jogar todos numa vala comum sob a marca da clínica, inclusive a Psicanálise, que visa sempre ao ponto de emancipação do sujeito que apresenta sintomas quando a condição da fala – que, a nosso ver, é a condição fundamental da liberdade – é subtraída e substituída por sintomas? Vemos, assim, que não basta ter um discurso a favor da liberdade, é preciso ter uma práxis que seja compatível com sua manutenção, principalmente quando, em 2021, vivemos sob o retrocesso da reforma psiquiátrica e o retorno da lógica manicomial como política pública do governo de turno.

E é com esse mesmo pensamento que ainda hoje oferto estágios em clínica psicanalítica, agora voltados para as diversas implicações que o diagnóstico de autismo vem trazendo para a sociedade contemporânea e para a clínica, principalmente para os sujeitos diagnosticados e seus familiares. E se a Psicanálise é uma práxis que leva em consideração o sujeito e, mais uma vez, segundo que devemos estar à altura da subjetividade da época, como podemos pensar isso na atualidade do neoliberalismo? Para isso, devemos aqui traçar algumas distinções que consideramos pertinentes e que terão consequências mais à frente ao analisarmos a função do sintoma como algo que pode traçar um caminho para pôr travas à maquinaria neoliberal. A diferença aqui remete às críticas que ouvimos por muito tempo dentro do Departamento de Psicologia de que a Psicanálise trata apenas do indivíduo.

Introduzir essa diferença é capital para tentarmos ver – ou, ao menos, apostar – como a Psicanálise pode não apenas reconhecer os paradoxos da liberdade liberal e ampliada pelo neoliberalismo, mas também sair da cantilena de que não há liberdade e laço social fora do liberalismo privatista, que é a diferença entre sujeito e subjetividade. E vamos recorrer primeiramente a um autor que não tem vínculo com a Psicanálise, mas introduz essa diferença que, a nosso ver, é o reconhecimento de um problema no âmago da questão da liberdade liberal: a distinção entre independência e autonomia no campo da liberdade permite que pensemos a distinção entre indivíduo e sujeito na Psicanálise. Sigamos então o que aponta o kantiano Alain Renaut em seu opúsculo sobre o indivíduo.

Renaut traça essa distinção em uma seção de seu livro intitulada "Contra o neotocquevelismo: autonomia e independência". É curioso que a distinção seja feita contra mais um neo que, ao ser contra a tradição, pretende, a partir de Tocqueville, ser a favor de uma conquista de autonomia plena. É aqui que, aos olhos de Renaut, é importante distinguir dois níveis da liberdade, o da independência e o da autonomia, pois ao fazer essa distinção é possível também explicar as consequências para a noção de indivíduo na contemporaneidade. Renaut parte, em defesa de uma noção de sujeito kantiano, da crítica que muitos autores fazem a esse sujeito, situando-o como o responsável pelo individualismo. Nesse sentido, ele se pergunta: "a ética da independência cultiva certamente um ideal de autossuficiência e, assim, de liberdade sem regras; mas é autonomia essa liberdade sem regras" (Renaut, 1998, p. 61). O autor então se vale de Rousseau para responder negativamente a essa ideia. A liberdade sem regras seria a liberdade natural que, para Rousseau, é antinomia da liberdade civil e para Kant seria contrária à autonomia da vontade:

> Desde então, para toda uma dimensão da modernidade, expressa entre outras, pelas obras de Rousseau, Kant ou mesmo Fichte, o valor supremo não é absolutamente da liberdade sem regras: o valor erigido em princípio é o da autonomia, que se opõe não à dependência (entendida como submissão a regras), mas à heteronomia (Renaut, 1998, p. 62).

Essas leis e regras, é claro, devem ser aceitas livremente. Mas as leis e regras colocam limites ao ilimitado de uma independência ilimitada. Ora, não é essa independência ilimitada que o neoliberalismo propõe ao pensar a liberdade como completamente alheia a qualquer relação com o Outro? A autonomia, assim, não seria individualista. Mas a independência, sim.

No entanto, a questão da liberdade não se resolve apenas substituindo-a pela ideia de autonomia em contraponto à independência, embora vemos que essa distinção de Renaut coloca problemas para o individualismo neoliberal. Esse individualismo é contemporâneo aos significantes que circundam os sentidos da liberdade neoliberal: austeridade, dívida, competição, propriedade privada. Mas se por um lado esses significantes acompanham a liberdade no tempo atual, por outro lado a colocação do problema da autonomia insere uma cunha nesse movimento da liberdade neoliberal ser a única possível, mesmo que a nossos olhos ainda seja insuficiente. Contudo, podemos dar um passo a mais ao considerar que essa distinção nos permite pensar em como podemos reabrir o campo não para a autonomia, mas para a emancipação. Então, é preciso explorar outra distinção que pode se sobressair à de autonomia e independência: aquela entre sujeito e indivíduo, que é a distinção entre sujeito e subjetividade, em que a subjetividade é uma construção sócio-histórica e na atualidade neoliberal toma essa valência individualista, e a independência como total alheamento ao Outro, em contrapartida.

Desse modo, temos uma primeira constatação: a subjetividade seria construída nos devires sócio-históricos da sociedade. Resultado do jogo de poder – biopolítica para Foucault (2004), sociedade de controle para Deleuze (1992) ou mesmo necropolítica para Mbembe (2018b) –, ela se aliena na construção de uma subjetividade como marca de época. É a essa subjetividade que Lacan, em 1953, se referia ao declarar que um analista deveria estar atento à subjetividade da época. Ou seja, Lacan coloca em cena o aspecto histórico e de suas variações. Nesse sentido, os significantes que acompanham o neoliberalismo, ao mesmo tempo que não são inexoráveis, por outro lado enredam o sujeito de tal modo que muitas vezes ele não reconhece o lugar de submissão em que ele se encontra. Mas será que se remetermos somente a essa noção de subjetividade será suficiente para tentar impedir a reprodução ilimitada das relações de poder? Acreditamos que não. Se as relações de poder remetem a dispositivos de poder, é importante notar que atacar esses dispositivos sem pensar se eles podem se articular ou não pode ser momentaneamente eficiente, mas pode também ser, a médio prazo, insuficiente. Mas o que seriam esses dispositivos? Vamos recorrer a Foucault para responder a essa pergunta.

> Dispositivo é um conjunto decididamente heterogêneo que engloba discursos, instituições, organizações arquitetônicas, decisões regulamentares, leis, medidas administrativas, enunciados científicos, proposições filosóficas, morais, filantrópicas. Em suma, o dito e o não dito são os elementos do dispositivo. O dispositivo é a rede que se pode tecer entre estes elementos [...] Em terceiro lugar, entendo dispositivo como um tipo de formação que, em um determinado momento histórico, teve como função principal responder a uma urgência. O dispositivo tem, portanto, uma função estratégica dominante. Este foi o caso, por exemplo, da absorção de uma massa de população flutuante que uma economia de tipo essencialmente mercantilista achava incômoda: existe ai um imperativo estratégico funcionando como matriz de um dispositivo, que pouco a pouco tornou-se o dispositivo de controle-dominação da loucura, da doença mental, da neurose. [...] E isto, o dispositivo: estratégias de relações de força sustentando tipos de saber e sendo sustentadas por

> eles. Em As Palavras e as Coisas, querendo fazer uma história da *epistémè*, permanecia em um impasse. Agora, gostaria de mostrar que o que chamo de dispositivo é algo muito mais geral que compreende a *epistémè*. Ou melhor, que a *epistémè* é um dispositivo especificamente discursivo, diferentemente do dispositivo, que é discursivo e não discursivo, seus elementos sendo muito mais heterogêneos (Foucault, 2000, p. 244, grifos nossos).

Um dos poucos lugares em que encontramos um amplo debate sobre a noção foucaultiana de dispositivos é em seu debate com psicanalistas transcrito em *Microfísica do Poder*, a propósito da *História da Sexualidade*. É curioso porque encontramos essas definições anteriores. Mas, ainda mais curioso é que o debate se estabelece entre o que é dispositivo e o que é discursivo, dentro de uma miscelânea de conceitos em que, no âmbito de uma entrevista, aponta-se para elementos corretos, como a distinção entre episteme, utilizada por Foucault em suas obras seminais, como *As Palavras e as Coisas* e *Arqueologia do Saber*, e dispositivo, poder e disciplina, utilizados a partir de *Vigiar e Punir* e se consolidando em *A História da Sexualidade*, a ponto de chamar a atenção de psicanalistas e filósofos como Jacques-Alain Miller, Gérard Wajcman, Alain Grosrichard e Guy le Gaufey.

Todavia, alerta para o debate entre discurso e dispositivo pelo que podemos denominar de uma dupla confusão: a primeira de Foucault, entre o que é e o que não é discursivo em dispositivo. Nesse sentido, discursivo se refere aos componentes linguísticos de um dispositivo, sendo englobado por ele. Aqui, discurso adquire o estatuto do que em Lacan chamamos de fala. A segunda confusão alerta-nos ainda mais, pois ela é proveniente dos psicanalistas, que entendem, de maneira correta, que é importante distinguir dispositivo de discurso. Entendem também que esse dispositivo funciona por elementos significantes. Mas em nenhum momento eles evocam duas das definições lacanianas de discurso: a Psicanálise é um discurso sem palavras (Lacan, 1968-1969); discursos são modos de laço social, que poderia ordenar o debate por outro caminho, talvez mais interessante. Ficamos estranhando essas ausências justamente porque Lacan havia se dedicado, nos últimos anos antes da entrevista, a desenvolver os conceitos de discurso, principalmente o de discurso do mestre e do capitalista.

Mas como não queremos ser profetas do passado e criticar os outros pelo que não fizeram – sabemos muito bem que em um debate público muitas vezes só nos damos conta do que deveríamos ter dito depois, o que nos leva ou a nos recriminar ou a escrever um artigo para uma respostas a posteriori – façamos nós o debate que nos interessa. Marcelo Checchia, em 2010, escreveu um interessante artigo tentando entender por que os psicanalistas lacanianos usam tanto o termo dispositivo, uma vez que ele não tem uma definição propriamente psicanalítica. Aponta como esse termo, além de não ser um conceito psicanalítico, é encontrado poucas vezes tanto na obra de Freud quanto no ensino de Lacan. Demonstra, utilizando os mesmos textos que encontrei de Foucault e de Giorgio Agamben, o sentido da política e de relações de poder, que é, muitas vezes, contrário à vulgata de que a Psicanálise opera uma subversão, demonstrando, assim, que muitas vezes falta a alguns psicanalistas o rigor teórico que deveria ser a tônica para quem deveria saber sobre os poderes da palavra. Ao contrário das conclusões de Checchia, não acreditamos que a Psicanálise seja um dispositivo ou um contradispositivo profano por remeter à liberdade e não aos processos de disciplinaridade ou de controle; defendemos que a Psicanálise é um discurso e não um dispositivo. E isso em decorrência do aspecto histórico que o próprio Foucault aponta em sua definição de dispositivo, e devido à extensão que Checchia faz em relação à subjetividade, indicando que os dispositivos criam subjetividades. Acreditamos que sim, mas que é preciso avançar na distinção entre subjetividade e sujeito para entender a importância de distinguir a variação entre dispositivo e discurso. A nosso ver, um dispositivo é essa heterogeneidade de práticas, falas, estratégias, e por isso ele é uma multiplicidade que toca em muitas pessoas, como por meio de racismo, misoginia, lgbtfobia, capacitismo, colonialidade, financeirização, religiosidade e digitalização.

Hoje encontramos diversas confusões conceituais no campo psicanalítico, principalmente quando os autores pretendem efetuar uma crítica política e social dos avatares do sujeito no capitalismo. Diante desse cenário, uma série de pessoas pretendem apresentar propostas de novos cenários para explicar o que viria a ser o mal-estar contemporâneo. A palavra discurso possa adquirir diversos sentidos em vários autores – discurso em Foucault, por exemplo, pode ser um dos elementos de um dispositivo –, mas em Psicanálise tem um sentido específico: um laço social ou um laço com o Outro com fins de moderar o gozo mortífero, estruturado a partir de lugares e modos de ocupação desses lugares em uma estrutura. Caso contrário, estamos pensando em outra coisa.

Discurso colonial e discurso do adolescente, por exemplo, não podem ser colocados em Psicanálise propriamente como discursos, pois discurso e fala, em Psicanálise, não são a mesma coisa. Fala implica uma enunciação subjetiva que, a depender do discurso como laço social, irá assumir ou outra configuração. A fala de um sujeito no lugar de agente no discurso histérico não é a mesma fala de um sujeito em um discurso analítico. A noção de dispositivo de Foucault pode nos ajudar a diferenciar essas questões. Enquanto a fala tem uma função, a linguagem, para Lacan (1953), é um campo:

> On peut suivre à mesure des ans passés cette aversion de l'intérêt quant aux fonctions de la parole et quant au champ du langage. Elle motive les «changements de but et de technique» qui sont avoués dans le mouvement et dont la relation à l'amortissement de l'efficacité thérapeutique est pourtant ambiguë. La promotion en effet de la résistance de l'objet dans la théorie et de la technique, doit être elle-même soumise à la dialectique de l'analyse qui ne peut qu'y reconnaître un alibi du sujet.

A noção de dispositivo pode nos ajudar aqui a trazer algumas distinções. Podemos tomar as considerações de Agamben (2005, p. 13) sobre a noção foucaultiana de dispositivo:

> À ilimitada proliferação dos dispositivos, que define a fase presente do capitalismo, faz confronto uma igualmente ilimitada proliferação de processos de subjetivação. Isto pode produzir a impressão de que a categoria da subjetividade no nosso tempo vacila e perde consistência, mas trata-se, para sermos precisos, não de um cancelamento ou de uma superação, mas de uma disseminação que acrescenta o aspecto de mascaramento que sempre acompanhou toda a identidade pessoal. Não seria provavelmente errado definir a fase extrema da consolidação capitalista que estamos vivendo como uma gigantesca acumulação e proliferação dos dispositivos. Certamente, desde que apareceu o homo sapiens havia dispositivos, mas dir-se-ia que hoje não haveria um só instante na vida dos indivíduos que não seja modelado, contaminado ou controlado por algum dispositivo. De que modo, então, podemos fazer frente a esta situação, qual a estratégia que podemos seguir no nosso corpo a corpo cotidiano com os dispositivos? Não se trata simplesmente de destruí-los, nem, como sugerem alguns ingênuos, de usá-los de modo justo.

Assim, temos alguns elementos que podemos utilizar e que podem nos ajudar na diferenciação. A primeira é que ele faz uma diferenciação entre capitalismo e dispositivos ao afirmar que a ilimitada proliferação dos dispositivos caracteriza a fase presente do capitalismo. É pertinente fazer uma ressalva: o ilimitado é uma das características do capitalismo neoliberal, ou seja, é o ponto forte do discurso do capitalismo; os dispositivos vêm para caracterizar esse discurso, ou seja, são as ferramentas práticas de colocar em ação o discurso do capitalista. Dessa maneira, a multiplicação dos dispositivos fazem com que o laço social capitalista seja animado por uma série de dispositivos: desde o que Lacan chama de *gadgets* até o que podemos delimitar como religião, adolescência, colonialismo, religião... Esses temas só fazem sentido de serem estudados para abordar estratégias de subjetivação neoliberal, que tentam obturar a emergência do sujeito do inconsciente.

O interessante é que, para Agamben (2005), pensar no dispositivo é pensar também em maneiras de "liberar o que foi capturado" por ele com a função de "separar os sujeitos" e atomizá-los. Sujeito só pode se abrir para o outro diante da negatividade, daquilo que permite uma falta em si e no Outro. A subjetividade, quando é positivada, vira assunto para *coaches* que podem explicar o fracasso como algo da ordem da responsabilidade individual. Na sequência, Agamben se interroga sobre a possibilidade de uma vida em comum. Ou seja, contrapõe os sujeitos separados – que preferimos chamar de indivíduos – ao comum de um laço possível. Podemos ler aí a possibilidade de uma crítica à precarização que é trazida pelo laço social capitalista e de que os dispositivos são seus modos de encarnarem isso – tanto que o exemplo utilizado por Agamben é do telefone celular como dispositivo que mudou gestos e comportamentos dos italianos: e do resto do mundo também. E contrapõe ao dispositivo o conceito de profanação. Mas, para isso, ele compara o capitalismo e as figuras modernas de poder que generalizam o processo de separação de sacralização que realiza a religião. Nesse sentido, profanar é voltar ao uso comum. E aqui podemos nos separar de Agamben, pois em sua leitura o que os dispositivos contemporâneos, devido ao caráter ilimitado do capitalismo contemporâneo, produzem é dessubjetivação. Acreditamos que não, ele produz subjetividades a partir de insígnias e em função do que Han (2015) ai chamar, distinguindo da sociedade disciplinar de Foucault e de controle de Deleuze (1992), de sociedade de desempenho, em que o sujeito submete-se voluntariamente à máxima de ser empreendedor de si mesmo. É nesse sentido que a articulação com o conceito de discurso do capitalista de Lacan inclui de maneira mais precisa as dificuldades com a emergência de um sujeito: não se trata de uma mera dessubjetivação, mas a atomização do indivíduo por meio de separações levam ao impedimento da dúvida do sujeito do inconsciente. A subjetividade vai estar mediada não pelo que Lacan chama de significante, que implica sempre outro significante, mas pelo que ele próprio chamou de insígnia – um traço identificatório em que a separação do outro é extremamente radical, como podemos ver na identificação monossintomática dos anoréxicos. Sua ideia de profanação pode vir a ser interessante, mas apenas se se levar em consideração a possibilidade de um trabalho preliminar de emergência do sujeito do inconsciente. E, para isso, é preciso pensar nas questões relativas aos discursos e aos sintomas, como começamos no início deste capítulo.

8.1 DISCURSOS E SINTOMAS

Se chamamos a atenção para a questão dos sintomas contemporâneos é porque os sintomas, desde Freud, apontam para duas outras questões importantes: a primeira é que o sintoma introduz uma insatisfação tanto para o sujeito quanto para o laço social; a segunda é que o sintoma é referente a uma verdade para o sujeito. Em relação ao primeiro aspecto, não podemos esquecer que os sintomas de histeria levaram Freud a postular que a hipótese do inconsciente eram respostas à moral sexual vitoriana e ao Contrato Sexual, que relegavam à mulher o lugar de mãe e ao homem o lugar de provedor, deixando de lado o que sexual poderia comportar de prazer. A defesa contra o prazer sexual fazia com que o sujeito, nesse Contrato Sexual, pouco importando aqui se é homem ou mulher, recalcasse qualquer representação que reportasse a um gozo que não o ordenado pelo laço social. Já em relação ao segundo aspecto, como Freud demonstra, o sintoma é o retorno transformado disso que precisava ser esquecido ou abolido e, por isso, apontava para a verdade do sujeito e apontava a ficcionalidade do Contrato Social, além de introduzir, ali, uma fratura incurável que se dirige a outros modos de estar nesse laço social ou mesmo para a importância de outros laços a serem constituídos. Nesse sentido, podemos nos perguntar se os sintomas considerados epidêmicos na contemporaneidade não trazem esses dois aspectos sintomais: de um lado, aponta para a moralidade do neoliberalismo em sua relação com a liberdade; por outro, não pode ser um caminho para apontar para a verdade não apenas do sujeito, mas do laço social no neoliberalismo?

Ora, o sintoma também introduz algo importante na consideração da liberdade, pois ele remete, de um lado, a algo ao qual o sujeito não consegue escapar sem ter que lidar com isso e, de outro lado, como o sintoma introduz, tanto para o sujeito quanto para o laço social, uma dimensão inescapável de insatisfação em relação às respostas que o laço social tenta fornecer. O nome dado por Freud a essa insatisfação recorrente que implica apontar para outros caminhos é desejo. Não é à toa que Lacan apresenta, em seu Seminário 7, que a ética da Psicanálise é a ética do desejo, uma vez que desejo é sempre desejo de outra coisa.

O sintoma como manifestação do desejo sempre se apresenta transformado pelos processos inconscientes. Essa é uma característica que chama a atenção de Freud desde o início de sua obra e ele, em seus *Estudos sobre a Histeria* (1895), aponta para uma curiosa disposição para a histeria e seu tratamento nesse momento: o sujeito se livraria dos sintomas histéricos se conseguisse ab-reagir o afeto que não foi possível expressar livremente. E Freud aponta várias condições para essa impossibilidade de reagir adequadamente a afetos que comportam outros modos de satisfação.

> No primeiro grupo estão aqueles casos em que os doentes não reagiram a traumas psíquicos porque a natureza do trauma excluía uma reação, como na perda de uma pessoa amada que parece insubstituível, ou porque as circunstâncias sociais tornavam impossível uma reação ou porque se tratava de coisas que o doente queria esquecer e por isso intencionalmente reprimiu, inibiu e suprimiu de seu pensamento consciente. Precisamente essas coisas penosas encontramos depois na hipnose como fundamento de fenômenos histéricos (delírios histéricos dos santos e freiras, das mulheres abstinentes, das crianças bem-educadas). (Freud; Breuer, 1893, p. 28-29).

É curioso que as circunstâncias sociais podem impedir a reação a um evento, fixando-o em um trauma. Mas, como sabemos desde Freud, um trauma sempre tem uma marca, seja ela representante ou significante. E é por meio dessas marcas que vêm das ofertas de significantes que o laço social de cada época permite a conformação de sintomas como insatisfações dos sujeitos com a organização do laço social chamado discurso. Por isso que se um psicanalista deve estar à altura da subjetividade de sua época não é apenas para estar sintonizado com ela, mas para encontrar nessa subjetividade os pontos de detenção e de obstáculo aos discursos contemporâneos de mestria. Se Freud pôde ouvir as histéricas de outrora – questionamento de Lacan ao se perguntar pelas manifestações clássicas da histeria na época de Freud – foi para ouvir, em seus silenciamentos, os modos como elas respondiam à mestria da moral vitoriana que sustentava o Contrato Sexual liberal clássico. Nessa perspectiva, Freud, baseado nos sintomas das histéricas como modos transformados de poder, aponta o que era impedido ao questionamento desse vínculo entre a doença nervosa moderna e a moral sexual civilizada. É por isso que Lacan (1977, p. 17) afirma que as histéricas "representavam não apenas um certo papel, mas um papel social certo". Que papel poderia ser esse senão, por um lado, de um consentimento a um determinado lugar no laço social? Mas, por outro, mais profundo por trazer um enigma ao campo do saber e da mestria, de demonstração da fratura dessa mesma determinação?

O que encontramos então é que entre a moral sexual civilizada e a doença nervosa moderna há uma dupla dimensão: de um lado, uma questão que se historiciza apontada pelo moderno. O moderno é o que não é mais anteriormente, é algo que se impõe como uma marca de distinção de atualidade. Mas Freud não trata de moral sexual civilizada moderna, trata de moral sexual tão somente, o que mostra que, ao apontar para o caráter irredutível desarmônico da sexualidade – a relação sexual não existe – permite também apontar para uma dimensão que se conforma na época, mas a época como resposta a esse aspecto fragmentário. E é nesse sentido que podemos declarar que, se estamos à altura da subjetividade da época, não é para reforçá-la, lamentá-la, esquivar-nos ou nos deleitar com ela, e sim para indicar essa dimensão fragmentária. Por isso a importância de situar a diferença entre sujeito e subjetividade, tal como traçada principalmente por Alémán (2017).

A formulação de autores contemporâneos é que os significantes que acompanham a liberdade neoliberal – além do liberal de propriedade privada, do autogoverno e do acréscimo de competitividade – promovem a fabricação de subjetividades. O sujeito, como afirma Foucault, passa a operar como empreendedor de si e, por conseguinte, passa a se constituir como alguém isolado no laço social endividado e em busca da austeridade. Como aponta Alémán (2017, p. 112):

> De tal modo que estas novas produções de subjetividade - cujo erro dos foucaultianos e de seus discípulos é analisá-las pura e exclusivamente em termos históricos - são nomeadas como (Laval e Dardot as estudaram exaustivamente) empreendedores de si, a fábrica de homem endividado (Deleuze e Lazzarato), a vida nua (Agamben), na qual são figuras que, poderíamos dizer, tem um dispositivo de dominação que as produz. É o novo mal estar, próprio do Capitalismo financeiro...

Ora, essa multiplicidade de produção de subjetividades se localiza na atualidade histórica. E localizar isso no capitalismo financeiro pode ser explicado se levarmos em conta a teoria dos discursos em Lacan e a mutação do discurso do mestre em discurso do capitalista financeiro e neoliberal. Comecemos, então, com a figura a seguir, que está em *Radiofonia*:

Figura 2 – Os 5 discursos elaborados por Lacan

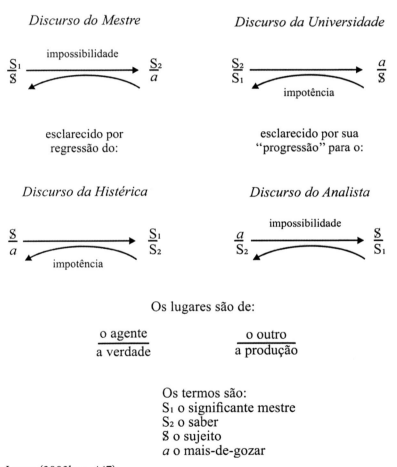

Fonte: Lacan (2003b, p. 447)

Poderíamos começar com outras configurações sobre os discursos, mas preferimos passar por esse, por ele apontar para dois aspectos que são importantes: a organização do discurso como laço social assesta ou para impossibilidades ou para impotência, além de apontar para os elementos e os lugares do discurso. Como vemos na imagem, os discursos funcionam por uma lógica de endereçamento de um agente a um Outro, sustentado por uma verdade à qual não se tem acesso direto e que produz sempre algo. E cada discurso vai variar em denominação a partir dos termos: se ocupado pelo significante-mestre, trata-se do discurso do mestre; se ocupado pelo saber, trata-se do discurso universitário; se ocupado pelo sujeito barrado, trata-se do discurso da histérica; e se ocupado pelo objeto a como mais-gozar, trata-se do discurso do analista. Sabemos também que essa questão parte do que o próprio Freud denominou como tarefas impossíveis: governar, educar e psicanalisar. São impossíveis, como afirma Lacan, não porque não podem ser realizadas, mas porque são reais e, por serem reais, é que o impossível pode acontecer. Isso significa que são questões para as quais não temos respostas prévias e a maneira pela qual as tratamos indica os modos como pensamos o laço social.

Desse modo, cada discurso trata de uma questão específica que organiza o laço social. Se Lacan coloca o discurso do mestre como o primeiro estruturalmente falando é por fazer, com base nele, a análise da estrutura de poder. A mestria é a tentativa de ordenar um laço a partir de um ponto de comando. Aqui, pouco importa se o poder vem do *pater potestas* ou do autogoverno; o importante é que o discurso do mestre é o discurso que Freud já analisava em *Totem e Tabu* e é o discurso que deu origem à noção de contrato que necessita de algo importante: para estar em um contrato, é necessário renunciar à vontade do gozo e consentir com essa renúncia. É o que está na raiz da defesa liberal da liberdade. Lacan coloca aí alguns elementos que são importantes de analisarmos. O primeiro, o que ele constrói desde o Seminário 16, de que há equivalência entre a mais-valia e o mais-gozar: a perda é recuperada pelo Outro, nunca pelo sujeito. Uma perda de gozo, que é relançada ou para o futuro ou para um Outro. Em segundo lugar, Lacan (1992, p. 43) irá fazer valer o valor de formalização e de que ela aponta para a impossibilidade: "Ao propormos a formalização do discurso e estabelecendo para nós mesmos, no interior dessa formalização, algumas regras destinadas a pô-la à prova, encontramos um elemento de impossibilidade". Como já mencionamos, para Lacan, o impossível é o real, ou seja, algo que implica obstáculos a uma totalização. Desses obstáculos podemos também extrair algumas consequências: a primeira é que o obstáculo é proveniente da formalização do discurso, ou seja, das regras de sua organização. Como já vimos também, o discurso como laço social é anterior ao sujeito e está no campo da linguagem. Afirmar isso implica que:

a. um discurso é composto de significantes;
b. um significante não tem sentido em si mesmo, mas sempre em uma relação diferencial com outros significantes;
c. um significante-mestre vai requerer outros significantes para trabalhar para ele e produzir sentido;
d. essa articulação entre significantes tem como produto esse elemento de mais-gozar que não é recuperável e integrável pelos significantes;
e. ela tem por efeito a produção do sujeito do inconsciente como um intervalo entre eles que, segundo Lacan (1992), é o ponto de uma falha nessa ligação entre significante-mestre e do saber;
f. entre o efeito e o produto não há possibilidade de integração;
g. é por essa impossibilidade que se pode formalizar a regra do quarto de giro, pois, se não é possível integrar, é porque um discurso pode sempre gerar insatisfação para o sujeito e o fazer desejar outra coisa.

É por essa última razão que Lacan irá afirmar que o discurso do analista seria o avesso do discurso do mestre. E ele aborda isso de duas maneiras em seu Seminário 17. A primeira, na página 65, quando, para ele:

> [...] é exatamente esta a dificuldade daquele que tento aproximar do discurso do analista - ele deve se encontrar no polo oposto a toda vontade, pelo menos confessada, de dominar. Disse *pelo menos confessada* não porque tenha que dissimulá-la mas porque, afinal, é sempre fácil voltar a escorregar para o discurso da dominação, da mestria (Lacan, 1992, p. 65, grifo do original).

Quando se trata de discurso, o que Lacan propõe não é uma resposta, mas uma alternativa ao discurso da dominação, que pode mudar de acordo com a história – o que implica uma subjetividade de época –, mas que também é marcado por uma estrutura – o que, para Lacan, demanda a formalização dos discursos.

O segundo momento em que trata sobre isso nesse seminário é quando Lacan (1992, p. 168) considera que o discurso do analista:

> [...] é muito curioso que o que ele produz nada mais seja do que o discurso do mestre, já que o S_1 é o que vem no lugar da produção. E, como eu dizia da última vez, quando deixei Vincennes, talvez seja do discurso do analista, se fizermos esse três quartos de giro, que possa surgir um outro estilo de significante-mestre.

Um outro estilo que não seja de dominação ou de exploração, que leve em consideração o desejo, não é o mesmo que colocar o significante-mestre como agente de um discurso. Aqui encontramos novamente a distinção entre subjetividade e sujeito: se a estrutura do sujeito que aponta para uma insatisfação fundamental em relação ao discurso do mestre e de dominação, um outro estilo no manejo do significante-mestre é que está em jogo no discurso do analista, em que entra a questão da história do sujeito – por isso aí entra em questão a estilística nessa passagem de Lacan –, que permite traçar verdadeiramente um sulco no real e não apenas acatar uma liberdade que não permite ao sujeito escolhas concretas. Logo, não podemos reduzir o sujeito à subjetividade da época: essa redução pode levar a não considerar esse aspecto estrutural e a reduzir a subjetividade da época apenas a uma demanda localizada e não a uma crítica possível ao discurso de dominação e exploração. Por isso, começamos este capítulo enfatizando a distinção entre discurso e dispositivo, pois entendemos que os dispositivos, por sua heterogeneidade, remetem aos significantes da época, mas os discursos articulam-nos em uma lógica.

E é justamente em função dessa lógica que os discursos não tendem ao ilimitado. Eles encontram pontos de detenção que impedem que se possa expandir para qualquer sentido e para uma produção ilimitada de *gadgests*, como acontece no capitalismo. Como lembra Lacan (1992, p. 101) ainda em torno dos anos 1970:

> [...] no discurso do mestre – pois afinal é precisamente aí que se situa o mais-gozar - não há relação entre o que vai mais ou menos se tornar causa do desejo de um cara como mestre - que, como de costume, não compreende nada disso – e o que constitui sua verdade. Há aqui, com efeito, no andar inferior, uma barreira:

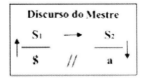

> A barreira, cuja denominação está imediatamente ao alcance da nossa mão é, no nível do discurso do mestre, o gozo - na medida simplesmente em que está interditado em seu fundo. Cata-se as migalhas do gozo, mas no que se refere a chegar até o fim, já lhes disse como se encarna isso - não há necessidade de remexer nas fantasias mortíferas.

Essa passagem é importante porque ela aponta que o gozo, ao encontrar limite pelo discurso, implica uma cessão e uma perda de saída que se tenta recuperar como mais-gozar. Mas isso é delimitado pela fantasia. Desse modo, podemos ler como o impossível e a impotência, tratada por Lacan em *Radiofonia*, colocam limites à redução da liberdade do neoliberalismo como um fazer o que bem entender. E aponta para as profissões impossíveis, principalmente o governar, que implica necessariamente uma perda, caso contrário libera o que ele chama de fantasias mortíferas e o que Freud chamava de defusão pulsional, em que o laço se torna extremamente precário e a lógica de destruição se torna prioritária, como o ilimitado da produção no neoliberalismo assesta em relação ao meio ambiente. É nesse sentido que podemos concordar com alguns autores da Psicanálise o que afirmam sobre o traço perverso do capitalismo neoliberal, como Melman e Lebrun (2008) e Durfour (2013): pois exige o consentimento forçado à própria destruição do sujeito. Lacan, então, aponta incialmente para essa limitação dos discursos no que ele chama, conforme se observa na Figura 2, por progressão e redução. Aqui, creio que vale fazer uma citação mais longa pela qual peço desculpas, mas acredito que o modo como Lacan articula a progressão ou regressão dos impossíveis como real para a impotência como algo que aponta para essa questão estrutural do sujeito do inconsciente e como isso implica as limitações e o quarto de giro pode fazer ressoar o desejo como desejo de uma outra coisa que a psicanálise sempre pretende recolher.

> Pela análise, não há na lise, permita-me a brincadeira mais uma vez, senão na impossibilidade de governar aquilo que não se domina, ao traduzi-la como impotência da sincronia de nossos termos: mandar no saber. Para o inconsciente, isso é barra.
>
> No tocante à histérica, é a impotência do saber que seu discurso provoca, animando-se no desejo - que revela em que o educar fracassa.
>
> Quiasma impressionante por não ser o bom a não ser para denunciar de que maneira impossibilidades ficam à vontade para se proferir como álibis.

> Como obrigá-las a demonstrar seu real, a partir da própria relação que, por estar presente, exerce a função dele como impossível?
>
> Ora, a estrutura de cada discurso exige aí uma impotência, definida pela barreira de gozo, para se diferenciar dele como disjunção, sempre a mesma, entre a produção e a sua verdade.
>
> No discurso do mestre, é o mais-gozar que só satisfaz o sujeito ao sustentar a realidade unicamente pela fantasia.
>
> No discurso universitário, é a hiância em que é tragado o sujeito que ele produz, por ter que supor um autor ao saber (Lacan, 2003b, p. 445).

É interessante que Lacan precise passar por essa elaboração para poder lidar com uma mudança em curso que ele detecta, por exemplo, em 1971, uma preocupação com o que poderia advir com a escalada de racismo. Não podemos esquecer que no fim dos anos 1960 ainda havia lutas anticoloniais contra a França – a última colônia francesa a conseguir a independência foi o arquipélago de Comores, em 1975 – e essa luta sempre preocupou as potências capitalistas. Como vimos no capítulo 7, a mudança para o capitalismo financeiro do final dos anos 1970 permitiu uma nova maneira de exploração neocolonial por meio do endividamento dos países emergentes. E como vimos com Dowbor (2017), o ilimitado da financeirização toca também no ilimitado da produção, com novos modos de exploração das ex-colônias que acabam virando exportadoras de commodities sem a produção interna de produtos que não sejam para a extração. Como o Brasil da empresa Vale, que está explorando em Minas Gerais já nas beiras das estradas e acabando com fontes de água. Conforme Varela (2018, p. 220):

> O grosso do comércio e valor era entre países europeus e não entre estes e as colônias. Mas, na cadeia produtiva de acumulação do centro, há uma dependência de matérias-primas da periferia (e do trabalho barato ou forçado). Os mercados coloniais e neocoloniais são vitais às economias europeias. O "petróleo e sangue" do Oriente-médio são parte integrante da cadeia produtiva automóvel da Alemanha de hoje; como o algodão angolano do trabalho forçado usado por Portugal (e pelas empresas inglesas nas colônias portuguesas) foi, até 1974, parte do impulso do crescimento da indústria têxtil do Norte do país. São trocas desiguais profundas entre centro e periferia. Numa palavra, neocolonialismo. A renda destes territórios periféricos, correspondentes ao terceiro mundo, era 1/5 do primeiro mundo em 1850 e 1/14 em 1970 (Vadney, 1998, p. 90).

É nessa conjuntura entre mudanças no capitalismo que um neocolonialismo racista pode emergir. É a essa mudança que Lacan alertou, como já abordamos, em *Televisão*, mas à qual ele já estava atento pelos retornos e tratamentos dados também aos ex-colonizados pela França e que foi demonstrado no Seminário 17, sobre como o significante, no discurso do mestre, pode impactar os sujeitos sujeitados à colonização. A colonização é um dispositivo dos discursos e é isso que ele indica quando afirma sobre os sujeitos das ex-colônias que ele recebeu em análise após a Segunda Guerra Mundial:

> Logo depois da última guerra - eu já tinha nascido há muito tempo - tomei em análise três pessoas do interior do Togo, que haviam passado ali sua infância. Ora, em sua análise não consegui obter nem rastros dos usos e crenças tribais, coisas que eles não tinham esquecido, que conheciam, mas do ponto de vista da etnografia. Devo dizer que tudo predispunha a separá-los disso, tendo em vista o que eles eram, esses corajosos mediquinhos que tentavam se meter na hierarquia médica da metrópole - estávamos ainda na época colonial. Portanto, o que conheciam disso no plano do etnógrafo era mais ou menos como no do jornalismo, mas seus inconscientes funcionavam segundo as boas regras do Édipo. Era o inconsciente que tinham vendido a eles ao mesmo tempo que as leis da colonização, forma exótica, regressiva, do discurso do mestre, frente ao capitalismo que se chama imperialismo. O inconsciente deles não era o de suas lembranças de infância - isto era palpável -, mas sua infância era retroativamente vivida em nossas categorias *famil-iares* - escrevam a palavra como lhes ensinei no ano passado. Desafio qualquer analista, mesmo que tenhamos que ir ao campo, a que me contradiga (Lacan, 1992, p. 85-86, grifo do original).

Está claro que para Lacan era o meio pelo qual o discurso do mestre exerce sua dominância no Imperialismo que o capitalismo impôs aos povos colonizados, como vimos no capítulo 2. Imperialismo como uso dos meios econômicos para exploração política até o exercício da violência, como diria Lênin. Mas, quando em 1971 ele fala de uma escalada do racismo, está preocupado com uma alteração que acompanha o fim das colônias pelos Estados-Nação. E ele faz isso como uma mudança que coloca o mais-gozar não apenas no campo do Outro e abrindo para o desejo, mas para tratar esse mais de gozo do Outro com violência do racismo até a tentativa de extinção de outro modo de gozo, como um retorno da questão da raça tal como vimos no nazismo:

> Quem se interessar um pouco pelo que pode advir fará bem em dizer a si mesmo que todas as formas de racismo, na medida em que um mais-gozar é o suficiente para sustentá-las, são o que agora estão na ordem do dia, são os que nos ameaçam quanto aos próximos anos (Lacan, 2009, p. 29).

Essa expansão do racismo encontramos claramente na reação dos países americanos e europeus frente ao surgimento da variante Ômicron do novo coronavírus. Como ela foi detectada na África do Sul – detectada e não originada – desencadeou uma reação de fechamento de fronteiras para diversos países da África que, no dia em que foi informada a existência dessa nova variante, teve menos mortes e infecções do que em países europeus. Resultado da política de concentração de rendas a partir de um capitalismo rentista que quer livre circulação de capitais mas que, ao mesmo tempo, mantém suas fronteiras fechadas para o estrangeiro como um mais-gozar que deve ser eliminado.

É diante de cenários como esse que Lacan apresentará o matema do discurso do capitalista em Milão, no ano de 1972. Não apenas para explicar o racismo – que ele coloca na ordem do dia – mas para explicar uma mutação do laço social que permite explorar esse mais-gozar de uma outra maneira. Lacan (1972) começa a segunda parte desse texto afirmando mais uma vez que só há mestre porque há linguagem que gera uma ordem de comando que exige o trabalho de obediência e dominância sobre o saber. Mas para, em seguida, declarar acerca de uma crise que não é mais do discurso do mestre, e sim uma crise de seu substituto, que seria o discurso do capitalista. E aqui vemos Lacan introduzir uma novidade em relação ao que até então era apresentado como uma lógica que organizava quatro discursos. Como e por que aparece um quinto discurso sob o signo da crise? Conforme vimos ao analisar o texto de Chamayou (2020), os próprios capitalistas temiam as revoltas e as revoluções do pós-guerra e se puseram em ação para limitá-las localizando uma crise e explorando-a. Entretanto, para isso seria importante mobilizar os significantes por meio de uma crise permanente. Mais uma vez, lembrando Harvey (2014), a crise é central no capitalismo e não um evento contingente. E aqui encontramos um detalhe perverso do discurso do capitalista, que é a afirmação de que a crise é uma oportunidade.

Esta foi uma proposição que analisamos, eu e Christiane Matozinho, em nosso capítulo "Política, Paranoia e Pandemia" (2021): enquanto a todo momento era colocado, em diversas modalidades de trabalho, até mesmo nas escolas e universidades públicas, para conseguir *se reinventar* em um mundo que se imporia um novo normal, em que a digitalização iria ser *leitmotiv* dessa mudança – ou, melhor, seria a consagração dessa mudança:

> Pessoas que se identificam como futuristas - que, na verdade, são operadores de marketing e finanças - apontam para mudanças às quais devemos nos adaptar para não perdermos nossa capacidade de inovação. Ora, mas quais são essas mudanças que os futuristas apontam como uma alteração do status quo? Clayton Melo irá elencar dez que agrupamos em dois tópicos e que, ao nosso ver, demonstram que esta mudança de status quo não leva em consideração o capitalismo neoliberal: O primeiro tópico é o das experiências virtuais: segundo os futurólogos, teremos uma mudança nos modos de experiência a partir da pandemia. Em vez de shows presenciais, sair para comer em restaurantes, termos cursos e formação em escolas ou nos deslocarmos para trabalhar ou fazer compras, todos iremos fazer isso remotamente. A pandemia teria, assim, mudado para sempre as relações entre as pessoas, onde os encontros serão cada vez mais raros. Esta ideia que é vendida como uma inovação tem dois problemas e uma consequência. A ideia dos restaurantes, experiências culturais, ambientes de trabalho/escolas ou até mesmo ruas de lojas como ambiente de convivência e de possibilidades de encontros é deixada de lado, aumentando ainda mais a segregação e isto não é novo no capitalismo como demonstra Evgeny Morozov em Big Tech (2018): há um laço profundo entre neoliberalismo e digitalização da vida de modo a todos virem a cada vez mais a se isolar[68]. Isto traz um aumento da precarização do trabalho em que a exploração passa a não ter mais os sindicatos como espaço de luta para melhores condições de trabalho. A flexibilização leva ao sujeito a ter o seu tempo de lazer/descanso invadido pelo tempo de trabalho, como demonstrou Sadi dal Rosso em "O ardil da flexibilidade", fazendo com que o sujeito acabe trabalhando 24 horas por 7 dias[69], como de certo modo já acontece nesta pandemia

---

[68] "O modelo de capitalismo 'dadocêntrico' adotado pelo Vale do Silício busca converter todos os aspectos da existência cotidiana em algo rentável: tudo aquilo que costumava ser o nosso refúgio contra os caprichos do trabalho e as ansiedades do mercado. Isso não ocorre apenas pela atenuação da diferença entre trabalho e não trabalho, mas também quando nos faz aceitar tacitamente a ideia de que nossa reputação é uma obra em andamento - algo a que podemos e devemos nos dedicar 24 horas por dia, sete dias por semana. Dessa maneira, tudo vira um ativo rentável: nossos relacionamentos, nossa vida familiar, nossas férias e até nosso sono (agora você é convidado a rastrear o sono, a fim de aproveitá-lo o máximo possível" (Morozov, 2018, p. 34).

[69] "O processo de flexibilização das horas assinala apenas a especificidade da distribuição das horas laborais ser maleável, não implicado sua diminuição. O alvo das empresas, muito almejado e nem sempre atendido, é fazer com que o trabalhador e a trabalhadora sejam, em si, flexíveis. A flexibilidade transformaria os momentos da vida, sem necessariamente diminuir a jornada de trabalho" (Dal Rosso, 2017, p. 11).

> com os trabalhos em home-office e, há mais tempo, com os trabalhadores de aplicativos. A educação à distância já tem empresas dedicadas a ela e que acabam gerando uma gama de cursos que podem ser acessados de todo e qualquer lugar, mas que retiram por outro lado, a necessidade de contratação de professores, que se torna supérflua, fato que a médio prazo pode prejudicar a formação de educadores e pesquisadores. Lojas virtuais, sejam restaurantes ou de outra natureza, acabam gerando uma legião de desempregados e o consumo será somente para aqueles que terão condições de ter uma boa rede de wi-fi. É evitar que os encontros e, principalmente, as associações de pessoas para encontrar alternativas para o terror e para o discurso que se pretende não apenas como hegemônico, seja possível. É tornar razoável e desejável uma segregação defendida pelo discurso neoliberal, mas agora sob a máscara do risco da doença. Bater perna em ruas de compras é também encontrar o inesperado e o que será apagado do campo de visão: os vagabundos, mendigos, diletantes, prostitutas, pobres, andarilhos, proxenetas. Ou seja, a rua em seu esplendor (Calazans; Matozinho, 2021, p. 330-331).

Com isso, como modo de se aproveitar a crise, vimos em diversos noticiários as consequências desta e do novo normal: o aparecimento de um normal muito parecido com o antigo, que é a concentração de renda. E vemos mais um dispositivo que segue a lógica do significante ilimitado no neoliberalismo: a digitalização. Podemos ver essa análise que implode a noção de temporalidade rítmica, que se torna um capitalismo dadocêntrico. De novo: livre para navegar para entregar dados que moldarão suas demandas por objetos. Se há algo que podemos extrair da lógica do discurso do capitalista é que quanto mais lógica de implosão de limites no discurso, mais disponíveis esses dispositivos estarão para dar sustentação ao discurso do capitalista em sua vertente neoliberal: é isso que de certo modo explica sua força, sua astúcia em manter o sujeito sempre em movimento, seja de produção, seja de consumo.

Lacan (1972, p. 48) aborda essa questão indicando que não se trata de mediocridade do discurso do capitalista, ao contrário, trata-se de sua astúcia ou, mais especificamente, "loucamente astucioso", o que corrobora o que colocamos anteriormente como uma percepção fina de Lacan sobre o que já estava sendo gestado pelo discurso do capitalista em sua vertente neoliberal. O loucamente aí, como veremos, acaba caindo sobre o conceito de ilimitado do neoliberalismo, pois esse loucamente astucioso está destinado a explodir, como afirma Lacan, no sentido de expandir um modo de regulação do mais-gozar para todas as esferas da vida do sujeito tomado como um empreendedor de si.

E Lacan (1972, p. 48, grifos nossos) continua:

> Afinal, foi o que se fez de mais astucioso como discurso. Esse último não é menos destinado à explosão. É porque é insustentável. É insustentável... num truque que poderia lhes explicar... porque o discurso capitalista está ali, vocês veem... [indica o discurso no quadro-negro]... uma pequenininha inversão simplesmente entre o S_1 e o \$... que é o sujeito... basta para que isso ande como sobre rodinhas, não poderia andar melhor, mas, justamente, anda rápido demais, se consome [*consomme*], se consome tão bem que se consuma [*consume*]. Agora vocês estão embarcados... vocês estão embarcados... mas há poucas chances de que qualquer coisa aconteça de sério na corrente do discurso psicanalítico, salvo, assim... ao acaso.

É aqui que temos o modo como Lacan define esse discurso do capitalista. Feito para explodir, feito para ser insustentável como discurso que coloca barreiras à totalização; conforme vimos com as funções do impossível e da impotência dos outros quatro, ele acaba tornando o laço social precário. Por não ter essa trava, ele anda rápido. Ora, não é em relação à velocidade do capitalismo financeiro que Berardi (2019) e Crary (2014) afirmam que a possibilidade de um futuro é pensada e desejada? A esse imediatismo e a essa temporalidade Traverso (2018, p. 27) chama de presentismo em um laço social, cuja estrutura é considerada natural e inevitável:

> A tensão dialética entre passado e futuro é rompida em mundo em um mundo recuado para o presente. Uma vez que o capitalismo foi naturalizado, pensar num futuro diferente passa a ser impossível e o passado parece ser um aviso contra essa perigosa tentação.

Uma perigosa tentação por ser uma maneira em que muitos vivem a subjetividade neoliberal. Uma temporalidade de "indiferença, ao qual a fragilidade da vida humana é cada vez mais inadequada" (Crary, 2014, p. 19), essa fragilidade de atender a esse imperativo superegoico da liberdade neoliberal. Mas se a referência ao passado pode ser um aviso contra o presentismo que impede que um sujeito do inconsciente possa emergir como uma dúvida ao processo de subjetivação neoliberal, também é a maneira pela qual o passado pode se impor como uma resposta depressiva ao esgotamento de um laço social de autoexploração e com poucos recursos para lidar com a experiência de perda ou morte como em uma pandemia. É a essa conclusão que chega Han (2018, p. 46):

> No capitalismo financeiro atual, os valores são radicalmente eliminados. O regime neoliberal introduz uma era do esgotamento. Hoje, explora-se a psique. Por isso, esta nova era é acompanhada por doenças mentais como a depressão ou burnout.

Trataremos da questão das "doenças mentais" mais para frente, quando abordarmos a função do que denominamos como insígnias. É importante notar que o discurso do capitalista anda rápido demais e acelera não somente o processo de produção por meio da financeirização ilimitada, mas também amplia ilimitadamente o consumo que pode ser relançado mesmo em meio a uma crise – por isso que ele também se consome nas crises do consumo – e é por esse meio – olha aí sua astúcia – que ele se consuma –, ou seja, ele se realiza como laço social, mesmo precário. Podemos aliar essa interpretação ao que forneceu Rosa (2019), que aponta que a consumição tem, também, o lado mortífero que a falta de um limite do discurso do capitalista traz. Por isso que Lacan falou antes das fantasias mortíferas, quando um discurso não faz nenhuma barra. No caso do discurso do capitalista neoliberal, é a exigência dessa mortificação ilimitada por meio de uma produção infinita e por meio do consumo e do endividamento. A autora traz, baseada na análise de alguns extratos clínicos, que:

> [...] a analisante se serve dos caixas eletrônicos com funcionamento 24 horas como um Serviço de Pronto Atendimento e os "barulhinhos" da máquina têm um efeito hipnótico sobre ela. No momento seguinte, ela é forçada à contabilização de uma dívida de proporções assustadoras, dívida que passa a lhe consumir a vida cotidiana (Rosa, 2019, p. 146).

Vemos aqui como esse movimento é o mesmo de quando analisamos a questão do endividamento e da austeridade como significantes-mestres no neoliberalismo. A liberdade aqui é a liberdade de se endividar. Já outro relato clínico é sobre uma mulher que disputa um lugar no desejo da mãe com um número imenso de sapatos. Em relação a esse consumo excessivo de objetos, Rosa (2019, p. 146, grifo do original) indica que "isso nos permite assinalar a particularidade das parcerias com esses objetos, os *gadgets*, que não interpelam o sujeito quanto ao seu desejo, quanto ao seu amor e nem quanto ao seu gozo, parcerias nas quais ele fazendo economia do laço social com o Outro".

Nesse sentido, não se trata apenas de ser um empreendedor de si no campo do ilimitado; trata-se também de ser um consumidor desse ilimitado que não encontra, muitas vezes, pontos de detenção. Logo, a produtividade ilimitada só encontra sentido se houver uma consumação também ilimitada. Nesse aspecto, dois elementos se tornam essenciais: a redução do campo da insatisfação e do desejo a um campo da demanda insaciável – e, com isso, a redução da insatisfação ao campo da demanda de objetos; por outro lado, a necessidade desses objetos que serviriam para aplacar a insatisfação do sujeito se torna também precária por meio do que é conhecido como obsolescência programada, pronto para relançar a lógica da produção e do consumo em um infinito ruim, aumentando também a produção de dejetos e a produção da destruição ambiental, como bem demonstrou Harvey ao analisar os gráficos sobre a produção de cimento e aço no século XX, principalmente com a expansão das empresas ocidentais para o Oriente.

Vemos aqui que a peculiaridade do discurso do capitalista é, a todo momento, tentar impedir a emergência do sujeito do inconsciente, que é o sujeito do desejo e da insatisfação, que pode vir a interpelar o mestre apontando para sua impotência e traçando uma possibilidade de que o impossível aconteça a partir do que Lacan chamou, como vimos, de um outro estilo de significante-mestre. O desejo no discurso do capitalista é reduzido a uma demanda ilimitada por esses objetos, por estes *gadgets*, que rapidamente se tornam obsoletos, aumentando o consumo e a consumição mortífera e, como aponta Rosa (2019), precarizando o laço com o Outro. A demanda reduz o desejo a um consumo de objetos. E é nesse sentido que entendemos quando Aléman (2017) aponta que o discurso do capitalista pretende se imiscuir na constituição desse sujeito do inconsciente, dessa fratura radical que viabiliza a crítica ao mestre, reduzindo-o a subjetividades da época. Desse modo, claro que não podemos ignorar as subjetividades da época, mas precisamos nos perguntar se devemos apenas anotar sua existência ou pensar como ela se articula em um discurso como o do capitalista na vertente neoliberal, que impede o desejo de outro mundo para que os processos de segregação não se expandam também ao ilimitado. Então, a pergunta é: como pôr uma trava nessa máquina diabólica?

Na formulação de Lacan que citamos, sobre o discurso do capitalista, uma parte ainda não foi abordada: a de que no discurso do capitalista há uma inversão entre os elementos que ocupam os lugares da verdade e do agente, uma inversão entre $ e S_1. Não é à toa que Lacan, ao postular sobre o discurso do capitalista como o discurso do mestre contemporâneo, fará sua escrita não apenas como uma mudança na ocupação entre o lugar do agente e da verdade, mas também, e a nosso ver, principalmente, a mais importante é a mudanças nas setas:

Figura 3 – Discurso do Mestre e o Capitalista elaborados por Lacan

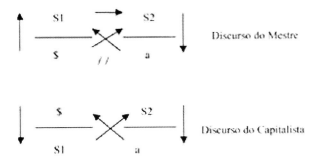

Fonte: Lacan (1972)

Se compararmos, então, a diferença entre as setas, podemos extrair algumas consequências interessantes para nossa tese. No discurso do mestre, nós temos um circuito que começa com o lugar do agente se endereçando ao Outro, produzindo objetos e o sujeito como uma verdade recalcada que irá acossar o mestre pela formação de sintomas, estabelecendo limites por meio da impossibilidade e da impotência. No caso do discurso do capitalista, as setas não seguem uma lógica que permita estabelecer essa limitação. A estrutura aqui tenta evitar a possibilidade dos quartos de giro que geram novos discursos que permitam questionar a mestria e a dominação. Consoante com Rosa (2019, p. 146, grifo do original), "no Discurso do Capitalista, os *gadgests*, as quinquilharias, os objetos mais-de-gozar (a) vêm no lugar da produção e, com um frágil anteparo da lógica significante (S_1 ® S_2), deixam o sujeito à mercê dos objetos ($ ¬ a)". Ora, nesse sentido, vemos que os significantes, nessa inversão, não consegue fazer uma rede, tornando-se mais uma pletora de significantes fragilmente articulados. Por isso, acreditamos que a marca do discurso do capitalista é a profusão ilimitada de significantes que leva à produção desses objetos interpelantes do sujeito nessa dinâmica entre empreendedor de si e consumista. Ademais, acreditamos que, se podemos falar em uma marca da subjetividade da época, é por ela ser reduzida ao nível da demanda e tenta evitar, como já apontamos, a emergência do sujeito do inconsciente como sujeito do inconsciente.

Assim, podemos dizer que os dispositivos preferenciais no ilimitado no discurso do capitalista são aqueles que implicam uma propalação de significantes sem uma delimitação. Aléman (2017) a situa no capitalismo financeiro, porque a financeirização é um dispositivo que mobiliza uma organização social que leva a uma significantização ilimitada, sem um ponto de detecção ou de real como obstáculo, como um projeto. O mesmo podemos encontrar em Morozov (2018), em sua análise sobre o capitalismo dadocênctrico, em que esse aspecto expansivo dos significantes por meio dos algoritmos permite a colonização das demandas em nome de uma transparência. Um terceiro dispositivo que vai se valer dessa significantização ilimitada é decorrente da mudança dos critérios diagnósticos provenientes da psiquiatria americana, também a partir da década de 1970, e que redundou nos DSMs III, III-R, IV, IV-TR e 5. É conhecida a crítica à desarticulação psicopatológica desses diagnósticos, feitos pela mera conferência de presença de alguns significantes relatados pelos sujeitos por meio de um check-list. Essa desarticulação é marca do ilimitado também no mais íntimo do sujeito. Cada um desses manuais amplia o número de diagnósticos ou reduz o número de sintomas necessários para que alguém passe a ser considerado um transtornado. Esse dispositivo psiquiátrico muda as maneiras de marcar significativamente os sofrimentos psíquicos e se expande para transformar toda e qualquer dimensão da experiência subjetiva em um transtorno referente ao desempenho de um sujeito que não produz ou que não consome. Cohen (2015, p. 84) nos explica isso muito bem ao afirmar que:

> De modo mais geral, entretanto, o discurso psiquiátrico testemunhado no DSM-III (bem como nos DSMs subsequentes) reflete o surgimento de obsessões neoliberais com eficiência, produtividade e consumo (Caps. 4-7). Portanto, quando conceitualizamos a psiquiatria como falando uma "linguagem pública" no DSM, deve-se reconhecer que essa linguagem não é neutra e livre de valores, mas reflete uma retórica ideológica dominante da época específica, neste caso a crise do bem-estar e o surgimento do neoliberalismo. As prioridades e tendências da psiquiatria ocidental não podem

ser vistas como motivadas principalmente por interesses profissionais ou por motivos econômicos da indústria farmacêutica, mas sim como enquadradas por normas e valores prevalecentes da ordem social. Como documento político, o discurso articulado no DSM-III reflete a natureza mutável do capitalismo tardio. A Tabela 3.1 dá um exemplo direto disso, destacando o uso crescente de frases associadas ao trabalho, casa e escola a cada edição do DSM. Enquanto o DSM-I e o DSM-II dificilmente fazem qualquer referência a essas arenas da vida, o DSM-III aumenta dramaticamente esse fraseado - uma tendência que continua à medida que o neoliberalismo progride. Também é interessante notar que houve um aumento significativo no uso das frases "trabalho" e "escola" entre o DSM-IV-TR (em 2000) e o DSM-5 (em 2013), apesar dos manuais serem de comprimento quase igual.

Tabela 3.1

Word/phrase	DSM-I (1952)	DSM-II (1968)	DSM-III (1980)	DSM-III-R (1987)	DSM-IV (1994)	DSM-IV-TR (2000)	DSM-5 (2013)
Work/ing/er	5	1	72	122	186	204	288
Home/housework	2	2	59	80	92	96	109
School	4	2	91	105	158	170	257

Fonte: Cohen (2015, p. 84)

Nesse sentido é que podemos começar a esboçar as conclusões de se diferenciar discurso de dispositivo e subjetividade de sujeito. O que o discurso do capitalismo em sua vertente liberal faz é multiplicar dispositivos que enfraquecem os limites dados aos significantes, conduzindo-os, em sua precariedade, a um ilimitado sem precedentes que leva o sujeito do inconsciente a traduzir sua insatisfação em termos de subjetividade da época, isolada e que se reconhece assim apenas no consumo, mesmo que esse consumo seja inclusive o de um diagnóstico psiquiátrico que é situado, como demonstra a tabela construída por Cohen, em termos de desempenho ilimitado. Por isso, é importante saber quais dispositivos são levantados nesse discurso que levam à noção de empreendedor de si, de homem endividado, de consumidor, de competidor, de homem isolado em uma liberdade que reduz a liberdade da livre concorrência.

É nesse sentido também que Aléman (2017) atenta para o fato de que o discurso do capitalista é a criação de subjetividades que não coloquem em cena a fratura radical do sujeito do inconsciente. Desse modo, reiteramos o problema sobre como colocar travas a essa expansão. Acreditamos que uma tensão especial acontece quando estamos às voltas com a questão do sintoma e a maneira como ao capitalismo tenta transformá-lo em uma subjetividade.

Acreditamos na via do sintoma como sintoma da época, porque um sintoma é a expressão de uma insatisfação e o discurso do capitalista tenta refrear seu poder de questionamento. Afinal, como nos lembra Lacan (2009, p. 23):

> [...] é ainda mais importante lembrar isso porque, se há em Freud algo de revolucionário - digamos, para designar assim um certo tom, pois já adverti contra o uso abusivo dessa palavra -, se houve um momento em que Freud foi revolucionário, foi na medida em que ele pôs em primeiro plano uma função que é também sugerida por Marx - aliás, esse é o único elemento que eles têm em comum - ou seja, considerar um certo número de fatos como sintomas.

Ora, se Freud foi revolucionário por isso, podemos dizer que o discurso do capitalista é contrarrevolucionário, quando considera certos sintomas como transtorno, e um transtorno como o que o Recalcati define como insígnia. Recalcati chega a esse conceito por meio do questionamento dos efeitos sobre a clínica do discurso do capitalista. Essa fragilidade da articulação entre significante-mestre e significante do saber ele vai interpretar, baseado em Miller (2005), como inexistência do Outro no capitalismo. Tal inexistência retira referências que colaboram com o isolamento do sujeito no neoliberalismo. Desse modo, a insígnia seria o que viria em suplência. E se o sintoma é algo que permite a Freud e Marx serem revolucionários que não retornam sempre ao mesmo lugar, que permite que o significante-mestre siga um outro estilo para além da dominação, como afirmamos, os diagnósticos via transtornos são contrarrevolucionários por tentarem se colocar nesse lugar do que permite não um laço social em que a emergência do sintoma permita a interrogação do desejo do Outro, mas uma localização do sujeito em um grupo a partir do sintoma como um traço de identidade que conforma o indivíduo a um grupo específico. É o que chama de clínica dos monossintomas contemporâneos.

Desse modo, a questão das insígnias com os monossintomas traz muitas vezes um aspecto paradoxal: ao mesmo tempo em que o indivíduo se coloca como apartado do Outro, como se tivesse um saber extremamente único, esse saber se perde não na relação de alteridade que teria com o Outro – ao qual, de certo modo, ele rechaça –, mas na generalidade do diagnóstico com o qual ele se identifica. Então, temos aqui, nada de sujeito, mas um indivíduo para quem o sintoma não se torna questão: um saber raso e repetitivo.

Ora, de onde vem esse saber com essa estrutura rasa e repetitiva? Vem da própria especialização da clínica oferecida pelos DSMs desde a década de 1970. Um saber descritivista, que está ao acesso de todos por sua superficialidade, que trata o sintoma como algo óbvio e desencarnado do sujeito. Temos aí uma pulverização da clínica em que cada um teria um sintoma... prêt-à-porter, cortado à moda do psiquiatra da vez. É um diagnóstico sem prognóstico e sem pensar o tratamento para além da eliminação do sintoma. Como diz Recalcati (2005, p. 61): "a especialização da clínica pretende focar o diagnóstico e tratar o sintoma específico como desincorporado do sujeito", ou seja, a especificidade do sintoma se perde na generalidade do transtorno.

Diante desse cenário, um dos grandes desafios clínicos da contemporaneidade é justamente extrair desse homogêneo do transtorno uma singularidade sintomática. A homogeneidade fenomênica dos sintomas não pode se sobrepor à singularidade do sujeito que fica apagada não sob um sintoma mas, repito, sobre uma insígnia que dá a esse indivíduo rapidamente uma identidade: anoréxico; bulímico; autista; família-autista; familiar de autista. Esse reconhecimento identitário não é apenas para si: é também para o outro via diagnóstico. O outro não sabe de mim, mas sabe o que sou pelo saber vindo da Psiquiatria. E, assim, perpetua-se o diálogo de surdos: uma identidade de si por meio de uma insígnia que me faz me relacionar somente com outros iguais a mim; uma insígnia que rapidamente o outro sabe também como se relacionar comigo sem ao menos conversar comigo. A isso Recalcati chama de neossegregação: não precisa isolar ninguém em uma instituição total; o sujeito se autossegrega. É o consentimento com a segregação.

Nessa perspectiva é que Recalcati apresenta dois conceitos que, a nosso ver, explicam em parte os riscos da política chamada identitária que não trace um cruzamento de suas pautas com as desigualdades e se refere a si mesma como uma diversidade: insígnia e neossegregação. A neossegregação seria um fenômeno contemporâneo, distinto do que Foucault definiu como segregação de uma sociedade disciplinar, em que haveria a exclusão do diferente – dos diversos, desviantes dos que não se homogeneizavam às normas –, como os loucos e os deficientes, que eram trancafiados em manicômios ou não tinham preocupações com suas dificuldades atendidas, sendo segregados por conta disso. Se lembrarmos que começamos este capítulo mostrando que os movimentos de pessoas com deficiência da década de 1970 apontavam para como o problema não era ter uma deficiência, mas os impactos sociais e de desigualdades que colocavam os problemas, nesse sentido elas buscavam não apenas reconhecimento e direitos, mas também mudança dessa mesma sociedade segregativa. E isso passa pelo reconhecimento na centralidade das desigualdades sociais para se pensar as diversas segregações, não apenas das deficiências, mas também das mulheres, dos não brancos, dos LGBTQIAPN+ etc.

No entanto, o que Recalcati chama de neossegregação, a questão das desigualdades sociais e a busca por um laço social que não seja o capitalista, é deixada de lado. A luta por direitos e por reconhecimento, que leva a alguns avanços dentro desse discurso e que são importantes, como as diversas legislações brasileiras demonstram, quando não articulada a um movimento contra as desigualdades passa a ser um movimento que vai se encerrar em si mesmo. À falta de grandes pontos de identificação, os diagnósticos passam a oferecer uma série de significantes-mestres, que são ofertados aos sujeitos para se localizarem no laço social, mas agora em pequenos grupos a partir dos sintomas em comum.

Em relação ao tratamento, quais os impactos temos? Em Psicanálise, sabemos que temos a distinção entre fenômenos e a estrutura, ou seja, um fenômeno pode ser igual em seu aspecto imaginário, mas ocupa um lugar distinto para o sujeito, dependendo dos elementos da estrutura. Logo, a função do diagnóstico não é separar fenômenos, mas localizar esses fenômenos em relação ao sujeito. E aqui é que Freud continua indispensável: só saberemos dessa localização a partir da palavra, ferramenta indispensável para um psicanalista. Esse é o valor diferencial da estrutura clínica para um sujeito.

Contudo, esse apagamento do sujeito que encontramos nos sujeitos tem um aspecto contemporâneo já detectado por Freud em 1920, em *Além do Princípio do Prazer*: uma defusão entre pulsão de morte e eros permite que essa identificação à insígnia tenha esse caráter mortífero e uma tendência autística (sem relação com autismo, ok?) a um gozo pulsional de morte. Por isso, os sintomas ditos contemporâneos passam muito por autoextermínio, isolamento, agitação ou passagens ao ato: um gozo mortífero comanda sua identidade por meio de um imperativo do supereu que ignora o laço social, que demanda algo de pulsão de vida para fazer/ceder algo do gozo para que algo de desejo possa advir. Desse modo, os traços identificatórios – anoréxicos, bulímicos, etc. – estão submetidos a um ilimitado pulsional e sem possibilidade de questionamento.

"Fazem convergência se reconhecendo iguais na identificação ao sintoma e nas práticas de gozo que daí derivam. Esta convergência cria novas comunidades que recortam suas ilhotas no interior do programa da civilização em lugar de se opor a eles" (Recalcati, 2005, p. 88). Em outras palavras, o sujeito se destaca do laço civilizatório sem que haja uma divisão do sujeito e do questionamento de seus modos de gozo e seus modos de lidar com o Outro. Não há perda de ser, uma segregação que não possibilita que algo de perda possa ser situado no campo do Outro – o que Lacan chama de operação de separação na constituição do sujeito do inconsciente. Assim, o trabalho com grupos monossintomáticos – e muitos grupos de familiares de autistas encaixam-se nessa categoria a partir do momento em que se identificam com o sofrimento de terem filhos autistas e de se localizarem no mundo somente em contato com associações de pais – é justamente afrouxar a identificação com insígnia e "restaurar o sujeito do inconsciente", pois a prática da "clínica psicanalítica é uma prática que vai contra a rigidez identificatória" (Recalcati, 2005, p. 86).

Essa formação implica algo do laço social contemporâneo – o do capitalista – que provoca um divórcio entre o sujeito e o desejo – o que chamamos anteriormente de defusão pulsional. É algo da ordem mesmo do laço social.

Podemos definir os grupos monossintomáticos como "grupos que exigem cuidados que coincidem com uma consolidação de uma identidade por meio de um reconhecimento especular" (Recalacati, 2005, p. 89). Longe de ser uma metáfora subjetiva, é mais da ordem da metáfora social, idêntica a si mesma por meio de processos de massificação, de alienação no universal, implicando um indivíduo sem divisão e de reunião de pessoas, muitas vezes, em associações por sintomas (Recalcati, 2005).

E como podemos, diante disso, definir o tratamento desses grupos? Primeiro, tentar retirar a cristalização dessa aderência subjetiva à insígnia e ao reflexo especular a fim de extrair o sujeito do inconsciente da homogeneidade imaginária do grupo. O monossintoma promove o agrupamento dos sujeitos por meio do traço idêntico constituído pela redução do sintoma a uma:

> [...] insígnia que universaliza o sujeito, tornando possível sua integração, mesmo que segregativa, ao programa da civilização - este programa que hoje chamamos de discurso do capitalista. Esse agrupamento por traço comum é o que torna o indivíduo refratário ao inconsciente, abolindo assim o sujeito do inconsciente (Recalcati, 2005, p. 90).

O que a insígnia do sintoma fenomênico promove é a identificação sem equívoco por meio de um excesso de evidência promovida pelo diagnóstico prêt-à-porter dos manuais descritivistas da Psiquiatria desde a década de 70 do século passado.

A questão que nos permite pensar aqui no que Recalcati (2005) chama de neossegregação é uma adesão excessiva à norma social. Trata-se da mesma lógica da adesão subjetiva ao neoliberalismo, que permeia esse excesso de normalidade e que permite ao sujeito anular-se em nome de uma individuação sem questionamento. Esses sintomas são sintomas do discurso do capitalista. Afinal, não se trata aqui de um apelo à imagem no caso da anorexia? O apelo ao investimento em si mesmo na depressão? Não se trata de não ceder nada ao outro no autismo? Não se trata de uma identificação a uma comunidade isolada da outra como nas associações de pais? Não é o que encontramos também na hiperatividade dos TDAH? Como esses sintomas se articulam a esse discurso?

A abolição do sujeito do inconsciente é a redução do Outro ao outro. Passamos do regime do simbólico ao imaginário no encobrimento do real. É uma identificação anônima a uma insígnia sintomática. E quanto mais se ganha em termos de certeza identificatória de massa que a insígnia identificatória confere, mais se perde como sujeito: que é a única condição de fazer com que o investimento libidinal não se aferre em um sintoma com prejuízo do ponto de vista econômico do ponto de vista psicanalítico.

Aqui encontramos o paradoxo do empreendedorismo: a insígnia que deveria destacar o sujeito do anonimato acaba, na realidade, tornando-o anônimo e dando lugar a uma reprodução em série massificada, como afirma André Breton sobre os adolescentes: nada mais igual a um adolescente sueco do que um adolescente argentino. E todos querendo ser únicos.

Desse modo, podemos dizer que o impacto sobre a subjetividade da época passa pelos sintomas que são considerados epidêmicos da época. Mas se insistimos na leitura pelo sintoma é porque um sintoma, desde a época de Freud, sinaliza por um lado o que é ofertado como significante da época, mas, por outro lado, traz a marca de algo que não foi de todo apropriado pelo discurso do mestre epocal. Assim, se a liberdade neoliberal traz consigo a necessidade de isolamento para a concorrência, a lógica do desempenho e de produtividade e consumo ilimitados, não será por isso que as ditas epidemias de saúde mental com as quais estamos nos havendo desde as décadas de 1980-1990 e são referentes a esses significantes que defendem que a liberdade é a liberdade de ser um empreendedor de si e a liberdade da livre concorrência para acúmulo de propriedades privadas? Não seria a epidemia de depressão relativa ao movimento de isolamento dos sujeitos em laço social fragmentado? Não seria o mesmo para a expansão da localização de diagnóstico de sintomas autísticos que rapidamente passam a ser considerados o autismo *tout-court*? Com a expansão do autismo, em referência ao desempenho e à concorrência, não temos, por outro lado, a expansão do TDAH como uma patologia do desempenho? E, referente ao consumo, não teríamos aí as patologias do corpo como anorexia e bulimia e do consumo excessivo de entorpecentes?

Vejam que, de certo modo, todas essas patologias podem ser consideradas impeditivos e travas à lógica da produção ilimitada do neoliberalismo. Transformá-las em traço de identidade e de uma cultura divergente seria uma estratégia oriunda dos meios de diagnóstico para reintroduzi-las na lógica do consumo a partir dessa cultura segregada, por um lado, e como objetos de uma produtividade vindo da lógica psiquiátrica, por outro. Seria uma maneira de, mais uma vez, limitar que o sintoma emerja como marca do inconsciente – e, por sua vez da insatisfação – e, assim, meios de análise dos paradoxos da liberdade neoliberal.

Desse modo, porém, insistimos mais uma vez na necessidade de uma leitura sintomal, mas agora como a questão de que o sintoma deve ser considerado não apenas com a marca do que vem do outro, mas como o que Lacan definiu, a partir do Seminário 23, como *sinthome*. Isso porque o *sinthome* vai na direção não de uma identificação com o genérico do sintoma, mas com uma produção como um saber-fazer. Logo, o *sinthome* pode assumir o aspecto revolucionário de que tratava Lacan no Seminário 18 sobre o sintoma: um saber-fazer que não vai levar em conta apenas a posição do discurso da época, mas a partir daquilo que era mais fundamental para Freud: apontar o que havia não apropriável pelo discurso do mestre da época. Estamos usando a palavra apropriável de propósito. Vimos, no decorrer deste trabalho, que o discurso da liberdade liberal e neoliberal necessita do consentimento do sujeito para melhor expropriá-lo e dominá-lo. Apropriar-se de sua liberdade por meio do consentimento, introduzindo aí um sentimento de culpa por não atender à interpelação do Outro. Mas se algo que a Psicanálise nos ensina é que nem tudo é plenamente apropriável, a busca desse inapropriável é o que podemos fazer de melhor diante de um discurso que pretende ser presente até mesmo no mais íntimo do sujeito?

Acreditamos que a saída pelo sintoma seja mais efetiva do que a saída pela construção de subjetividades, pois, como vimos, essas mesmas subjetividades podem ser capturadas pela lógica do neoliberalismo, que já funciona de maneira fragmentária. Essa expansão ilimitada nos impele a ter que pensar, então, consoante com Aléman (2017, p. 113-114), no que é inapropriável para o discurso do capitalista, principalmente "em apartar esse discurso do mestre do mercado [...] em ver em que lugar é inalcançável nessa produção, a qual lugar não pode aceder esse dispositivo de rendimento e gozo que se expande transversalmente por todos os laços socias", o que interpretamos, a partir dessa maquinaria significante extraída por Lacan em seu matema do discurso do capitalista, que leva a essa expansão ilimitada.

Nesse aspecto, Aléman aponta para a radicalidade de Lacan em afirmar um não haver. Não há relação sexual, não há metalinguagem e isso significa que todo ato de laço com o Outro deve ser instituído a partir de um saber-fazer com *sinthome* do corpo próprio. No processo de apropriação do discurso do capitalista em sua vertente neoliberal, ele se apresenta como o único possível. Afirmar o não haver é afirmar que cada um pode se haver com o sintoma de um modo que não seja necessariamente homogeneizante e que os modos de gozo, vítimas da segregação, como demonstra Lacan a propósito do racismo, podem encontrar a liberdade de pensar a liberdade de uma vida em comum. E, para isso, é necessário reconhecer, como afirma Aléman (2017, p. 115), que a:

> [...] dimensão do inapropriável pode ser o caminho a reconduzir uma nova maneira de pensar, e creio que a psicanálise de Lacan e sua crítica, a que surgiu depois de '68 quando ele começou a pensar que verdadeiramente não nos dominam pessoas, nem Estados, nem homens poderosos, mas um determinado tipo de estrutura, quando radicalizou seu anti-humanismo, me parece uma chave para pensar o inapropriável.

Mas isso escapa ao escopo deste livro, que é apresentar o que o neoliberalismo fez da liberdade e a estrutura pela qual ele fez da liberdade como mais um processo de exploração dos sujeitos. E é contra isso que devemos nos posicionar, tendo clara a estrutura de dominação estipulada por Lacan com o matema do discurso do capitalista para que os sujeitos não aceitem mais como natural um processo de expansão da autoexploração culposa no laço social contemporâneo e que abra possibilidades de novas esperanças.

CONCLUSÃO

Comecei discorrendo sobre meu pai e sobre a ditadura e vou terminar voltando a esses assuntos por outro caminho. Meu pai era um torcedor do Império Serrano, escola de samba de Madureira. Se tem algo que se transmitiu como desejo para mim foi a torcida pelo Império. O Império Serrano é uma escola que nasceu de uma reação de alguns sambistas que eram contrários a uma gestão não democrática da Escola de Samba Prazer da Serrinha, do Morro da Serrinha. A dissidência era composta de membros do primeiro sindicato brasileiro, o sindicato da Resistência, composto de trabalhadores da Estiva. A gestão do Império até hoje passa por essa marca. O Império é reconhecido como o inventor do samba-enredo como o conhecemos hoje, em que se conta uma história em torno da qual o desfile deve se desenvolver e foi com essa organização vinda do sindicato e a criação do samba-enredo – principalmente com os compositores Silas de Oliveira e Mano Décio da Viola, que compuseram cinco dois maiores sambas-enredo de todos os tempos – que o Império ganhou, em seguida, quatro desfiles de carnaval, já a partir de sua estreia na passarela do samba.

Durante a ditadura militar, mais precisamente para o desfile de 1969, Silas de Oliveira e Mano Décio da Viola compuseram um dos sambas--enredo mais gravados na história: *Heróis da Liberdade*. Por causa desse samba, composto após a decretação do Ato Institucional número 5 –que recrudesceu a violência dos militares contra a oposição –, os autores foram obrigados a depor no Departamento de Ordem Política e Social (DOPS), a polícia política do regime militar. Os militares queriam saber qual era a razão daquele samba e se eles estavam propondo uma revolução contra os militares devido a estes versos: *"É a Revolução/ Em sua legítima razão"*. Eles explicaram que não, que eram apenas sambistas, mas ainda assim o samba só seria autorizado a desfilar se mudassem os versos para *"É a Evolução/ Em sua legítima razão"*. Apesar disso, durante o desfile do Império Serrano, aviões das Forças Armadas Brasileiras deram rasantes pela Avenida do Samba com claro intuito de intimidação[70].

No ano de 1986, nos estertores da ditadura, o Império Serrano apresentou o samba *Eu Quero*, de Aluísio Machado, Luiz Carlos do Cavaco e Jorge Nóbrega, herdeiros legítimos de Silas de Oliveira e de Mano Décio da Viola. É um samba

---

[70] Disponível em: https://extra.globo.com/noticias/carnaval/carnaval-historico/um-hino-liberdade-em-tempos-de-perseguicao-politica-11492976.html.

que aborda o que se queria com o fim da ditadura, expresso nos versos *"Me dá, me dá/ me dá o que é meu/ foram vinte anos que alguém comeu"*. Vinte anos foram os anos da ditadura. Mas é interessante que outros versos se referem diretamente à liberdade: *"Cessou a tempestade/ É tempo de bonança /Dona liberdade/ Chegou junto com a esperança"*. Se em 1969 eram cantados os *Heróis da Liberdade* de nossa história, em 1986 a Liberdade só faria sentido se viesse com a esperança. Ora, a esperança é a abertura para uma articulação temporal com o futuro e o presente. Não seria ela outro nome do desejo? Acredito que uma saída para a liberdade neoliberal reduzida a uma liberdade sem outras possibilidades de laços sociais só poderá ser possível com a esperança. Reativemos esses votos de Aloísio Machado e Beto Sem-Braço para o que é inapropriável pelo discurso do capitalista em sua vertente neoliberal, que demonstre a insatisfação com esse discurso não apenas a partir de uma identidade, mas principalmente a partir do sintoma como uma ruptura em relação à falta de opções do capitalismo neoliberal. Esse é o desejo que desejo sustentar a partir daqui.

Para o futuro, creio que é importante aprofundar o que foi brevemente debatido no último capítulo: a maneira pela qual Lacan pensou a estrutura dos discursos, principalmente o discurso do capitalista. Ele não é uma mera alegoria de Lacan, ele tem impactos sérios sobre o laço social e sua precariedade atual e a expansão do mal-estar, da exploração e da dominação. Aprofundar a análise da estrutura desse laço social pode nos permitir vislumbrar os pontos do que pode ser inapropriável por ele. Este será um programa de pesquisa que iniciarei no ano que vem. Com ele, acredito que devemos também, a partir do que podemos extrair brevemente, como dispositivos principais que levam em conta esse ilimitado, como dispositivos que pretendem se apresentar como não ideológicos, mas como fatos comprovados aos quais não poderiam ser questionados como a financeirização da economia, a digitalização da experiência e a transformação das lógicas diagnósticas por meio dos DSMs. Isso porque são esses dispositivos que geram os processos de neossegregação, em que o indivíduo segrega a si mesmo para atender às exigências de produtividade e consumo ilimitado. Entretanto, além de isolar o sujeito, ajuda a produzir não somente o racismo, como Lacan alertava na década de 1970, mas também a homofobia, a transfobia, o capacitismo e outros meios de segregação, exploração e dominação. Acredito que, sem pensar a estrutura dos discursos e a análise da mais-valia e do mais-gozar, podemos correr o risco de não abrir novamente para uma liberdade emancipatória e com um horizonte de futuro que não seja uma possibilidade de apenas autoexplorar-se. E acredito que a ética do desejo seja um caminho para uma vida em comum.

REFERÊNCIAS

AGRA ROMERO, María-Xosé. Apresentácion. *In:* PATEMAN, Carole. **El contrato sexual**. Barcelona: Editorial Ménades, 2019. p. 3-6.

ALÉMAN, Jorge. **Horizontes Neoliberales en la subjetividad**. Buenos Aires: Grama, 2017.

ÁLVAREZ, José María. **Hablemos de locura**. Barcelona: Xoroi Edicions, 2018.

BATAILLE, George. **A parte maldita precedida de "A noção de dispêndio"**. Belo Horizonte: Autêntica, 2016.

BAUMAN, Zygmunt. **O retorno do pêndulo**: sobre a psicanálise e o futuro do mundo líquido. Rio de Janeiro: Jorge Zahar Editor, 2017.

BERARDI, Franco. **Depois do Futuro**. São Paulo: Ubu Editora, 2019.

BRAUNSTEIN, Néstor. O discurso capitalista: quinto discurso? O discurso dos mercados (pst): sexto discurso? A escrita do furo. **A Peste**, São Paulo, v. 2, n. 1, p. 143-165, jan./jun. 2010.

BROWN, Wendy. **Nas ruínas do neoliberalismo**. São Paulo: Editora Filosófica Politeia, 2019.

CALAZANS, Roberto. **O sentido da subversão do sujeito operada pela psicanálise**. 2004. Tese (Doutorado em Teoria Psicanalítica) – Universidade Federal do Rio de Janeiro, Rio de Janeiro, 2004a.

CALAZANS, Roberto. O sentido da subversão do sujeito pela psicanálise. **Revista do Departamento de Psicologia – UFF**, Rio de Janeiro, v. 16, n. 2, p. 121-129, jul./dez. 2004b.

CALAZANS, Roberto. Psicanálise e Ciência. **Ágora**: Estudos em Teoria Psicanalítica [online], [s. l.], v. 9, n. 2, p. 273-283, 2006. Disponível em: https://doi.org/10.1590/S1516-14982006000200008. Acesso em: 25 nov. 2021.

CALAZANS, Roberto; MEDEIROS, Larissa. **No Pé da Política**. [S. l.], 2010. Disponível em: http://politicanupep.blogspot.com/2010/. Acesso em: 27 ago. 2023.

CALAZANS, Roberto; CALZAVARA, Maria Gláucia Pires. **Pintando o Setting**: Clínica do Autismo. São João del Rei, c2023. Instagram: @pintandoosetting. Disponível em: https://www.instagram.com/pintandoosetting/. Acesso em: 27 ago. 2023.

CALAZANS, Roberto; CALZAVARA, Maria Gláucia Pires; CASTRO, Júlio Eduardo; CARVALHO FILHO, João Gualberto Teixeira; Chaves, Wilson Camilo; DIAS, Maria das Graças Villela Leite. Articulações entre Conceitos Fundamentais da Psicanálise, sua Clínica e a Pesquisa na Universidade. **Interação em Psicologia**, [online], [s. l.], v. 12, p. 133-140, 2008.

CALAZANS, Roberto; MATOZINHO, Christiane. **Pandemia e Neoliberalismo**: a melancolia contra o novo normal. Rio de Janeiro: Mórula, 2021.

CALZAVARA, Maria Gláucia Pires; CALAZANS, Roberto; CASTRO, Júlio Eduardo; CHAVES, Wilson Camilo; KYRILLOS NETO, Fuad; LAUREANO, Pedro Sobrino. Operadores conceituais dos métodos de pesquisa em psicanálise: um estudo no PPGPSI/UFSJ. *In:* KYRILLOS NETO, Fuad; MELO, Walter. (org.). **Psicologia e subjetividade**: fundamentos conceituais e métodos de pesquisa. 1. ed. Belo Horizonte: Editora da Universidade do Estado de Minas Gerais, 2019. v. 1. p. 49-66.

CHAMAYOU, Grégoire. **A sociedade ingovernável**. São Paulo: Ubu, 2020.

CHESNAIS, François. O capital portador de juros: acumulação, internacionalização, efeitos econômicos e políticos. *In:* CHESNAIS, François (org.). **A finança financializada**. São Paulo: Boitempo, 2005.

COHEN, Bruce. **Psychiatric Hegemony**: A Marxist Theory of Mental Illness. Londres: Palgrave Mcmillian, 2015.

COLINA, Fernando. **El saber delirante**. Madrid: Editorial Sintesis, 2001.

CRARY, Jonathan. **24/7 Capitalismo Tardio e o Fim do Sono**. São Paulo: Cosac Naify, 2014.

DAL ROSSO, Sadi. **O ardil da flexibilidade**. São Paulo: Boitempo, 2017.

DANTO, Elizabeth. **As clínicas públicas de Freud**. São Paulo: Editora Perspectiva, 2019.

DARDOT, Pierre; LAVAL, Christian. **A razão neoliberal**. São Paulo: Boitempo, 2016.

DAVIES, James; LLUBERAS, Rodrigo; SHORROCKS, Anthony. **Credit Suisse Global Wealth Databook**, [s. l.], 2016. Disponível em: https://goo.gl/NBgokb8. Acesso em: 27 ago. 2023.

DEENEN, Patrick. **Por que o liberalismo fracassou**. Belo Horizonte: Âyiné, 2019.

DESSAL, Gustavo. **Inconsciente 3.0**. Barcelona: Xoroi Edicions, 2019.

DI CESARE, Donatella. **Vírus Soberano?** Belo Horizonte: Âyiné, 2020a.

DI CESARE, Donatella. **Estrangeiros Residentes**: uma filosofia da imigração. Belo Horizonte: Âyiné, 2020b.

DOWBOR, Ladislau. **A era do capital improdutivo**: nova arquitetura do poder - dominação financeira, sequestro da democracia e destruição do planeta. São Paulo: Autonomia Literária, 2017. Edição do Kindle.

FANON, Frantz. **Pele negra, máscaras brancas**. Salvador: EdUFBA, 2008.

FOSTER, Hal. **O retorno do Real**. São Paulo: Cosac Naify, 2014.

FRASER, Nancy. **O velho está morrendo e o novo não pode nascer**. São Paulo: Autonomia Literária, 2019.

FRASER, Nancy; JAGGER, Rahel. **Capitalismo em Debate**. São Paulo: Boitempo, 2020.

FREUD, Sigmund [1929]. O mal-estar na civilização. *In:* FREUD, Sigmund. **Edição Standard das Obras Completas de Sigmund Freud**. Rio de Janeiro: Imago, 1996a. v. XXI. p. 81-177.

FREUD, Sigmund [1921]. Psicologia das Massas e Análise do Eu. *In:* FREUD, Sigmund. **Edição Standard das Obras Completas de Sigmund Freud**. Rio de Janeiro: Imago, 1996b. v. XVIII. p. 91-183.

FREUD, Sigmund [1913]. Totem e Tabu. *In:* FREUD, Sigmund. **Edição Standard das Obras Completas de Sigmund Freud**. Rio de Janeiro: Imago, 1996c. v. XIII. p. 13-197.

FREUD, Sigmund [1893]. Comunicação Preliminar. *In:* FREUD, Sigmund. **Obras Completas em 20 volumes**. Rio de Janeiro: Companhia das Letras, 2016. v. 2. p. 17-37.

FREUD, Sigmund [1914]. Lembrar, Repetir e Elaborar. *In:* FREUD, Sigmund. **Obras Incompletas de Sigmund Freud**: Fundamentos da Clínica Psicanalítica. Belo Horizonte: Autentica, 2017a. p. 151-164.

FREUD, Sigmund [1915]. Observações sobre o amor transferencial. *In:* FREUD, Sigmund. **Obras Incompletas de Sigmund Freud**: Fundamentos da Clínica Psicanalítica. Belo Horizonte: Autentica, 2017b. p. 165-182.

FREUD, Sigmund [1904]. Sobre a psicoterapia. *In:* FREUD, Sigmund. **Obras Incompletas de Sigmund Freud**: Fundamentos da Clínica Psicanalítica. Belo Horizonte: Autentica, 2017c. p. 63-80.

FROSH, Stephen. **Assombrações. Psicanálise e Transmissões Fantasmagóricas**. São Paulo: Benjamim Editorial, 2018.

FOUCAULT, Michel. **A história da loucura**. São Paulo: Perspectiva, 1978.

FROEMING, Liliane Seide. O sentido destinado em nossa época à palavra revolução. **Correio APPOA**, [s. l.], set. 2018. Disponível em: https://appoa.org.br/correio/edicao/280/o_sentido_destinado_em_nossa_epoca_a_palavra_revolucao/624. Acesso em: 27 ago. 2023.

FUKUYAMA, Francis. **O fim da história e o último homem**. Rio de Janeiro: Rocco, 2015.

GONZALEZ, Lélia. **Por um feminismo afro-latino-americano.** Rio de Janeiro: Jorge Zahar, 2020.

GRAEBER, David. **Dívida**. São Paulo: Três Estrelas, 2016.

HAIDER, Asad. **Armadilhas da identidade:** raça e classe nos dias de hoje. São Paulo: Veneta, 2019.

HAN, Byung-Chul. **Sociedade do Cansaço**. Petrópolis: Editora Vozes, 2015.

HAN, Byung-Chul. **Psicopolítica**. Belo Horizonte: Âyiné, 2018.

HARVEY, David. **O neoliberalismo**: história e implicações. São Paulo: Edições Loyola, 2014.

HARVEY, David. **17 contradições do capitalismo**. São Paulo: Boitempo, 2016.

HONESKO, Vinícius Nicastro. **Mitografias do Brasil Contemporâneo**: a liberdade é de quem? Belo Horizonte: Âyiné, 2020.

LACAN, Jacques [1972]. **Do Discurso Psicanalítico**. Milão, 12 maio 1972.

LACAN, Jacques [1954-1955]. **O seminário, livro 2**: o eu na teoria de Freud e na técnica da psicanálise. Rio de Janeiro: Jorge Zahar 1985a.

LACAN, Jacques [1964]. **O seminário, livro 11**: os quatro conceitos fundamentais da psicanálise. Rio de Janeiro: Jorge Zahar, 1985b.

LACAN, Jacques [1972-1973]. **O seminário, livro 20**: mais, ainda.. Rio de Janeiro: Jorge Zahar, 1985c.

LACAN, Jacques [1953-1954]. **O seminário, livro 1**: os Escritos Técnicos de Freud. Rio de Janeiro: Jorge Zahar, 1986.

LACAN, Jacques [1969-1970]. **O seminário, livro 17**: o avesso da psicanálise. Rio de Janeiro: Jorge Zahar, 1992.

LACAN, Jacques [1974]. **Televisão**. Rio de Janeiro: Jorge Zahar, 1993.

LACAN, Jacques [1946]. A agressividade em psicanálise. *In:* LACAN, Jacques. **Escritos**. Rio de Janeiro: Jorge Zahar, 1998a. p. 104-126.

LACAN, Jacques [1966]. **Escritos**. Rio de Janeiro: Jorge Zahar, 1998b.

LACAN, Jacques [1972]. O aturdito. *In:* LACAN, Jacques. **Outros Escritos**. Rio de Janeiro: Jorge Zahar, 2003a. p. 448-497.

LACAN, Jacques [1970]. Radiofonia. *In:* LACAN, Jacques. **Outros Escritos**. Rio de Janeiro: Jorge Zahar, 2003b. p. 400-447.

LACAN, Jacques [1975-1976]. **O seminário, livro 23**: o sinthoma. Rio de Janeiro: Jorge Zahar, 2007.

LACAN, Jacques [1968-1969]. **O seminário, livro 16**: de um Outro ao outro. Rio de Janeiro: Jorge Zahar, 2008.

LACAN, Jacques [1971]. **O seminário, livro 18**: de um discurso que não fosse semblante. Rio de Janeiro: Jorge Zahar, 2009.

LACAN, Jacques [1973-1974]. **O seminário, livro 21**: os não tolos erram. Porto Alegre: Editora Fi, 2018.

LACERDA, Marina Basso. **O novo conservadorismo brasileiro**: de Reagan a Bolsonaro. Porto Alegre: Zouk Editora, 2019.

LAZZARATO, Maurizio. **O governo do homem endividado.** São Paulo: n-1 edições, 2014.

LE BRETON, David. **Uma breve história da adolescência**. Belo Horizonte: Editora PUC-MG, 2017.

LOSURDO, Domenico. **A contra-história do liberalismo**. Aparecida: Ideias e Letras, 2006.

LÖWY, Michael. **Revoluções**. São Paulo: Boitempo, 2009.

LUSTOZA, Rosane Zétola. O discurso capitalista de Marx a Lacan: algumas consequências para o laço social. **Ágora**: Estudos em Teoria Psicanalítica, [online], [s. l.], v. 12, n. 1, p. 41-52, 2009. Disponível em: https://doi.org/10.1590/S1516-14982009000100003. Acesso em: 25 nov. 2021.

MARIANO, Ricardo. **Neopentecostais**. São Paulo: Edições Loyola, 2014.

MAUSS, Marcel; HUBERT, Henri. **Sobre o sacrifício**. São Paulo: Cosac Naify, 2005.

MBEMBE, Achille. **Crítica da Razão Negra**. São Paulo: N-1, 2018.

MCKINNON, Susan. **Genética Neoliberal**. São Paulo: Ubu, 2021.

MEIRELES, Cecília [1953]. **Romanceiro da Inconfidência**. Rio de Janeiro: Nova Fronteira, 2005.

MIGUEL, Luiz Felipe. **Dominação e Resistência**. São Paulo: Boitempo, 2018.

MILLER, Jacques-Alain. **O sobrinho de Lacan**. Rio de Janeiro: Martins Fontes, 2005.

MILLS, Charles W. **The racial contract**. Ithaca: Cornell University, 2014.

MILNER, Jean-Claude. **Você quer mesmo ser avaliado?** São Paulo: Manolo, 2005.

MOROZOV, Evgeny. **Big Tech**: a ascensão dos dados e a morte da política. São Paulo: Ubu, 2018.

MOURA, Clóvis. **Os quilombos e a revolução negra**. São Paulo: Dandara, 2022.

MURAT, Laure. **O homem que se achava Napoleão**. São Paulo: Três Estrelas, 2012.

NASCIMENTO, Abdias. **O quilombismo**: documentos de uma Militância Pan-Africanista. São Paulo: Perspectiva, 2019.

NASCIMENTO, Beatriz. **Uma história feita por mãos negras**. Rio de Janeiro: Jorge Zahar, 202.

NETO, Lira. **Getúlio (1930-1945)**: do governo provisório à ditadura do Estado Novo. Rio de Janeiro: Companhia das Letras, 2013.

PATEMAN, Carole. **El contrato sexual**. Barcelona: Editorial Ménades, 2019.

RANCIÈRE, Jacques. **O ódio à democracia**. São Paulo: Boitempo, 2014.

RECALCATI, Massimo Lignes pour une clinique des monosymptômes. **La Cause freudienne. n**. 61, p. 83-97, 2005.

RENAUT, Alain. **O indivíduo:** reflexão acerca da filosofia do sujeito. Rio de Janeiro: Difel, 1998.

SAAD FILHO, Alfredo; MORAIS, Lécio. **Brasil**: neoliberalismo versus democracia. São Paulo: Boitempo, 2018.

SANTOS, Maria Rosimary Soares dos. Gratificação de Estímulo à Docência no Magistério Superior - GED. **DICIONÁRIO: trabalho, profissão e condição docente**. Belo Horizonte: UFMG/Faculdade de Educação, 2010. CDROM.

SATNER, Eric. **A Alemanha de Schreber**. Rio de Janeiro: Jorge Zahar, 1997.

SCHRECKER, Ted; BAMBRA, Clare. **How politics makes us sick**: neoliberal epidemics. Hampshire: Palgrave Macmillan, 2015.

SIGNORELLI, Anthony. **What Is Liberalism?**: A Guide for Progressives, Moderates, and Conservatives in America. 2018. Edição do Kindle.

STANDING, Guy. **O precariado**: a nova classe perigosa. Belo Horizonte: Autêntica, 2018.

THOMPSON, Edward Palmer. **Costumes em Comum**. Rio de Janeiro: Companhia das Letras, 1998.

TRAVERSO, Enzo. **Melancolia de Esquerda**. Belo Horizonte: Âyiné, 2018.

TORT, Patrick. **Spencer et l'évolutionnisme philosophique**. Paris: PUF, 1996.

VAN REYBROUCK, David. **Contra as eleições**. Belo Horizonte: Âyiné, 2017.

VIVEIROS DE CASTRO, Eduardo. **A inconstância da alma selvagem**. São Paulo: Cosac Naify, 2002.

VIVEIROS DE CASTRO, Eduardo. **Metafísicas Canibais**. São Paulo: Cosac Naify, 2015.

VON MISES, Ludwig. **Liberalismo**. São Paulo: Instituto Von Mises, 2010.

VON MISES, Ludwig. Liberalismo y capitalismo. **Mises Institute**, [s. l.], 27 fev. 2019. Disponível em: https://mises.org/es/wire/liberalismo-y-capitalismo. Acesso em: 27 ago. 2023.

ŽIŽEK, Slavoj. **O mais sublime dos histéricos**: Hegel com Lacan. Rio de Janeiro: Jorge Zahar Editor, 1991.

ŽIŽEK, Slavoj. **Eles não sabem o que fazem**. Rio de Janeiro: Jorge Zahar Editor, 1992.

ŽIŽEK, Slavoj. O violento silêncio de um novo começo. *In:* HARVEY, David. **Ocuppy** – movimentos de protesto que tomaram as ruas. Tradução de João Alexandre Peschanski *et al.* São Paulo: Boitempo; Carta Maior, 2012. p. 15-26.